Sagesse éternelle
Tome 2

Sagesse éternelle

Entretiens avec
Sri Mata Amritanandamayi

Tome 2

Propos recueillis par
Swami Jnanamritananda Puri

Mata Amritanandamayi Center, San Ramon
Californie, États-Unis

Sagesse éternelle – Tome 2
Entretiens avec Sri Mata Amritanandamayi

Publié par :
  Mata Amritanandamayi Center
  P.O. Box 613
  San Ramon, CA 94583-0613
  États-Unis

En France :
  www.etw-france.org

Au Canada :
  http://ammacanada.ca/?lang=fr

En Inde :
  www.amritapuri.org
  inform@amritapuri.org

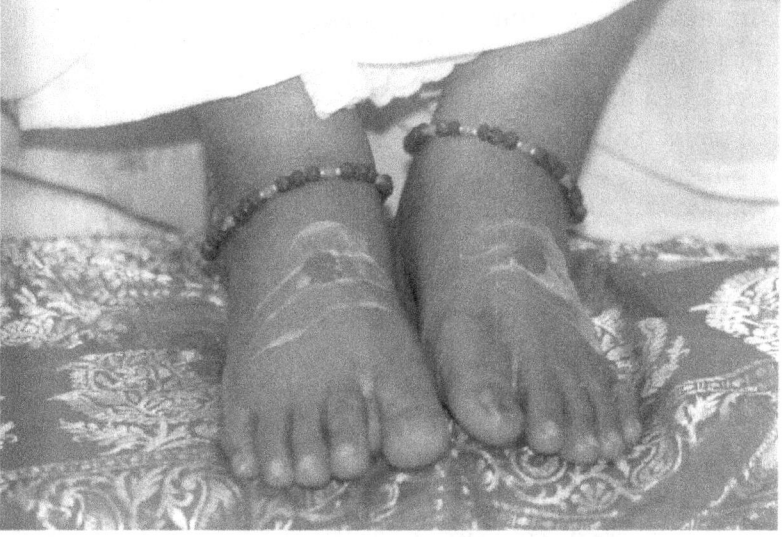

om
dhyāyāmo dhavalāvaguṇṭhanavatīṁ
tejomayīm naiṣṭhikīṁ
snigdhāpāṅga vilokinīm bhagavatīṁ
mandasmita śrī mukhīṁ
vātsalyāmṛta varṣiṇīm sumadhuraṁ
saṅkīrttanālāpinīṁ
śyāmāṅgīṁ madhu sikta sūktīṁ
amṛtānandātmikāmīśvarīṁ

Table des Matières

Sagesse Éternelle
Tome 2

Amma écoute la lecture du Bhagavatam[1]

Devant le kalari[2], Kavyakaustubham[3] Ottoor commentait le Srimad Bhagavatam.

Un fleuve ambrosiaque de dévotion jaillissait, si puissant qu'il semblait près de déborder. Tous étaient captivés. Amma se trouvait dans l'auditoire, écoutant le récit des jeux de Krishna enfant.

Ottoor, qui avait plus de quatre-vingts ans mais dont l'esprit était toujours fixé sur Krishna, racontait l'histoire comme si elle se déroulait juste sous ses yeux, à ce moment précis.

« ... À quelle frasque va-t-il maintenant se livrer ? Qui le sait ? Il a cassé le pot et le yaourt s'est répandu partout, comme un déluge. Lui aussi en a été aspergé. Il est donc facile de découvrir par où Il s'en est allé... Il y a quelques taches de yaourt. Mais ensuite, au bout de quelques pas, plus rien... ! »

Eh bien nous sommes devant le même problème. Nous pouvons faire trois ou quatre pas vers Dieu, en suivant quelques panneaux indicateurs, en nous servant de toutes les Upanishads

---

[1] Le Srimad Bhagavatam raconte la vie de Krishna

[2] *kalari* : Le petit temple où Amma donnait le *bhava darshan* jusqu'en 1989. Avant sa construction, pendant l'enfance d'Amma, c'était là que se trouvait l'étable familiale.

[3] « *kaustubha* parmi les poètes » titre décerné à Ottoor Unni Namboodiripad pour son œuvre de poète (la pierre *kaustubbha* est une pierre précieuse que le dieu Vishnu porte sur la poitrine) ; Ottoor était un poète célèbre, un érudit en sanscrit ; il est l'auteur des cent huit noms d'Amma. Il passa les dernières années de sa vie à l'ashram.

et de tous les Puranas. Mais c'est tout. Il nous faut ensuite Le découvrir par nous-mêmes.

« Yashoda Le cherche. Elle sait parfaitement où dénicher Krishna. Il suffit de regarder partout où l'on stocke du beurre ou du lait ! Impossible de Le manquer ! »

Quelle bénédiction ce serait si nous pouvions voir le Seigneur aussi facilement ! Mais c'était ainsi : quand vous vouliez Le voir, il vous suffisait de Le chercher pour Le trouver.

« Yashoda continue donc ses recherches et finit par Le découvrir juché sur un mortier qu'Il a retourné. Il y a autour de Lui une véritable armée : l'armée de Sri Rama[4] ! »

Tous tendent la main et dévorent les friandises. Krishna se lamente d'avoir laissé deux de Ses quatre bras dans la prison[5], mais mille bras ne suffiraient pas à nourrir tous ces singes.

« Vite, vite, » dit-Il, « il faut tout liquider avant que maman arrive ! » Et ce Témoin universel jette de temps à autre des regards furtifs à la ronde. C'est alors qu'Il l'aperçoit ! On dit qu'un corbeau, comme le vent, n'entre quelque part que si l'entrée et la sortie sont libres. Krishna, Lui aussi, y a veillé. Il S'est gardé une porte de sortie et au moment où Sa mère est sur le point de l'attraper, Il s'échappe.

Pourquoi court-Il ? Yashoda a un bâton à la main et Krishna sait qu'elle n'a pas encore l'âge de s'appuyer sur une canne. Il sait que le bâton est pour Lui, alors Il S'enfuit. »

---

[4] Ottoor désigne ainsi les *gopas*, les pâtres qui furent les compagnons de Krishna, comme « l'armée de Sri Rama », c'est-à-dire une armée de singes.
[5] À la naissance de Krishna, Ses parents, Devaki et Vasudeva, étaient en prison, sur l'ordre de l'oncle de Krishna, Kamsa. Krishna leur accorda Sa vision sous la forme glorieuse du Dieu Vishnu muni de quatre bras, puis Il reprit la forme d'un enfant humain. Sous l'effet de la puissance de *maya* (l'illusion), Ses parents oublièrent aussitôt le *darshan* qu'ils avaient reçu.

« ... et Sa mère Le suivit, Lui que même le mental d'un yogi, entraîné par les pratiques et les austérités, ne peut atteindre sans Sa grâce. » (Bhagavatam 10 : 9)

Le satsang se poursuivit, mais Amma se leva et se dirigea du côté ouest de l'ashram. Elle s'arrêta entre le kalari et l'école de Védanta, devant quelques plantes en pot accrochées aux poutres de l'école. Elle caressa doucement chacune des plantes vertes, puis Elle prit une par une les branches qui tombaient en cascade et les embrassa. Elle touchait les plantes avec autant d'amour qu'une mère pour son enfant nouveau-né.

Une résidente de l'ashram s'approcha pour poser une question, mais Amma lui fit signe de se taire. Comme elle allait toucher une plante, Amma l'arrêta, comme si elle avait craint que le contact de cette fille puisse nuire à la plante. Amma continua un moment à communier avec les plantes. Peut-être avaient-elles besoin, comme ses enfants humains, de lui confier leurs chagrins. Qui, sinon Amma, pourrait les consoler ?

Entre-temps, le satsang était terminé. Amma retourna au Kalari mandapam (l'espace ouvert devant le temple) et s'assit.

Tyaga (le renoncement)

Un dévot chef de famille : « Amma, Tu insistes toujours sur l'importance de tyaga (renoncement, détachement). Qu'est-ce que tyaga ?

Amma : « Fils, toute action accomplie sans considération pour son propre confort ou son intérêt est tyaga. Amma appelle tyaga toute action effectuée comme une offrande à Dieu, pour le bien du monde, sans aucun sens du « moi » et du « mien » et sans souci de son propre confort. Les difficultés qu'une personne endure dans son propre intérêt ne peuvent être qualifiées de tyaga. »

Dévot : « Pourrais-tu expliquer cela, Amma ? »

Amma : « Si notre enfant est malade, nous l'emmenons à l'hôpital. S'il le faut, nous allons à pied jusqu'à l'hôpital, même si la route est très longue. Nous sommes prêts à nous mettre à genoux devant de nombreuses personnes pour que notre enfant soit admis, et si les chambres sont pleines, nous acceptons de dormir sur le sol malgré la saleté. Nous prenons plusieurs jours de congé pour ne pas le laisser seul. Mais comme tous ces sacrifices sont accomplis pour notre propre enfant, cela ne peut être qualifié de tyaga.

Pour un minuscule bout de terrain, les gens sont prêts à se battre, à monter et à descendre les marches du Palais de justice un nombre incalculable de fois. Mais c'est uniquement dans leur propre intérêt. Ils travaillent tard et sacrifient leur sommeil pour faire des heures supplémentaires bien payées. Ce n'est pas tyaga. Mais si vous renoncez à votre bien être pour venir en aide à une autre personne, cela, nous pouvons l'appeler tyaga. Si vous aidez un de vos frères humains en lui donnant de l'argent que vous avez durement gagné, vous faites preuve de tyaga. Si l'enfant de votre voisin est malade et que personne ne peut lui tenir compagnie à l'hôpital, si vous le faites sans rien attendre en échange, pas même un sourire, cela mérite le nom de tyaga.

C'est par des sacrifices de ce genre que vous frappez à la porte du royaume du Soi. De tels actes vous permettent d'obtenir votre visa d'entrée dans cet autre monde. C'est ce que l'on appelle karma yoga. Toutes les autres actions ne mènent qu'à la mort. Les actes accomplis avec le sentiment du « moi » et du « mien » ne vous apportent jamais aucun bienfait réel.

Si vous rendez visite à une amie que vous n'avez pas vue depuis longtemps, vous lui apporterez peut-être un bouquet de fleurs, mais vous serez assurément la première personne à savourer la beauté et le parfum des fleurs ; vous éprouverez aussi le bonheur de donner. De même, lorsque vous agissez de manière désintéressée, d'une façon qui mérite le nom de tyaga, vous en retirez automatiquement du bonheur et de la satisfaction.

Mes enfants, celui qui se consacre à des actes de tyaga, même s'il ne trouve pas le temps de faire japa (de répéter un mantra) parvient à l'état d'immortalité. Sa vie profitera aux autres comme un nectar. Une vie remplie de tyaga est la forme suprême du sat-sang[6] parce que les autres peuvent la voir et l'imiter.

Conseils à propos du japa

Un brahmachari : « Amma, est-il bon de sacrifier le sommeil et de rester éveillé la nuit à faire du japa ? »

Amma : « Pendant des années, tu as eu l'habitude de dormir. Si tu arrêtes brutalement, cela te créera des problèmes. Dors au moins quatre ou cinq heures, pas moins de quatre heures. Ne réduis pas ton sommeil brutalement, fais-le progressivement. »

Brahmachari : « Je me déconcentre souvent lorsque je répète mon mantra. »

Amma : « Il faut réciter le mantra avec beaucoup d'attention. Concentrez-vous soit sur les sonorités du mantra, soit sur sa signification ; vous pouvez aussi visualiser chaque syllabe du mantra en le répétant ou bien encore visualiser la forme de votre divinité d'élection. Décidez de le réciter quotidiennement un certain nombre de fois. Cela vous aidera à faire japa avec détermination. Mais ne le faites pas de manière inattentive, juste pour atteindre un nombre défini à l'avance. L'essentiel est la concentration du mental. L'usage du mala (rosaire) vous aidera à compter et à rester concentré.

Au début, il n'est pas facile de se concentrer, alors récitez le mantra en remuant les lèvres. Peu à peu, vous deviendrez capable de le répéter mentalement, sans remuer les lèvres ni la langue.

---

[6] *Sat* = vérité ; *sanga* = association avec.

Ne faites jamais japa mécaniquement, restez toujours vigilant. Chaque fois que vous répétez le mantra, vous devriez avoir la sensation d'un bonbon qui vous fond dans la bouche. Vous finirez par atteindre un stade où même si vous abandonnez le mantra, il ne vous abandonnera pas.

Yashoda a bien attaché Krishna à un mortier, n'est-ce pas ? Imaginez de même que vous liez votre Divinité bien-aimée avec la corde de votre amour, puis que vous La libérez. Imaginez, comme si vous étiez plongés dans un film, que vous jouez avec Elle, que vous Lui parlez et que vous La poursuivez en courant pour L'attraper. Lorsque votre cœur sera rempli d'amour, cette pratique sera inutile, car toutes les pensées qui surgiront spontanément dans votre mental concerneront votre Bien-aimé(e).

Mes enfants, efforcez-vous de développer l'amour qui est en vous et de cultiver l'attitude : « Dieu est tout pour moi ».

Vendredi 15 novembre 1985

En début de soirée, Amma et ses disciples arrivèrent chez un dévot de Kayamkulam. Il avait invité Amma plusieurs fois auparavant, mais c'était la première fois qu'elle consentait à accepter son invitation.

Un petit baldaquin provisoire avait été érigé devant la maison pour abriter les bhajans (chants dévotionnels). La foule était nombreuse et la majorité de l'auditoire était composée de personnes sans éducation, dont la compréhension de la spiritualité était très réduite. Une forte odeur d'alcool régnait, et les membres de la famille faisaient peu d'efforts pour contrôler la foule. Dans une telle atmosphère, les brahmacharis trouvèrent difficile de chanter les kirtans (hymnes). C'était peut-être parce qu'Amma avait prévu cela qu'elle n'avait pas répondu aux invitations précédentes. Elle a souvent déclaré : « Amma est prête à se rendre n'importe où ;

elle est prête à chanter dans un bazar et à accepter les insultes, quelles qu'elles soient. Après tout, Amma chante le nom de Dieu, quelle honte pourrait-il donc y avoir à cela ? Mais les enfants d'Amma ne peuvent tolérer que l'on dise quoi que ce soit de négatif à son propos. Il y a aussi quelques femmes parmi nous. Il faut les protéger. Elles ne peuvent pas aller chanter n'importe où. C'est pourquoi Amma ne peut pas accepter sans discernement n'importe quelle invitation ».

Le secret du karma

Le voyage de retour dans le bus fut l'occasion d'un satsang. Un brahmachari demanda : « Amma, est-il inévitable que nous souffrions pour chaque erreur que nous avons commise ? ».

Amma : « Il nous faut accepter d'être punis pour les plus petites fautes. Même Bhisma[7] a dû subir les conséquences de sa faiblesse ».

Brahmachari : « Qu'a-t-il fait de mal ? Quelle fut sa punition ? »

Amma : « Lorsque Draupadi appelait au secours alors qu'on lui enlevait son sari, il s'est contenté d'assister à la scène sans intervenir, n'est-ce pas ? Il savait que Duryodhana et ses frères n'entendraient pas raison, mais il aurait dû au moins leur rappeler leur dharma. Néanmoins, il ne le fit pas. Il garda le silence.

---

[7] Cf. Mahabharata. Bhisma était l'ancêtre (le grand-oncle paternel) des Pandavas et des Kauravas. C'était un valeureux guerrier, doté d'une profonde sagesse. Sa sympathie allait aux Pandavas, mais à cause d'un serment qu'il avait fait, il prit le parti des Kauravas dans la guerre du Mahabharata. Il s'agit de l'épisode où Draupadi, épouse des Pandavas, est malmenée par Dushasana, frère du roi Kaurava Dhuryodhana. C'est finalement Krishna qu'elle implore de venir à son secours et qui la sauve en faisant un miracle : son sari n'a plus de fin, il est devenu d'une longueur infinie.

Le devoir de Bhisma était de parler de leur dharma à ces vilains, sans se soucier de savoir s'ils suivraient ses conseils. C'est pour cela qu'il lui fallut ensuite souffrir et mourir sur un lit de flèches. Si vous assistez en spectateur, sans ouvrir la bouche, à une injustice que vous savez contraire au dharma, vous commettez la plus grande des iniquités. C'est le comportement d'un lâche, non d'un être courageux. Celui qui commet un tel péché ne doit pas croire qu'il n'en subira pas les conséquences. L'enfer est fait pour ces gens-là ».

Brahmachari : « Où est l'enfer ? »

Amma : « Sur cette terre. »

Brahmachari : « Mais n'est-ce pas Dieu qui nous fait bien ou mal agir ? »

Amma : « Fils, c'est vrai pour quelqu'un qui est convaincu que tout est l'œuvre de Dieu. Dans ce cas, voyons que tout nous est envoyé par Dieu, que ce soient les fruits de nos bonnes actions ou bien les souffrances endurées en punition des fautes commises.

Dieu n'est pas responsable de nos fautes, c'est nous qui le sommes. Supposons qu'un médecin nous prescrive un tonique. Il nous indique la dose à prendre, et sa fréquence. Si nous négligeons ses instructions et buvons en une seule fois toute la bouteille, ruinant ainsi notre santé, à quoi bon accuser le docteur ? De même, si nous conduisons sans prudence et qu'il nous arrive un accident, pouvons-nous mettre en cause le carburant ? Comment pouvons-nous donc incriminer Dieu pour les problèmes engendrés par notre ignorance ? Dieu nous a clairement indiqué la manière dont nous devions vivre sur cette terre. Si nous ne suivons pas Ses conseils, il est inutile de Le blâmer ensuite pour les conséquences de notre désobéissance ».

Br : « La Bhagavad Gita nous enseigne qu'il faut agir sans désirer le fruit de ses actes. Amma, comment y parvenir ? ».

Amma : « C'est le remède prescrit par le Seigneur pour nous libérer de la souffrance. Il s'agit d'accomplir nos actions avec shraddha[8], sans penser au résultat, sans nous en inquiéter. Nous obtiendrons alors sans aucun doute le résultat que nos actions méritent. Par exemple, si vous êtes étudiant, apprenez vos leçons avec application, sans vous angoisser pour savoir si oui ou non vous réussirez à l'examen. Et si vous construisez un bâtiment, faites-le avec soin, en suivant les plans, sans vous inquiéter de savoir si l'édifice va tenir ou bien s'écrouler.

De bonnes actions engendrent de bons résultats. Si un fermier vend du riz de bonne qualité, les gens l'achèteront et il obtiendra le bénéfice de son travail. Mais s'il vend un produit trafiqué, espérant en retirer un profit supplémentaire, il en sera puni aujourd'hui ou demain, et il perdra la paix intérieure. Accomplissez donc toute action avec vigilance et dans une attitude d'abandon à Dieu. Chaque action portera ses fruits dans une pleine mesure, que vous vous en inquiétiez ou non. Pourquoi donc perdre du temps à vous faire du souci ? Ne vaut-il pas mieux employer ce temps à penser à Dieu ? »

Br : « Si le Soi est omniprésent, ne devrait-il pas demeurer dans un corps mort ? Dans ce cas, comment la mort pourrait-elle se produire ? »

Amma : « Quand une ampoule électrique grille ou que le ventilateur casse, cela ne veut pas dire qu'il n'y a pas d'électricité. Lorsque nous arrêtons d'agiter un éventail, le petit courant d'air frais cesse, mais cela ne signifie pas qu'il n'y a plus d'air. Ou bien quand un ballon éclate, l'air qui se trouvait à l'intérieur ne disparaît pas pour autant. Il existe toujours. De même, le Soi est

---

[8] *Shraddha* signifie en sanscrit la foi ancrée dans la sagesse et l'expérience, tandis que le même mot en malayalam signifie le dévouement au travail accompli et l'attention vigilante que nous portons à chaque action. Amma utilise le terme dans ce dernier sens.

partout. Dieu est partout. La mort se produit, non pas parce que le Soi est absent, mais à cause de la destruction du corps, instrument du Soi. Au moment de la mort, celui-ci cesse de manifester la conscience du Soi. La mort marque donc la fin de l'instrument et non quelque imperfection dans le Soi. »

Amma se mit alors à enseigner un bhajan à deux brahmacharis. Elle chantait vers par vers, et ils reprenaient chacun d'eux.

Bhagavane, Bhagavane

Ô Seigneur, Ô Seigneur !
Ô Seigneur, Toi qui es plein d'amour envers les dévots,
Toi qui es pur et qui détruis le péché,
Il n'y a semble-t-il que des pécheurs en ce monde.

Qui nous montrera le droit chemin ?
Ô Narayana, la vertu a disparu.
L' humanité a perdu le sens de la vérité et de la vertu.
Les vérités spirituelles n'existent plus
Que dans les pages des livres.
Tout ce que l'on voit porte le vêtement de l'hypocrisie
Ô Krishna, protège et restaure le dharma.

Puis Amma chanta un autre chant.

Amme kannu turakkule

Ô Mère, ne vas-Tu pas ouvrir les yeux ?
Viens dissiper les ténèbres.
Sans cesse je chanterai Tes noms innombrables,
Avec une immense vénération.

Dans ce monde tissé d'ignorance
Qui d'autre que Toi
Peut soulever le voile de l'ignorance ?
Tu es l'Essence de la connaissance,

La Puissance sous-jacente à l'univers.

Tu es chère aux dévots
Tu es la vie de leur vie ;
Nous nous prosternons sans cesse à Tes pieds
Ne nous feras-Tu pas la grâce d'un regard ?
Les sept sages ne cessent de chanter Tes louanges.
Et maintenant, pauvres malheureux que nous sommes,
Nous T'appelons.
Ne viendras-Tu pas ?

Le minibus s'arrêta devant la jetée de Vallickavu. Le temps avait passé si vite, tous furent étonnés de constater qu'ils étaient presque arrivés à l'ashram.

À l'entrée de l'ashram, ils trouvèrent un dévot qui attendait Amma avec impatience. Un jeune homme l'accompagnait. Le dévot se prosterna de tout son long devant Amma dès qu'il la vit, tandis que le jeune homme, un peu désinvolte, se contentait de regarder. Amma les conduisit tous deux vers le kalari et s'assit avec eux devant le petit temple.

Amma : « Mes enfants, quand êtes-vous arrivés ? »

Le dévot : « Il y a quelques heures. Nous étions dans le bus à Ochira, en route pour l'ashram, lorsque nous avons vu ton minibus qui partait dans la direction opposée. Nous avons craint de ne pas te voir aujourd'hui, mais à notre arrivée, nous avons appris à notre grand soulagement que tu rentrais ce soir. »

Amma : « Amma est allée voir un de ses enfants qui habite Kayamkulam. Ce sont des gens très pauvres et cela faisait déjà quelque temps qu'ils avaient invité Amma. Voyant leur tristesse, Amma leur a finalement promis de venir aujourd'hui. Comment va ta sadhana (discipline spirituelle), fils ? »

Le dévot : « Par la grâce d'Amma, tout se passe sans difficulté. Amma, puis-je te poser une question ? »

Amma : « Bien sûr, fils. »

L'initiation à un mantra

Le dévot : « Amma, un de mes amis a reçu un mantra d'un san-nyasi. Récemment, il a tenté de me convaincre d'accepter moi aussi un mantra de ce maître. J'ai eu beau lui dire que j'en avais déjà reçu un de toi, il a insisté. J'ai finalement réussi à m'en aller. Amma, lorsqu'on a reçu un mantra d'un guru, est-il juste d'en accepter un de quelqu'un d'autre ? »

Amma : « Une fois que vous avez choisi un maître, si vous considérez ensuite quelqu'un d'autre comme votre guru, c'est comme si vous commettiez une infidélité conjugale. Mais si aucun maître ne vous a donné de mantra, il n'y a pas de problème.

Une fois qu'un satguru (un maître réalisé) vous a donné un mantra, il est inutile de chercher ailleurs. Il prendra entièrement soin de vous. Vous pouvez bien entendu respecter et honorer d'autres sages, cela ne pose pas de problème ; mais si vous ne vous engagez pas, vous n'en retirerez aucun bénéfice. Si vous allez voir un autre maître alors que celui qui vous a initié est encore en vie, vous vous comportez comme une femme qui trompe son mari et accepte un autre homme. Si tu as accepté un mantra de ton guru c'est que tu avais en lui une foi totale. Si tu choisis une autre personne comme maître, c'est que tu as perdu cette foi. »

Le dévot : « Que faire si nous perdons foi en celui qui nous a donné un mantra ? »

Amma : « Il faut s'efforcer dans toute la mesure du possible de garder la foi. Mais si cela s'avère impossible, alors il est inutile de rester auprès du guru. La foi perdue ne se laisse pas plus ranimer que les cheveux ne repoussent sur la tête d'un chauve. Une fois que vous avez perdu la foi, il est très difficile de la retrouver. Il faut donc bien observer une personne avant de l'accepter comme maître. Le mieux est de recevoir un mantra d'un satguru. »

Le dévot : « Quel avantage cela présente-t-il ? »

Amma : « Grâce à son sankalpa (sa résolution divine), le satguru peut éveiller la puissance spirituelle qui demeure en vous. Si vous ajoutez du lait à du lait, vous n'obtiendrez jamais de yaourt. Mais si vous ajoutez une petite quantité de yaourt à un bol de lait, tout le lait se transformera en yaourt. Quand un mahatma (littéralement : une grande âme ; un être éveillé) vous donne un mantra, son sankalpa est à l'œuvre. Sa puissance divine entre dans le disciple. »

Le dévot : « De nombreuses personnes jouent le rôle de gurus en distribuant des mantras à tort et à travers. Retire-t-on le moindre bienfait des mantras qu'elles donnent ? »

Amma : « Certains font des discours à partir d'une connaissance purement livresque, ou bien font des lectures publiques du Bhagavatam ou du Ramayana pour gagner leur vie. Ces gens ne peuvent pas assurer leur propre salut, comment pourraient-ils en sauver d'autres ? Si vous avez reçu un mantra d'une telle personne et que vous rencontrez un satguru, demandez sans hésiter à ce qu'il vous initie de nouveau.

Seuls ceux qui, grâce à des pratiques spirituelles, ont réalisé le Soi, sont qualifiés pour donner des mantras. Ceux qui se posent en maîtres sont comme des bateaux en éponge : ils ne peuvent emmener personne sur l'autre rive. Si quelqu'un monte dans l'embarcation, elle sombre et le passager avec. Le satguru, par contre, est comme un grand navire : en montant à bord, un nombre immense de personnes peuvent atteindre l'autre rive. Celui qui accepte des disciples et initie des gens sans avoir acquis le pouvoir nécessaire grâce à une sadhana est comme un petit serpent qui s'efforce d'avaler un gros crapaud. Le serpent est incapable d'avaler le crapaud, mais le crapaud ne peut s'échapper. »

Le jeune homme : « Les Écritures conseillent de rechercher la compagnie des sages. Quel bienfait retirons-nous du satsang d'un Mahatma ? »

Amma : « Fils, si nous traversons une fabrique d'encens, nous serons ensuite imprégnés de son parfum. Même si nous n'y travaillons pas, même si nous n'achetons pas d'encens et ne touchons à rien, il nous suffit d'entrer dans ce lieu pour que la fragrance nous suive, sans effort de notre part. De la même manière, quand nous sommes en présence d'un mahatma, une transformation se produit, même si nous n'en avons pas conscience. Le temps que nous passons en présence d'un mahatma a une valeur inestimable. La présence d'une grande âme crée en nous des vasanas (tendances), des qualités et des samskaras bénéfiques. Par contre, si nous vivons en compagnie de personnes dont l'esprit est enveloppé de ténèbres, c'est comme si nous entrions dans une mine de charbon ; nous aurons beau ne pas y toucher, nous ressortirons noirs de la tête aux pieds.

Trouver le moyen de pratiquer tapas (des austérités) pendant de nombreuses années n'est pas difficile ; mais la chance d'être auprès d'un mahatma est extrêmement rare et difficile à obtenir. Une telle occasion ne devrait jamais être gaspillée. À nous de montrer une patience inépuisable et de faire le meilleur usage possible de cette expérience. Le regard ou le toucher d'un mahatma peut nous apporter plus que dix années de tapas. Mais pour recevoir ce bienfait, il faut se libérer de l'ego et avoir la foi. »

L'importance de la solitude

Amma : « Qu'y a-t-il à voir, fils ? »

Le jeune homme : « Je ne comprends pas la nécessité de la cave qui se trouve derrière le kalari. »

Amma : « Au début, la solitude est essentielle pour un chercheur spirituel. Ainsi, le mental n'est pas distrait et il se tourne vers
l'intérieur. Si vous suivez les instructions du guru, vous pourrez
voir Dieu en toute chose.

Dans cette région, il n'y a pas de montagnes et il y a des maisons partout. Il est impossible de trouver un endroit solitaire. Il
est même impossible de creuser profond dans le sol pour créer
une grotte de méditation, parce qu'il y a de l'eau partout. La cave
n'est donc qu'à un mètre de profondeur. On ne peut pas vraiment
l'appeler une grotte.

Avant de semer les graines, nous préparons le champ et enle-
vons les mauvaises herbes, nous labourons la terre pour la rendre
meuble et égale ; ensuite, nous pouvons semer. Quand la récolte
commence à pousser, il faut encore désherber. Plus tard, lorsque
les plantes sont adultes, les mauvaises herbes ne posent plus de
problème, car les plantes sont assez fortes pour leur résister et ne
seront pas étouffées. Mais tant qu'elles sont jeunes et fragiles, les
mauvaises herbes peuvent facilement les détruire. Au commencement, il faut pratiquer les exercices spirituels dans la solitude
et se plonger dans le japa et la méditation sans trop se mêler aux
autres. Nous devons nettoyer notre champ et en ôter les mauvaises
herbes. Plus tard, lorsque nous aurons consacré un certain temps
à la sadhana, nous posséderons la force nécessaire pour surmonter
les obstacles extérieurs.

Si vous essayez de pomper de l'eau et que le système fuit à la
base, vos tentatives échoueront. De même, il faut juguler les fuites
de l'énergie mentale accumulée par nos pratiques en renonçant à
nos centres d'intérêt extérieurs. Nous avons besoin de passer du
temps dans la solitude et de purifier le mental en nous libérant
des mauvaises tendances (vasanas) développées par le passé. Pour
ce faire, il est nécessaire d'éviter de multiplier les contacts avec
les autres.

Un écolier ne peut pas étudier dans une gare bruyante et grouillante de monde, n'est-ce pas ? Il a besoin d'un environnement approprié à l'étude. De même, la solitude est au début nécessaire au sadhak (aspirant spirituel). Lorsque vous aurez assez de pratique, vous serez capable de méditer dans n'importe quelles conditions. Mais pour le moment, des conditions spéciales sont nécessaires.

Outre la solitude, les caves présentent un avantage supplémentaire. Les vibrations dans le sous-sol, comme dans les montagnes, ont une qualité particulière qui apporte une puissance spéciale à notre sadhana. Les mahatmas disent que les grottes souterraines conviennent particulièrement aux pratiques spirituelles. Leurs paroles sont l'équivalent des Védas. Lorsqu'on est malade, on consulte un médecin et on accepte ce qu'il nous dit. De même, les paroles d'un mahatma sont l'autorité reconnue sur la voie spirituelle.

Dans les temps védiques, les forêts et les grottes où les chercheurs pouvaient se livrer aux austérités abondaient. Ils vivaient de fruits et de racines et s'adonnaient à tapas ; mais aujourd'hui, les circonstances ont changé. Si nous avons besoin d'une grotte, il faut en créer une. Pourtant, bien que celle-ci soit l'œuvre des hommes, elle suffit pour pratiquer la méditation solitaire. »

Le jeune homme : « Mais un chercheur a-t-il besoin d'une grotte pour se livrer aux austérités (tapas) ? »

Amma : « Même si des vagues se forment à la surface d'une retenue d'eau, il n'y a pas de perte d'eau. Mais si le barrage se rompt, toute l'eau s'échappe. De même, le sadhak perd son énergie subtile lorsqu'il parle et socialise avec autrui. Pour éviter cela, il est bon au début de s'isoler. C'est la période où le sadhak pratique. Si vous voulez apprendre à faire de la bicyclette, vous cherchez un espace libre et désert où vous pouvez pratiquer sans déranger personne. Personne ne considère cela comme une faiblesse. Les enfants qui vivent ici (Amma parle toujours de ses disciples et de ses dévots comme de ses enfants.) ont besoin de cette cave et de la solitude qu'elle leur procure. Plus tard, ils iront servir le monde. » Le jeune homme : « Mais pourquoi ne vont-ils pas à Mookambika ou dans les Himalayas pour se livrer aux austérités (tapas) ? Ils se trouveraient alors dans un milieu approprié. » Amma : « Fils, la présence du guru remplace Mookambika ou les Himalayas. Les Écritures disent que les pieds du maître sont la confluence de toutes les eaux sacrées. En outre, ces enfants sont des *sadhaks*, et ils doivent donc rester auprès de leur guru afin de recevoir les instructions qui leur sont nécessaires. Un disciple ne devrait jamais s'éloigner du maître sans la permission de celui-ci.

Lorsqu'un patient est très malade, le docteur ne se contente pas de lui administrer un médicament et de le renvoyer chez lui. Il le garde à l'hôpital. Il l'examine fréquemment et change la dose du remède qu'il lui administre selon l'évolution de la maladie. C'est la même chose pour un disciple qui pratique une sadhana. Il lui faut demeurer sous l'œil vigilant du guru. Le maître doit être proche pour clarifier les doutes qui peuvent se lever chez le disciple et pour guider celui-ci en lui donnant les conseils nécessaires à chaque pas de sa *sadhana*. Il faut que le guru connaisse la voie pour l'avoir lui-même suivie.

Si le sadhak n'est pas guidé correctement, il peut perdre son équilibre mental. Si vous méditez beaucoup, le corps s'échauffe. Dans ce cas, le chercheur a besoin de savoir comment rafraîchir son corps. À ce moment-là, il doit changer de régime alimentaire, il a besoin de solitude et ne pas méditer trop. Celui qui n'a pas la force de soulever plus de quarante kilos ne peut pas tout d'un coup en soulever cent sans vaciller et s'effondrer. De même, si vous méditez plus que le corps n'est capable de le supporter, cela peut engendrer de nombreux problèmes.

Si quelque chose va de travers dans votre méditation, vous ne pouvez en rejeter la faute ni sur Dieu ni sur la méditation. C'est la technique de méditation utilisée qui est défectueuse. À ce stade, les enfants qui sont ici ont besoin d'avoir Amma auprès d'eux pour pratiquer la méditation correctement et progresser. L'heure n'est pas encore venue pour eux de pratiquer leur sadhana seuls, ils ne doivent donc pas s'éloigner d'ici. Plus tard, ils pourront le faire sans problème. »

Le jeune homme : « Que gagne-t-on à pratiquer tapas ? »

Amma : « Une personne ordinaire est comparable à une chandelle, tandis qu'un tapasvi (une personne qui pratique une ascèse) est comme un transformateur qui peut fournir de l'électricité à un vaste secteur. Les austérités donnent au sadhak une immense force intérieure. Lorsqu'il est confronté à des obstacles, il ne faiblit pas. Quoi qu'il fasse, il est extrêmement efficace. Tapas éveille en lui le détachement, si bien que le sadhak agit sans attendre le fruit de ses actes. Grâce à l'ascèse, le sadhak considère tous les êtres de manière égale. Il n'éprouve ni attachement ni hostilité envers quiconque. Ces qualités bénéficient aussi bien au monde qu'au sadhak.

Il est facile de déclarer « Je suis Brahman » alors même que le mental est rempli de jalousie et d'hostilité. Tapas est l'entraînement qui permet de transformer le mental impur et de le rendre divin.

Avant de passer un examen, il est indispensable d'étudier. Comment pourrait-on réussir si l'on a rien appris ? Et avant de conduire une voiture, il faut bien apprendre. On peut comparer cela à la pratique de tapas. Une fois que vous êtes capable de contrôler le mental, vous pouvez continuer sans faiblir quelles que soient les circonstances. Pour cela, la connaissance livresque seule ne suffit pas ; l'ascèse est nécessaire. Ce qu'elle apporte au sadhak est comme un parfum merveilleux qu'acquerrait le soleil. Ceux qui pratiquent tapas évoluent vers un état de plénitude. Leurs paroles vibrent de vie. Les gens éprouvent en leur présence une grande béatitude. Les tapasvi sont bénéfiques au monde parce que, grâce à leurs austérités, ils obtiennent le pouvoir d'élever autrui. »

Le jeune homme : « Que signifie réaliser Dieu, atteindre l'état suprême d'éveil ? »

Amma : « Voir Dieu en toute chose, percevoir tout comme l'Un unique, savoir que tous les êtres sont votre propre Soi, c'est réaliser le Soi. Lorsque toutes les pensées se sont évanouies et qu'il n'y a plus de désirs, quand le mental est parfaitement calme, alors vous faites l'expérience du samadhi. C'est un état où le sentiment du « moi » et du « mien » n'existe plus. Vous êtes dès lors le serviteur de tous, vous n'êtes plus une charge pour autrui. Une personne ordinaire est comme une petite mare d'eau stagnante, alors qu'un être réalisé est comme une rivière ou un arbre : il réconforte et rafraîchit tous ceux qui viennent à lui. »

Il était très tard. Amma se leva pour partir. Elle dit au jeune homme : « Pourquoi ne restes-tu pas ici demain ? Si Amma ne se lève pas maintenant, ces enfants ne partiront pas non plus et ils manqueront leur pratique spirituelle demain matin. Amma te verra demain. »

Samedi 16 novembre 1985

Le lendemain, plusieurs des brahmacharis manquèrent l'archana parce qu'ils étaient restés très tard avec Amma la nuit précédente. Plus tard, au moment où la méditation allait commencer, Amma arriva et leur demanda pourquoi ils n'étaient pas allés à l'archana. Elle leur dit : « Ceux qui sont détachés (qui possèdent vairagya) ne manqueront jamais leurs exercices journaliers, quelle que soit leur fatigue. Mes enfants, ne manquez pas l'archana quotidien.

Si cela vous arrive, ne commencez à méditer qu'après avoir fait l'archana tout seul. »

Tout le monde s'arrêta de méditer et se mit à réciter le Lalita Sahasranama ; Amma resta avec eux. Lorsque la récitation des litanies fut terminée, Amma se leva pour aller vers la cour, au nord de l'ashram. Quelques brahmacharis l'accompagnaient, ainsi que le jeune homme arrivé la veille.

Brahmacharya

Le jeune homme : « La chasteté est-elle obligatoire ici ? »

Amma : « Amma a dit à ceux de ses enfants qui résident ici de transformer leur énergie sexuelle en ojas (énergie subtile) car alors ils connaîtront leur vraie nature, et c'est en cela que réside le bonheur réel. C'est leur mode de vie. Seuls doivent vivre ici ceux qui en sont capables. Les autres peuvent partir et choisir l'état de grihasthashrama (une vie de famille orientée vers la spiritualité). Aux enfants qui viennent ici, il est demandé de pratiquer la chasteté. Ceux qui n'y parviennent pas sont libres de partir à tout moment.

Le service de la police a son règlement, l'armée a le sien. De même, les brahmacharis et les brahmacharinis de l'Ashram doivent suivre les règles du brahmacharya. La continence est essentielle pour ceux qui ont choisi de vivre ici et elle n'est pas limitée à la sexualité. Il faut contrôler tous les sens : les yeux, le nez, la langue et les oreilles. Amma ne les y oblige pas. Elle leur dit seulement que c'est la voie à suivre.

En fait, Amma leur a conseillé de se marier, mais ils ne veulent pas en entendre parler. Amma leur a donc dit qu'ici, ils devaient vivre d'une certaine manière et observer des règles précises. S'ils en sont incapables, ils sont libres de partir. Personne n'est contraint de vivre de cette manière. Tous n'ont pas la force de rester sur le chemin. Amma leur dit : « Ne refoulez rien. Essayez ce mode de vie, et s'il ne vous convient pas, mariez-vous. Si vous vous costumez pour jouer un rôle, jouez-le comme il faut. Sinon, ne vous y lancez pas. Si vous voulez parvenir au but suprême, brahmacharya est une condition essentielle. Qu'ont dit nos mahatmas à ce sujet ? »

Le jeune homme : « À qui fais-Tu référence ? »

Amma : « Bouddha, Ramakrishna, Vivekananda, Ramana, Ramatirtha, Chattampi Swami, Narayana Guru. Qu'ont-ils tous affirmé ? Pourquoi Bouddha, Ramatirtha, Tulsidas et d'autres mahatmas ont-ils quitté leur foyer ? Pourquoi Sri Shankaracharya[9] est-il devenu sannyasin alors qu'il était si jeune ?

Leurs actions ne démontrent-elles pas la nécessité de brahmacharya ? Et Sri Ramakrishna, bien qu'il fût marié, n'a-t-il pas pratiqué brahmacharya afin de donner un exemple à suivre ?

Brahmacharya n'est pas une règle extérieure, il ne s'agit pas seulement de renoncer au mariage, mais de faire chaque pas en accord avec le principe suprême, sans jamais le violer, même en pensée. Cela inclut aussi le fait de ne pas nuire à autrui de quelque manière que ce soit, de ne pas regarder ou écouter quoi que ce soit sans nécessité, de ne parler que lorsque c'est nécessaire. Alors seulement, cela mérite le nom de brahmacharya. Sur la voie spirituelle, brahmacharya est absolument essentiel.

Comme il vous sera peut-être difficile au début de contrôler vos pensées, vous pouvez commencer par pratiquer brahmacharya extérieurement. Si vous ne l'observez pas, vous perdrez toute la force que vous avez accumulée grâce à votre sadhana. Amma ne veut pas dire que vous devez refouler vos désirs en vous contraignant. Pour celui qui est vraiment concentré sur le but de la vie

---

[9] Sri Shankaracharya était un *mahatma* et un philosophe. Il vécut au VIIIème siècle et fut un des grands représentants de la philosophie de l'Advaita Védanta.

spirituelle (qui possède lakshya bodha), le contrôle de soi n'est pas si difficile. Les gens qui vont travailler dans le Golfe Persique[10] ne reviennent souvent qu'au bout de plusieurs années.

Pendant cette période, ils sont séparés de leur femme, de leurs enfants. Lorsqu'il s'agit de trouver du travail, vous ne laissez pas votre attachement à votre famille et à votre pays constituer un obstacle. De même, si votre but est de réaliser le Soi, vous ne pensez plus à rien d'autre. Les autres pensées s'évanouissent d'elles-mêmes, sans qu'il soit besoin de les contrôler par la force de la volonté.

Les gens croient que le bonheur se trouve dans les objets extérieurs, ils travaillent donc dur pour les obtenir, gaspillant toute leur énergie. Il nous faut réfléchir et comprendre la vérité. Grâce à notre amour pour Dieu et à la pratique d'austérités centrées sur le but, nous acquerrons de la force. Cela n'est pas difficile pour ceux qui comprennent qu'ils perdent leur énergie en recherchant le bonheur à l'extérieur.

Certaines plantes, si elles ont trop de feuilles, ne donnent pas de fruits. Il faut les tailler pour qu'elles fassent des fleurs et portent des fruits. De même, si nous nous laissons emporter par les plaisirs extérieurs, nous ne trouverons jamais la vérité intérieure. Si nous voulons cueillir le fruit de la réalisation, nous devons nous libérer de l'attirance pour les plaisirs du monde. »

Le jeune homme : « La culture spirituelle de l'Inde rejette-t-elle complètement la vie dans le monde ? »

Amma : « Non, pas vraiment. Elle affirme simplement que le vrai bonheur ne se trouve pas là. »

Le jeune homme : « Pourquoi ne pouvons-nous pas atteindre le But tout en profitant des plaisirs du monde ? »

---

[10] Depuis les années 70 un grand nombre d'Indiens, surtout originaires du Kérala, sont partis travailler dans les pays du Golfe.

Amma : « Celui qui aspire vraiment à réaliser Dieu n'a pas même une pensée pour la vie dans le monde ou les plaisirs des sens. Ceux qui mènent une vie de famille peuvent aussi atteindre le But, à condition qu'ils perçoivent clairement les limites d'une vie séculière et soient parfaitement détachés, consacrant leur vie au japa, à la méditation et au renoncement. »

Le jeune homme : « Est-il donc très difficile de parvenir à la réalisation du Soi tout en vivant dans le monde ? »

Amma : « Quels que soient les efforts fournis, il est impossible de goûter la béatitude du Soi tout en recherchant les plaisirs profanes. Si nous mangeons du payasam (riz au lait sucré) dans un récipient qui a contenu du tamarin, comment pouvons-nous savourer le véritable goût du payasam ? »

Le jeune homme : « Peux-tu donner quelques explications supplémentaires ? »

Amma : « Quand nous apprécions les plaisirs des sens, nous éprouvons une certaine joie, n'est-ce pas ? Il est impossible de s'élever jusqu'au plan de la béatitude spirituelle sans contrôler cela. Tu peux te marier et vivre avec ta femme et tes enfants, cela ne pose aucun problème tant que tu peux en même temps garder ton esprit centré sur le Soi. Comment celui qui recherche le bonheur dans les objets du monde pourrait-il atteindre la joie qui n'est pas de ce monde ? »

Le jeune homme : « Mais les plaisirs ne font-ils pas partie de la vie ? Par exemple, le fait même que nous soyons assis ici maintenant est le résultat de rapports physiques entre d'autres personnes. Si les relations entre hommes et femmes cessaient, que deviendrait le monde ? Comment nier cela ? Un rapport physique empêchera-t-il celui qui le vit de goûter à la béatitude ultime ? »

Amma : « Amma ne dit pas qu'il faut complètement rejeter les plaisirs du monde, mais comprenez qu'ils ne vous apporteront jamais le bonheur réel. Ce n'est pas la peau d'un fruit qui lui donne sa saveur, mais la pulpe. Comme vous le savez, vous n'accordez pas à la peau plus d'importance qu'elle ne le mérite. Quand vous comprenez que les plaisirs des sens ne sont pas le but réel de la vie, vous n'êtes plus attaché qu'au Paramatman (le Soi suprême). Oui, il est possible d'atteindre le But tout en menant une vie de famille, à condition de rester complètement détaché, comme un poisson dans la vase[11].

Autrefois les gens suivaient les règles prescrites aux différents membres de la société. Ils vivaient selon les principes des Écritures et ne désiraient pas uniquement les plaisirs des sens ; Dieu était le but de leur vie. Une fois qu'un enfant était né, le mari considérait sa femme comme sa propre mère ; n'avait-elle pas donné naissance à son image sous la forme de l'enfant ? Lorsque le fils était adulte, ils lui confiaient toutes les responsabilités et partaient vivre en forêt, dans la solitude. Arrivé à ce stade, le couple avait déjà acquis une certaine maturité, grâce à la vie de famille. Leur travail, le fait d'élever des enfants et les luttes pour surmonter les divers obstacles rencontrés dans la vie avaient mûri leur caractère. Pendant l'étape de vanaprashta (retraite dans la forêt) la femme restait auprès de son mari. Mais à la fin, ce lien lui-même était brisé, ils devenaient des sannyasins, ayant renoncé à tout. Et enfin ils atteignaient le but. Telles étaient les pratiques observées autrefois. Mais aujourd'hui, c'est différent. À cause de l'attachement que les gens éprouvent pour leurs biens et leur famille, à cause de leur égoïsme, plus personne ne vit de cette manière. Cela doit changer. Il nous faut prendre conscience du véritable but de la vie et vivre en conséquence. »

Le jeune homme : « Certaines personnes n'affirment-elles pas que l'union d'un homme et d'une femme est le bonheur ultime ?

---

[11] En Inde il existe un poisson qui vit dans la vase. Sa peau est comme du Téflon : la vase n'y adhère pas.

Et que même l'amour d'une mère pour ses enfants est d'origine sexuelle ? »

Amma : « Cela montre à quel point leur savoir est limité. C'est tout ce qu'ils sont capables de voir. Même dans la vie matrimoniale, le désir ne devrait pas être la force dominante. L'amour authentique devrait être le seul fondement de la relation entre mari et femme. L'amour est le support universel ; il est le fondement de l'univers. Sans amour, la création serait impossible. La source réelle de cet amour est Dieu, non le désir sexuel.

Certains couples disent à Amma : « Notre désir mutuel affaiblit le mental. Nous ne parvenons pas à vivre comme frère et sœur. Nous ne savons pas quoi faire ».

Quelle est la cause de cette situation ? De nos jours, l'être humain est l'esclave de ses pulsions sexuelles. Si on continue à l'encourager dans cette voie, que deviendra le monde ? Amma conseille aux gens de regarder à l'intérieur, de chercher la source de la véritable béatitude. Que faut-il faire ? Encourager les gens à continuer dans l'erreur, dans la voie de l'impulsion irraisonnée, ou bien les guider vers la voie du discernement, les aidant ainsi à sortir de leur égarement ?

Certains ont commis dans le passé d'innombrables fautes, mais en faisant une sadhana ils sont parvenus à contrôler leur mental et sont en définitive devenus des bienfaiteurs de l'humanité. Ceux qui ne pouvaient pas même regarder leur sœur sans éprouver du désir ont appris à considérer toutes les femmes comme des sœurs.

Imagine une famille où vivent cinq frères. L'un est alcoolique, le second recherche le luxe, le troisième se dispute avec tout le monde, et le quatrième vole tout ce qui lui tombe sous la main. Mais le cinquième frère est différent des autres. Il mène une vie simple. Son naturel est bon, plein de compassion, et il donne avec joie. C'est un véritable karma yogi. Ce frère à lui seul maintient l'harmonie au sein de la famille. Lequel des cinq devrions-nous donc prendre pour modèle ?

Amma ne peut pas adopter un point de vue différent. Cela ne signifie pas qu'elle rejette les autres personnes. Amma prie pour qu'elles aussi empruntent le bon chemin, car c'est à cette condition que la paix et le bonheur régneront dans le monde. »

Le jeune homme : « Amma, peux-tu nous parler un peu de la béatitude du Soi, à laquelle tu as fait allusion ? »

Amma : « On ne peut la connaître que par l'expérience. Peux-tu expliquer la beauté d'une fleur ou décrire la douceur du miel ? Si quelqu'un te frappe, tu peux dire que c'est douloureux, mais peux-tu exprimer avec des mots l'intensité exacte de la douleur que tu éprouves ? Alors comment serait-il possible de décrire la beauté de l'infini ?

La béatitude spirituelle ne peut être ressentie au moyen de l'intellect. Pour cela, nous avons besoin du cœur. L'intellect dissèque les objets comme une paire de ciseaux, mais le cœur est comme une aiguille qui permet d'assembler les morceaux séparés. Amma ne veut pas dire que l'intellect est inutile : les deux, le cœur comme l'intellect, sont nécessaires. Ils sont comme les deux ailes d'un oiseau : chacune joue son rôle. Si la digue qui barre un cours d'eau est prête à se rompre, submergeant tout un village, que faire ? Il faut très rapidement trouver une solution. Dans une telle situation, l'intellect est indispensable et il faut être fort. Certains s'effondrent et pleurent face au moindre petit problème. Nous devrions être capables d'affronter les obstacles sans faiblir mentalement. Il nous appartient de découvrir notre force intérieure. Nous y parviendrons grâce aux pratiques spirituelles. »

Comme une douce brise, les paroles d'Amma dissipaient les nuages de l'ignorance enveloppant le mental du petit cercle de chercheurs spirituels qui l'entouraient, leur permettant ainsi de baigner dans la lumière de sa sagesse.

Mardi 7 janvier 1986

A 9 heures 45 Amma rejoignit les brahmacharis dans la salle de méditation.

Amma : « Mes enfants, si vous vous attachez à Amma sous la forme de cette personne, vous ne progresserez pas. C'est la Mère de l'univers qu'il faut aimer, non ce corps. Vous devez être capables de percevoir le principe réel qu'Amma manifeste, capables de voir Amma en vous-mêmes, en tout être vivant et en chaque objet. Lorsque vous voyagez en bus, vous ne vous attachez pas au bus, n'est-ce pas ? Il ne représente pour vous qu'un moyen de transport, que vous empruntez pour atteindre votre destination. »

Un jeune homme du nom de Jayachandra Babu vint se prosterner devant Amma. Il habitait Thiruvanantapuram (Trivandrum) et avait reçu la veille pour la première fois le darshan d'Amma. Il était revenu aujourd'hui après avoir laissé un mot à sa famille expliquant qu'il avait décidé de venir résider à l'ashram.

Amma lui dit : « Mon fils, si tu restes ici maintenant, ta famille va faire un scandale et blâmer Amma en disant qu'elle te garde ici sans leur consentement. Il vaut donc mieux pour le moment que tu rentres chez toi. »

Babu refusa tout d'abord de partir, mais comme Amma insistait, il finit par accepter de rentrer. Il se prosterna de nouveau devant Amma et se leva.

« Fils, as-tu assez d'argent pour le bus ? »

« Non, je n'en ai pas apporté assez, car je n'avais pas l'intention de repartir. »

Amma demanda au brahmachari Kunjumon de lui donner un peu d'argent pour payer le billet. Alors Babu partit avec Kunjumon, et Amma continua à parler avec les brahmacharis[12].

---

[12] Peu de temps après, Babu revint à l'ashram et devint *brahmachari*.

Adorer une forme

Amma : « Certaines personnes disent : « Ne méditez pas sur une forme. Brahman n'a pas de forme, il faut donc méditer sur le sans-forme ». Quelle logique est-ce là ? Normalement, nous imaginons l'objet de notre méditation, n'est-ce pas ? Même si nous méditons sur une flamme ou sur un son, il s'agit toujours d'une représentation imaginaire. Quelle est la différence entre cette sorte de méditation et la méditation sur une forme ? Ceux qui méditent sur le sans-forme recourent eux aussi à l'imagination. Certains conçoivent Brahman comme pur Amour, comme l'Infini ou comme l'Omniprésent. D'autres répètent « Je suis Brahman » ou bien interrogent : « Qui suis-je ? ». Mais ce ne sont là que des concepts mentaux. Il ne s'agit donc pas réellement d'une méditation sur Brahman. Quelle est donc la différence entre ces pratiques et la méditation sur une forme ? Pour apporter de l'eau à un homme assoiffé, il faut un récipient. Pour réaliser le Brahman sans-forme, un instrument, un outil est nécessaire. D'autre part, si nous choisissons de méditer sur le sans-forme, comment ferons-nous si nous n'avons pas auparavant développé de l'amour pour Brahman ? Ce n'est rien d'autre que de la dévotion (bhakti). Le Dieu personnel n'est rien d'autre qu'une personnification de Brahman. »

Brahmachari Rao[13] : « C'est ce Dieu que nous voyons sous la forme d'Amma. »

Amma (en riant) : « Représenter Brahman avec une tête, deux yeux, un nez et quatre membres ! À quoi ressemble-t-Il ? »

Un brahmachari : « Lorsque nous imaginons un tel être, quel bienfait en retirons-nous ? »

---

[13] Quelques années plus tard, lors de son initiation à *sannyas*, le *brahmachari* Rao reçut le nom de Swami Amritatmananda.

Amma : « Il est facile d'adorer Brahman lorsque nous Lui attribuons une forme. Ensuite, grâce à notre amour suprême (prema), nous pouvons aisément réaliser le Principe éternel. Un seul robinet permet d'accéder à toute l'eau contenue dans le réservoir et il est ainsi plus facile d'étancher sa soif. »

Le brahmachari Venu[14] posa une autre question : « Amma, on raconte que Jarasandha[15], au cours d'une bataille, mit en fuite le Seigneur Krishna. Comment cela est-il possible ? »

Amma : « Un avatar comme Krishna n'a pu prendre la fuite que pour nous enseigner quelque chose, et non parce qu'Il avait peur. »

Venu : « Le destin de Jarasandha n'était pas de mourir de la main du Seigneur, une telle bénédiction n'était pas pour lui. Est-ce la vérité, Amma ? »

Amma : « Oui, c'est vrai. Et Krishna ne brisait l'orgueil d'une personne qu'après l'avoir fait jaillir dans toute sa mesure. Lorsqu'un enfant s'amuse à prendre une mine terrifiante, le père

---

[14] Swami Pranavamritananda.

[15] Jarasandha était le fils du roi de Magadha, Brihadratha. Celui-ci avait épousé deux jumelles mais n'avait pas d'enfant. Le sage Chanda-Kausika le bénit en lui donnant une mangue sanctifiée par des mantras. Les reines la partagèrent et chacune donna naissance à la moitié d'un enfant. Atterrées, elles demandèrent aux servantes de jeter les deux moitiés. Dans la nuit, une démone du nom de Jara fut attirée par ces morceaux de chair. Par curiosité, elle rapprocha les deux moitiés qui s'unirent. L'enfant se mit à crier et les reines accoururent. Le roi lui donna le nom de Jarasandha, car Jara lui avait donné la vie. Jarasandha devint un héros, un empereur. Kamsa, oncle de Krishna, était son beau-fils. Quand Krishna tua Kamsa, Jarasandha jura de détruire toute la lignée de Krishna et attaqua dix-sept fois Mathura. Krishna finit par se retirer sur l'île de Dwaraka. Jarasandha avait capturé quatre-vingt-six rois. Il attendait d'avoir cent prisonniers pour les offrir en sacrifice à Shiva. Il fut tué en combat singulier par Bhima et tous les rois furent délivrés.

entre dans le jeu et feint d'être effrayé. Mais bien sûr, il n'a pas vraiment peur de l'enfant. »

Un autre brahmachari posa une question : « Amma, ces temps-ci je lutte contre le sommeil pendant la méditation. Que dois-je faire ? »

Amma : « Fais un peu de course à pied le matin ou bien un travail physique. Que rajas (l'activité) chasse tamas (l'inertie). Le manque d'exercice physique engendre un déséquilibre entre les éléments vata, pitta et kapha[16] et tu as ensuite trop sommeil pour méditer. » En riant, Amma ajouta : « Pour finir, Dieu crée toujours de gros ennuis à ceux qui sont trop paresseux pour travailler. »

Amma et l'érudit

En sortant de la salle de méditation, Amma trouva un shastri (un érudit en matière de religion) qui l'attendait. En voyant Amma, l'homme, âgé, attacha son châle de coton autour de sa taille en signe de respect, se prosterna de tout son long et déposa quelques fruits en offrande aux pieds d'Amma. Il avait aussi un exemplaire des Brahmas Sutras (aphorismes du sage Badarayana, ou Veda Vyasa, qui exposent la philosophie du Védanta), qu'il emportait partout avec lui depuis quarante ans et étudiait quotidiennement. Amma s'assit avec lui devant la salle de méditation.

Amma : « Quand es-tu arrivé, fils ? »

---

[16] Selon la science antique de *l'ayurveda*, il existe trois forces de vie ou humeurs biologiques primaires, appelées *vata*, *pitta* et *kapha* ; elles correspondent aux éléments de l'air, du feu et de l'eau. Ces trois éléments déterminent les processus vitaux de la croissance et du dépérissement et sont les forces qui engendrent les maladies. La prédominance de l'un ou l'autre de ces éléments chez une personne détermine sa nature psychophysique.

Shastri : « Il n'y a pas longtemps. Je reviens de Tiruvananthapuram. Mon fils est venu ici le mois dernier et il m'a parlé d'Amma. J'ai donc décidé de m'arrêter en route pour venir te voir. »

Amma ferma les yeux et resta un moment en méditation. Quand elle rouvrit les yeux, le shastri reprit : « Amma, il y a quarante ans que j'étudie le Védanta et que je donne des conférences à ce sujet, mais je n'ai toujours pas trouvé la paix. »

Amma : « Fils, le Védanta n'a pas grand-chose à voir avec la lecture ou avec le fait de prononcer des discours. Le Védanta est un principe que nous devons adopter dans notre vie. Si tu dessines sur une feuille de papier le beau plan en couleurs d'une maison, tu ne peux pas vivre dans ce plan, n'est-ce pas ? Même si tu ne désires qu'un petit abri contre la pluie et le soleil, il te faut transporter des briques et du bois de charpente jusqu'à l'endroit choisi et y construire ce que tu désires. De même, il est impossible de parvenir à l'expérience du Divin sans faire une sadhana. Si tu n'as pas le contrôle de ton mental, il est vain de répéter les Brahmas Sutras. Un perroquet ou un magnétophone peuvent en faire autant. »

Le savant n'avait pas dit à Amma qu'il récitait chaque jour les Brahmas Sutras et le Panchadashi. Il fut donc surpris qu'elle y fît allusion. Il lui confia ensuite tous ses ennuis. Amma le réconforta en lui prodiguant caresses et paroles consolantes. Elle le fit asseoir auprès d'elle, puis commença à donner le darshan à ceux qui attendaient. Le vieil homme regardait Amma avec une intense concentration. Tout à coup, ses yeux se remplirent de larmes et il se mit à pleurer. Amma se tourna vers lui et le cajola de nouveau.

Shastri : « Amma, j'éprouve une paix que je n'ai jamais ressentie en quarante années ! Je n'ai plus besoin de mon savoir, de mon érudition. Mon seul désir est que tu me bénisses afin que je ne perde plus cette paix. »

Amma : « Namah Shivaya ! Il ne suffit pas de lire le Védanta et d'en imprégner le mental. Il faut l'amener dans le cœur. Nous ne pouvons faire l'expérience des principes du Védanta qu'à cette condition. Si l'on nous dit que le miel est sucré, nous pouvons nous en mettre sur le doigt, mais tant que nous ne l'aurons pas goûté avec la langue, nous n'en connaîtrons pas le goût. La connaissance accumulée par l'intellect doit parvenir jusqu'au cœur, car c'est là que se trouve l'expérience. Un jour viendra où ton cœur et ton intellect ne feront plus qu'un. Cet état est indescriptible. C'est une expérience directe, une perception directe que les mots ne sauraient rendre. Quand bien même tu aurais lu tous les livres du monde, cela ne te donnerait pas cette expérience. Tu dois être convaincu que Dieu seul est réel et te souvenir constamment de Lui. Purifie ton cœur. Vois Dieu en toute chose et aime tous les êtres. Rien d'autre n'est nécessaire. Tout ce dont tu as besoin te sera donné. »

Shastri : « Amma, j'ai rencontré de nombreux mahatmas et visité beaucoup d'ashrams, mais c'est aujourd'hui seulement que mon cœur s'est ouvert. Je le sais. »

Avec beaucoup de tendresse, Amma essuya ses larmes, puis il ajouta : « C'est ta grâce qui m'a enfin conduit vers toi. Si Amma est d'accord, j'aimerais rester ici quelques jours. »

« Comme tu veux, mon fils. »

Abhyasa yoga

(Le yoga des pratiques spirituelles régulières, accomplies avec persévérance)

A trois heures de l'après-midi, Amma avait fini de donner le darshan. Elle alla s'asseoir près de l'étable, au nord de l'ashram, avec le shastri et quelques brahmacharis.

Un brahmachari : « Amma, comment pouvons-nous fixer notre esprit constamment sur Dieu ? »

Amma : « Une pratique constante est nécessaire. Il n'est pas naturel pour vous de penser sans cesse à Dieu, il faut donc cultiver consciemment cette habitude. Japa est indispensable. N'arrêtez pas sa pratique une seule minute, pas même lorsque vous mangez ou dormez.

Les petits enfants qui s'efforcent d'apprendre l'arithmétique récitent : « Un et un deux, un et deux trois » etc., qu'ils soient assis, qu'ils marchent ou qu'ils aillent aux toilettes. Ils ont peur d'être punis par le maître s'ils n'apprennent pas leurs tables. Pratiquez de cette manière.

Sachez que rien n'existe en ce monde hormis Dieu, que rien n'a le pouvoir de fonctionner sans Lui. Voyez Dieu dans tout ce que vous touchez. Quand vous prenez les vêtements que vous allez porter, imaginez que c'est Dieu. Et quand vous saisissez votre peigne, considérez-le comme Dieu.

Pensez à Dieu en accomplissant chacune de vos actions. Et priez : « Tu es mon seul refuge. Rien d'autre n'est éternel. Aucun autre amour ne dure. L'amour humain me rendra peut-être heureux un moment, mais en définitive il me fera souffrir. C'est comme si quelqu'un me caressait avec des mains empoisonnées, parce qu'un tel amour n'apporte que de la souffrance, jamais le salut. Toi seul, Ô Dieu, peut combler mon désir ». Nous devrions sans cesse prier ainsi. Sans ce genre de détachement, on ne peut ni croître spirituellement, ni aider les autres. Il faut être fermement convaincu que Dieu seul est éternel.

Il est indispensable que nous nous libérions des vasanas que nous avons accumulées. Mais il est difficile de le faire tout d'un coup. Il faut pratiquer sans interruption, réciter le mantra sans cesse, que l'on soit assis, debout ou allongé. Si nous répétons le mantra et visualisons la forme de Dieu, les autres pensées s'évanouiront et notre mental sera purifié. Pour se laver du sentiment du « je », le savon du « Toi » est nécessaire. Quand on perçoit Dieu en tout, le « je », c'est-à-dire l'ego, disparaît, et c'est le « Je » divin qui brille en nous. »

Br : « N'est-il pas difficile de visualiser sa divinité d'élection tout en récitant le mantra ? »

Amma : « Fils, en ce moment tu parles avec Amma. Éprouves-tu des difficultés à lui parler parce que tu la vois ? Tu peux parler à Amma tout en la voyant, n'est-ce pas ? De même, il est possible de visualiser la forme de sa divinité d'élection en faisant japa. Mais cela même n'est pas nécessaire si nous prions, appelant dans un cri du cœur : « Ô Mère, donne-moi de la force ! Détruis mon ignorance ! Élève-moi, prends-moi sur Tes genoux ! Ton giron est mon seul refuge, nulle part ailleurs je ne trouverai la paix. Mère, pourquoi me pousses-Tu dans ce monde ? Je ne veux pas rester un seul instant sans Toi. N'es-Tu pas Celle qui donne refuge à tous ? Je T'en prie, sois mienne ! Fais que mon mental T'appartienne ! » Appelez la Mère divine à l'aide de cette façon. »

Br: « Mais je n'éprouve aucune dévotion. Pour prier ainsi, il faut que je ressente de la dévotion, n'est-ce pas ? Amma, Tu nous dis de pleurer et d'appeler Dieu, mais encore faut-il que j'aie envie de pleurer ! »

Amma : « Si tu ne peux pas pleurer au début, répète ces paroles jusqu'à ce que les larmes viennent. Un enfant harcèle sa mère jusqu'à ce qu'elle lui achète ce qu'il désire. Il la suit partout et n'arrête pas de pleurer jusqu'à ce qu'il tienne l'objet convoité. À nous de harceler ainsi la Mère divine. Asseyons-nous et pleurons. Ne Lui laissons pas une minute de répit ! Appelons-La : « Montre-Toi ! Laisse-moi Te voir ! ». Fils, si tu dis que tu ne peux pas pleurer, cela signifie que tu n'aspires pas réellement à réaliser Dieu. Lorsque la soif de Dieu s'éveille, nous pleurons. Si tu n'y arrives pas, provoque les pleurs, même si cela exige un effort.

Suppose que la faim te tenaille, mais que tu n'aies pas d'argent. Tu iras quelque part ou tu feras quelque chose pour obtenir de la nourriture, n'est-ce pas ? Implore la Mère divine en disant : « Pourquoi ne m'accordes-Tu pas de larmes ? » Demande-Lui : « Pourquoi ne me fais-Tu pas pleurer ? Cela signifie-t-il que Tu ne m'aimes pas ? Comment puis-je vivre si Tu ne m'aimes pas ? » Alors Elle te donnera la force nécessaire pour pleurer. Mes enfants, c'est ce que faisait Amma. Vous pouvez faire de même.

Ces larmes ne sont pas des larmes de chagrin, elles sont une forme de béatitude intérieure. Elles couleront quand le jivatman (l'âme individuelle) se fondra dans le Paramatman (l'âme universelle). Nos larmes marquent un moment d'union avec le Divin. Ceux qui nous regardent pensent peut-être que nous sommes dans la peine. Pour nous, c'est la béatitude. Cependant, pour atteindre ce stade, tu dois au départ utiliser ton imagination créatrice. Essaye, fils ! »

Br : « J'avais l'habitude de méditer sur la forme de Bhagavan (Krishna). Mais après avoir rencontré Amma, cela m'est devenu impossible, parce que c'est sa forme qui venait dans ma méditation. Maintenant, cela aussi m'est devenu impossible. Amma, quand je pense à toi, c'est la forme de Krishna que je vois mentalement ; et quand je pense à Krishna, c'est ta forme qui apparaît. Je suis malheureux parce que je ne parviens pas à décider sur quelle forme je dois méditer. Si bien que maintenant, je ne médite plus sur aucune forme. Je médite sur le son du mantra. »

Amma : « Concentre ton mental sur ce qui t'attire. Comprends que tout est contenu en cela et n'est pas séparé de toi. Qui ou quoi que tu rencontres, sache que ce sont des aspects variés de cette forme unique. »

L'amour est essentiel

Shastri : « Amma, que faut-il faire pour que la forme de notre divinité bien-aimée apparaisse clairement pendant la méditation ? »

Amma : « Quand l'amour que vous éprouvez pour votre divinité sera pur, vous verrez sa forme nettement. Tant que vous ne voyez pas Dieu, vous devriez être comme sur des charbons ardents.

Un sadhak devrait avoir envers Dieu l'attitude d'un amant envers sa bien-aimée. Son amour devrait être si intense qu'il ne puisse pas supporter d'être séparé de Dieu, pas même un instant. Si un amant a vu son aimée vêtue de bleu lors de leur dernière rencontre, la moindre trace de bleu lui rappelle sa bien-aimée, lui fait voir son image. Qu'il mange ou qu'il dorme, son esprit n'est préoccupé que d'elle. Quand il se lève le matin, en se brossant les dents ou en buvant sa tasse de café, il se demande ce qu'elle est en train de faire. C'est ainsi que nous devrions aimer notre divinité d'élection : au point d'être incapables de penser à autre chose qu'à l'objet de notre adoration. Même un melon amer perd son amertume et devient sucré si on le fait mariner assez longtemps dans le sucre. De même, un mental négatif sera purifié s'il est offert à Dieu et pense constamment à Lui.

Un jour en marchant dans Vrindavan, une gopi vit sous un arbre un petit creux dans le sol. Elle imagina aussitôt : « Krishna a dû passer par ici ! La gopi qui L'accompagnait a dû Lui demander de cueillir une fleur de cet arbre. S'appuyant sur son épaule, Il a sauté dans l'arbre. Ce trou dans le sol est sans doute la trace de son pied lorsqu'Il a sauté ». Elle appela les autres gopis et leur montra l'empreinte du Seigneur Krishna. Songeant à Lui, elles oublièrent tout.

Aux yeux de cette gopi, tout était Krishna. Si quelqu'un lui touchait l'épaule, elle imaginait que c'était Krishna, et la dévotion lui faisait perdre conscience du monde extérieur. Quand les autres gopis songeaient à Krishna, elles aussi perdaient conscience de leur entourage et versaient des larmes de béatitude. Efforçons-nous d'atteindre cet état, en associant tout ce que nous voyons à Dieu. Pour nous, aucun monde autre que celui de Dieu ne devrait exister. Aucun effort particulier ne sera alors nécessaire pour voir sans cesse Sa forme dans notre méditation, Il ne sera pas absent une seule seconde de notre mental.

À nous d'implorer mentalement tout ce que nous voyons : « Chers arbres, chères plantes, où est ma Mère ? Ô vous les oiseaux, les animaux, L'avez-vous vue ? Cher océan, où est la Mère toute-puissante qui te donne la force de te mouvoir ? » Nous pouvons user ainsi de notre imagination. Si nous persistons, notre mental surmontera tous les obstacles ; nous parviendrons aux pieds de l'Être suprême et nous nous y accrocherons. Si tu te sers ainsi de ton imagination, alors, sans aucun doute, la forme apparaîtra clairement dans ton mental. »

Brahmachari : « J'ai parfois le sentiment que les autres commettent des erreurs et cela détruit ma paix intérieure. Comment puis-je apprendre à pardonner aux autres ? »

Amma : « Imagine que par accident, tu te mettes le doigt dans l'œil. Tu ne vas pas frapper le doigt qui a provoqué la douleur. Il n'est pas question de le punir. Tu pardonnes à ton doigt. Si tu te fais mal au pied en trébuchant malencontreusement sur un objet, ou si tu te fais une coupure au doigt, tu le supportes. Si tu montres tant de patience envers tes yeux, tes mains et tes pieds, c'est qu'ils font partie de ton corps et que tu en es conscient. Même si parfois ils te font mal, tu le tolères. Considérons de même que les autres font partie de nous-mêmes, comprenons que nous sommes la cause de tout, que nous sommes tout, que personne n'est séparé de nous. Alors nous ne regarderons pas les défauts d'autrui et même si nous les voyons, nous traiterons ces erreurs comme les nôtres et nous pardonnerons.

Nous pouvons avoir la même attitude d'abandon de nous-mêmes que Kuchela[17] : tout ce qui arrive est la volonté de Dieu. Considérons-nous comme les serviteurs de Dieu. Il ne nous sera alors plus possible de nous mettre en colère contre qui que ce soit et nous deviendrons humbles.

Une voie consiste à voir son propre Soi en tous. L'autre est de considérer chaque personne comme Dieu et de la servir.

Vivez chaque instant avec shraddha. Ne mangez qu'après avoir récité votre mantra et prié : « Ô Dieu, est-ce que tout le monde a mangé ? Chacun a-t-il ce qu'il lui faut ? Je T'en prie, bénis tous les êtres afin qu'ils obtiennent ce dont ils ont besoin ». Nous devrions éprouver de la compassion pour ceux qui ont une vie difficile. Alors notre mental sera purifié. La compassion nous rapprochera de Dieu. »

Après avoir ainsi loué l'amour universel, Amma conclut en insistant sur la pratique de la dévotion. En écoutant ses conseils,

---

[17] Kuchela était un ami très cher de Krishna, qui, dans sa jeunesse, avait étudié avec Lui. Kuchela se maria et vécut la vie d'un brahmane pauvre, mais maître de lui et satisfait de son sort. Un jour sa femme, lasse de leur misère, le pria d'aller voir Krishna, son ami d'enfance, et de Lui demander de les aider financièrement. Kuchela décida d'aller trouver Krishna, non pour demander de l'aide, mais pour revoir un ami très cher. Krishna accueillit Kuchela avec beaucoup d'affection. Ce dernier, rempli de joie et de paix, ne souffla pas un mot à Krishna de la pauvreté qui l'accablait. Krishna, connaissant le cœur de son ami, décida de lui faire une surprise et de lui accorder de grandes richesses. Kuchela entama le voyage de retour, mais il ignorait l'intention de Krishna. Son seul regret était de devoir annoncer à sa femme qu'il n'avait pas eu le cœur de demander quoi que ce soit. En arrivant chez lui, il fut étonné de voir qu'un palais ceint de splendides jardins se dressait à la place de sa pauvre hutte et que sa femme, entourée de servantes, portait de riches vêtements et des bijoux. Kuchela pria le Seigneur afin de ne jamais s'attacher à la richesse qu'Il lui avait accordé et de toujours L'aimer d'un amour pur.

véritable nectar, le shastri et les brahmacharis sentirent leur cœur s'épanouir.

Mercredi 15 janvier 1986

Amma avec les dévots

Il était un peu plus de huit heures du matin. Amma était avec les brahmacharis dans la salle de méditation.

Amma : « Mes enfants, si vous vous contentez de vous asseoir en pensant : « Bon, maintenant, je vais commencer à méditer », la forme n'apparaîtra pas dans votre mental. Vous resterez simplement assis là les yeux fermés et au bout d'un moment, vous vous rappellerez : « Oh ! Je suis supposé méditer ! » Quand vous vous asseyez pour la méditation, commencez par appeler Dieu : « Ô Dieu, ne viendras-Tu pas dans mon cœur ? Sans Ton aide, je ne peux pas Te voir. Toi seul es mon refuge ! ». Imaginez que votre divinité d'élection se tient devant vous. Au bout d'un moment, Sa forme brillera clairement dans votre mental. »

Amma sortit de la salle de méditation vers neuf heures trente. Une femme vint à sa rencontre. Cette dévote, mariée, avait passé quelques jours à l'ashram et refusait de rentrer chez elle. Amma tenta de la convaincre, mais la femme répondit qu'elle ne voulait pas la quitter. Amma se tourna vers les autres personnes présentes et dit : « Amma lui a dit qu'elle pouvait rester si elle apportait une lettre de son mari. Il ne serait pas correct de lui permettre de rester s'il n'y consent pas. S'il venait ici pour se plaindre, que pourrait répondre Amma ? En outre, d'autres pourraient tenter de suivre son exemple. Depuis plusieurs jours elle affirme que son mari va venir d'ici un jour ou deux, mais il n'est pas venu. Et elle a aussi une fille à la maison ».

S'adressant à la femme, Amma dit : « Amma ne peut pas attendre plus longtemps. Tu dois partir demain ».

La dévote était en pleurs. « Amma, s'il ne vient pas dimanche, je promets de partir lundi. »

A la vue de la femme éplorée, le cœur d'Amma s'attendrit et elle lui permit de rester.

Amma se dirigea vers la hutte où elle donnait le darshan. En passant, elle jeta un regard à la classe de Védanta. Voyant qu'un brahmachari s'était adossé au mur pendant qu'il écoutait le cours, Elle lui dit : « Mon fils, un être spirituel ne devrait pas s'appuyer ainsi au mur dans un lieu consacré à l'étude. Reste assis bien droit, attentif, sans t'adosser à quoi que ce soit ni bouger les bras ou les jambes. Sinon, cela augmente le tamas en toi. Un sadhak doit reposer en lui-même et ne dépendre d'aucun support extérieur. La vie spirituelle ne consiste pas à rester assis sans rien faire à développer des qualités tamasiques. Aussi difficile que cela puisse être, tu dois garder la colonne vertébrale droite lorsque tu es assis. »

Amma continua son chemin vers la hutte. Elle entra et s'assit sur un simple petit divan de bois recouvert d'écorce d'arbre. Les gens qui l'attendaient s'avancèrent un par un et se prosternèrent. L'un d'eux avait une blessure à la nuque. C'était la seconde fois qu'il venait voir Amma. Lors de sa première visite, il ne parvenait pas à tenir la tête droite et son épaule était paralysée. Il avait auparavant subi une opération qui n'avait apporté aucune amélioration. Amma lui avait donné de la cendre sacrée (bhasma) et lui avait demandé d'apporter un peu de cendre d'un bûcher funéraire.

Amma : « Comment vas-tu maintenant, mon fils ? »

Le dévot : « Beaucoup mieux. Je peux tenir la tête droite et voyager sans difficultés. Cela m'était impossible avant. J'étais obligé de rester tout le temps allongé. La première fois que je suis venu te voir, le voyage a été très difficile. Mais aujourd'hui, je n'ai eu aucun problème. J'ai apporté la cendre que tu m'avais demandée. » Il donna le paquet à Amma, qui l'ouvrit et prit un peu de cendre dans la main.

Amma : « Fils, il y a beaucoup de terre dans cette cendre. Il faut que tu apportes de la cendre pure, qui ne soit pas mêlée de terre. Fais attention la prochaine fois. Pour aujourd'hui, Amma va te donner un peu de cendre ordinaire (bhasma) que nous avons ici. »

Amma en prit un peu sur une assiette et l'appliqua sur la nuque du dévot. Elle demanda à un brahmachari d'apporter un morceau de papier pour y mettre de la cendre. Il donna à Amma un bout de papier qu'il avait déchiré d'une feuille blanche.

Amma : « Fils, comment as-tu pu déchirer un si beau papier ? Un morceau de journal aurait fait l'affaire. Ce papier blanc aurait pu servir à écrire. Amma pense à l'utilité de chaque chose. Ne gâchez jamais rien. Ne rien gaspiller, c'est shraddha. Et vous ne pouvez progresser que grâce à shraddha. »

Une femme venue de Suisse était assise auprès d'Amma. Elle venait juste d'arriver à l'ashram et c'était la première fois qu'elle rencontrait Amma. Elle avait apporté quelques présents pour Amma et les ouvrit pour les lui montrer.

La dévote : « J'ai passé beaucoup de temps à choisir ces objets, car j'ignorais ce qui pourrait plaire à Amma. »

Amma : « Amma sait à quel point tu pensais à elle lorsque tu as acheté ces cadeaux. Mais Amma n'en a pas besoin. C'est ton mental qu'elle veut. Tu as apporté ces offrandes par amour, mais cela ne sera pas toujours possible. S'il arrive que tu ne puisses plus rien apporter, ne sois pas triste et ne t'abstiens pas de venir parce que tu n'as rien à offrir à Amma. Ces objets sont périssables. Mais si tu offres ton mental, le bienfait sera éternel : il te sera rendu purifié. »

La dévote : « Ne dit-on pas qu'il ne faut pas venir au guru les mains vides, mais toujours apporter quelque chose ? »

Amma : « Oui, mais le guru n'a pas besoin de quoi que ce soit. L'offrande des dévots symbolise l'abandon du mental. Ils déposent ainsi leur prarabdha (les fruits de leurs actes passés) aux pieds du guru. Si tu n'as rien d'autre, un citron suffit. Si tu ne peux pas apporter cela, les Écritures disent qu'un morceau de bois pour alimenter le feu suffit. »

Pendant qu'Amma parlait, une femme s'approcha, posa la tête sur les genoux d'Amma et fondit en larmes. Entre deux sanglots, elle l'implorait : « Amma, donne-moi de la dévotion ! Tu m'as bernée jusqu'à présent, mais cela ne marchera plus ! ». Avec beaucoup d'affection, Amma s'efforça de la consoler, mais la femme continua : « Ce tour-là ne marchera plus ! Amma, qui est omnisciente, ne me pose toutes ces questions polies que pour me duper. Amma, ne me pose pas de pareilles questions ! Que puis-je te dire ? Tu me connais mieux que moi-même ! »

Cette femme désirait faire don de sa maison à l'ashram, mais Amma refusait. La femme pleurait parce qu'elle voulait qu'Amma accepte. Mais elle ne cédait pas.

Amma ne rentra dans sa chambre pour déjeuner qu'à trois heures et demie. Deux brahmacharis l'attendaient. Elle leur parla tout en mangeant.

« Mes enfants, saluez les gens qui viennent ici et aidez-les s'ils en ont besoin, mais ne perdez pas trop de temps à leur parler. Il est inutile d'essayer de renforcer leur foi par des paroles. Quand vous plantez un arbuste, il a peut-être quelques feuilles, mais vous ne pouvez juger de sa croissance que par les feuilles nouvelles qui apparaissent quand l'arbre a pris racine. Seule la foi qui vient de notre propre expérience est permanente, comme les feuilles qui croissent après que l'arbre soit enraciné. Ne parlez longuement qu'à ceux qui désirent vraiment savoir. »

La veille, un des brahmacharis avait eu une longue conversation avec un dévot venu pour le darshan. En entendant ces paroles, il comprit que cela n'avait pas échappé à Amma, qui demeure en chacun de nous et qui est omnisciente.

Brahmachari : « Amma, que faire si les gens nous suivent et nous posent toutes sortes de questions ? »

Amma : « Répondez-leur juste ce qu'il faut pour éclaircir leurs doutes. »

Les soucis de la mère pleine de compassion

Il était cinq heures de l'après-midi. Un adolescent venait de passer quelques jours à l'ashram. Sa famille était venue pour le ramener chez lui. Devant la maison située au nord de l'ashram, ils passèrent un long moment à lui parler. Mais il ne voulait pas partir. Sa mère en était bouleversée. Finalement, Amma arriva et alla s'asseoir avec cette femme devant le bâtiment pour lui parler un moment. La femme pleurait et lui demanda de renvoyer son fils à la maison. Amma accepta. Le garçon obéit aux paroles d'Amma et partit avec sa famille. Amma s'assit ensuite sur le seuil avec quelques brahmacharis.

Amma : « Que peut faire Amma ? Combien de mères verra-t-elle ainsi verser des larmes amères ? Amma voit que de nombreux brahmacharis viendront vivre ici. Des signes indiquent qu'ils arriveront bientôt. Un fils est arrivé l'autre jour de Nagercoil, mais il a dû rentrer pour obtenir la permission de son père. La dernière fois que ce fils adolescent est venu, Amma lui a dit de ne revenir qu'avec le consentement de ses parents. Mais il n'a pas écouté.

Où vont-ils vivre, tous ? Amma songe à établir des règles concernant l'admission des brahmacharis. »

La conversation changea de sujet.

Amma : « Une fille est venue de Pandalam pour le Bhava darshan. Elle n'a pas pris le tirtham (l'eau sacrée) qu'Amma lui a offert. Elle a beaucoup souffert, mais ses tourments ne sont pas terminés. Amma lui a offert le tirtham avec une compassion absolue, mais que peut-elle faire s'il n'est pas accepté ? Cette jeune fille n'a pas foi en Amma, mais le fils qu'elle va épouser est un dévot. Il l'a amenée ici en espérant que sa future épouse éprouverait quelque dévotion pour Amma.

Amma a eu pitié d'eux. Cette jeune fille ne va-t-elle pas épouser un fils d'Amma ? Le mental d'Amma et toute sa compassion s'écoulaient vers eux à travers le tirtham et le prasad qu'elle leur donnait. Après leur départ, Amma a appelé le frère de ce fils, qui était à l'ashram et lui a dit : « Amma voit beaucoup de souffrance dans leur avenir. Un terrible danger les menace. Demande-leur de prier avec dévotion. » Elle a ajouté : « Lorsque cette fille a refusé le tirtham, Amma ne l'a pas repris, elle l'a versé sur le sol. Grâce à cela, il lui faudra endurer moins de souffrance.

Cette fille reviendra. Elle va devenir l'épouse d'un des fils d'Amma. Amma ne la laissera pas s'éloigner. Mais elle ne pourra échapper à son prarabdha qu'au prix de durs efforts. Si elle avait accepté le tirtham qu'Amma lui donnait, elle n'aurait pas eu à souffrir autant. »

Heureux en vérité sont ceux qui parviennent à recevoir et à retenir la grâce d'Amma, car elle est l'incarnation de la compassion. Mais comment pouvons-nous recevoir les rayons de sa grâce si nous négligeons d'ouvrir notre cœur ? Voilà pourquoi Amma nous demande de suivre ses conseils à la lettre : ce n'est pas pour elle, mais pour notre bien.

Vendredi 17 janvier 1986

Amma, rivière de compassion

Le matin, Amma et les brahmacharis partirent pour Ampalappara, dans le nord du Kérala. Lorsqu'ils atteignirent la rive de la rivière

Bharata, Amma décida de s'arrêter pour nager. Le niveau de l'eau était très bas et la plus grande partie du lit sablonneux de la rivière était à sec. L'eau ne coulait que sur une étroite bande de terrain, proche de l'autre rive. Le véhicule venait juste de s'engager sur le pont pour traverser, quand Amma demanda tout à coup au chauffeur de s'arrêter. Elle lui dit de faire demi-tour et de tourner dans une rue étroite avant le pont. Cette petite rue menait au porche d'entrée d'une grande propriété. Amma dit au conducteur de s'arrêter non loin de la maison. Tout le monde se demandait pourquoi elle avait choisi de venir à cet endroit, car la rivière n'y était pas facilement accessible.

Dès que le véhicule s'arrêta, Amma réclama un peu d'eau de riz chaude (kanjivellam). Mais il n'y avait dans le petit bus que de l'eau froide. Un brahmachari demanda à Amma la permission d'aller lui chercher quelque chose à boire dans la maison toute proche. Elle accepta volontiers. C'était surprenant, parce que lors de ces voyages, Amma n'acceptait d'ordinaire rien venant des maisons devant lesquelles le véhicule passait. Elle et le groupe qui l'accompagnait ne buvaient que l'eau qu'ils avaient emportée.

Le brahmachari s'élança vers la maison. Quelques minutes plus tard une vieille dame, suivie d'un petit garçon, sortit en courant de la maison et vint vers le minibus. Le brahmachari suivait, portant un verre d'eau de riz (kanjivellam). Quand la femme approcha du véhicule, Amma tendit les bras par la fenêtre ouverte et lui prit les mains. La vieille dame pleurait et psalmodiait sans arrêt : « Narayana, Narayana ». Mais elle était si essoufflée par sa course qu'elle ne parvenait pas à prononcer le nom divin correctement. Sa dévotion était extraordinaire.

Lorsqu'elle réussit enfin à parler, elle dit en balbutiant : « Ottoor Unni Namboodiripad m'a parlé d'Amma. Depuis, j'ai toujours eu le désir de te voir. Mais je suis très âgée et il m'est difficile de voyager. J'étais terriblement triste de ne pas pouvoir aller à l'ashram. Il ne se passe pas un jour sans que je pense à toi. J'ai appris que tu avais rendu visite au kovilakam[18] de Tripunittura. Je fais partie de cette famille. J'espérais que, par ta grâce, il me serait possible de te voir dans cette vie. Voilà qu'aujourd'hui, mon désir est exaucé ! Je n'aurais jamais cru qu'il me serait accordé aussi vite ! Tout vient de ta grâce. Un jeune homme est venu demander du kanji. Il a dit que c'était pour Amma. « Quelle Amma ? » ai-je demandé. Lorsqu'il a dit ton nom, j'ai su que c'était la Mère que je désirais si intensément voir. Je lui ai donné du kanji et des mangues marinées (dans du sel et de la poudre de piment) (pickles), puis j'ai couru ici avec mon petit-fils. » La voix lui manqua.

« Hélas ! en-dehors de ce kanji, je n'ai rien à t'offrir ! Pardonne-moi, Amma ! » Les larmes roulaient sur les joues de la vieille dame.

Amma essuya ses pleurs de ses mains sacrées et dit doucement : « Ma fille, Amma n'a besoin de rien. Elle ne veut que ton cœur. » Amma but presque toute l'eau de kanji et mangea quelques mangues marinées. La vieille dame expliqua à Amma comment accéder à la rivière et comme elle s'engageait sur le chemin, suivie des personnes qui l'accompagnaient, la femme dit : « Amma, quand tu auras fini de nager, je t'en prie, bénis-moi, entre chez moi ! »

Lorsqu'Amma revint de la rivière, elle exauça ce désir et pénétra dans la maison où la vieille dame et son mari l'attendaient. La dévote fit asseoir Amma sur une chaise dans la véranda. La joie la submergea au point qu'elle oublia tout. Son mari alla chercher un peu d'eau. Ensemble, ils lavèrent les pieds d'Amma. Leur dévotion sans tache fit entrer Amma en samadhi. Pour ne pas perdre de temps à chercher un beau tissu dans la maison, la femme essuya les pieds d'Amma avec le bout du sari qu'elle portait. Comme elle se penchait pour le faire, ses larmes tombaient sur les pieds d'Amma.

---

[18] Résidence de membres de la famille royale.

Amma et ses enfants restèrent un moment avec eux, puis ils reprirent la route. Comme ils traversaient le pont, ils rencontrèrent Shashi, un père de famille dévot d'Amma, qui l'attendait avec sa voiture. Il insista pour qu'elle fasse le reste du voyage dans sa voiture et Amma céda à ses prières.

Vers quatorze heures trente, Amma et ses enfants arrivèrent chez Narayanan Nair à Ampalappara, un petit village situé à environ 250 kilomètres au nord-est de l'ashram. La beauté naturelle des villages du Kérala, qui a disparu dans beaucoup d'endroits, y était encore intacte. Entouré de collines boisées, le village de huttes en palmes de cocotier était niché dans un luxuriant jardin tropical de cocotiers, d'arbres et de buissons en fleurs. De nombreuses personnes attendaient l'arrivée d'Amma.

Lorsqu'Amma entra, ses hôtes la firent asseoir avec dévotion sur un siège sacré (pitham). Ils lui lavèrent les pieds et les décorèrent de kumkum rouge et de pâte de santal. Ils firent ensuite l'arati avec du camphre. La pièce retentissait du son des mantras védiques que les brahmacharis psalmodiaient. Tous étaient très émus et leurs yeux festoyaient en regardant la forme divine d'Amma. Après la pada puja[19], Amma passa dans la pièce adjacente où elle reçut les dévots pour le darshan.

La famille avait préparé pour les brahmacharis du jappy. Tout le monde apprécia la boisson de lait chaud et sucré. Amma observa qu'une dévote aidait un brahmachari à se laver les mains en versant de l'eau. Elle remarqua ensuite : « En tant que sadhaks, vous ne devriez pas vous faire aider, car vous perdez ainsi le pouvoir acquis par votre ascèse (tapas). Ne laissez personne ramasser fût-ce une feuille pour vous. C'est en revanche à nous qu'il appartient de servir autrui dans toute la mesure du possible. »

Un brahmachari préparait les lampes à huile et quelques autres objets nécessaires pour les bhajans. Comme il allait allumer les

---

[19] *Pada puja* : rituel traditionnel qui consiste à laver les pieds du Maître.

lampes, Amma l'arrêta et dit : « Fils, mets-toi face au nord pour faire cela. » Le brahmachari ne comprit pas ce qu'elle voulait dire, alors Amma prit la petite lampe qu'il utilisait pour allumer les autres lampes. Elle les disposa avec soin et posa une feuille sur le kindi[20] déjà rempli d'eau.

Elle plaça ensuite le kindi devant les lampes, déposa des pétales de fleurs sur la feuille et alluma les lampes. Elle dit au brahmachari : « Ne te tourne pas vers le sud pour allumer les lampes. Quand tu allumes les mèches d'une lampe, procède dans le sens des aiguilles d'une montre, de la même manière que tu fais pradakshina (pratique qui consiste à faire le tour du sanctuaire) dans le temple. »

Amma accorde une grande attention ces détails, surtout lorsqu'elle donne des instructions aux brahmacharis. Elle dit : « Demain ils devront partir servir le monde. Ils doivent se montrer vigilants dans tout ce qu'ils font ».

Les bhajans commencèrent. Bien vite, un petit enfant, marchant à quatre pattes, s'approcha d'Amma. Elle prit le bambin sur ses genoux et lui donna les petites cymbales. Tout en continuant à chanter, elle aidait les menottes de l'enfant à jouer au rythme de la musique.

Gopivallabha Gopalakrishna

Ô Gopala Krishna
Bien-aimé des Gopis,
Toi qui as soulevé la montagne Govardhana
Toi aux yeux de lotus,
Qui demeures dans le cœur de Radha –
Tu as la couleur du lotus bleu.

---

[20] *kindi* : Un pot rituel en bronze ou en laiton muni d'un bec.

Ô Krishna, Tu T'ébats à Vrindavan,
Toi dont les yeux sont comme les pétales du lotus rouge,
Ô Fils de Nanda,
Délivre-moi de tous les liens.
Ô bel enfant
Ô Krishna,
Toi qui accordes la libération.

Mercredi 22 janvier 1986

Deux Occidentales méditaient dans la salle de méditation. La petite fille de l'une d'elles était assise à côté, en train de faire du coloriage. Sa mère lui avait donné cette occupation pour qu'elle ne trouble pas la méditation. Amma entra, suivie de quelques disciples et regarda la petite qui coloriait tranquillement une image.

Lorsque la séance fut terminée, Amma montra l'enfant et déclara : « Dès le plus jeune âge, il est bon de faire faire aux enfants des activités bénéfiques comme le dessin et le chant. Cette enfant pourrait-elle colorier si elle ne possédait pas une grande patience ? La peinture et le dessin lui enseignent la patience et l'aident à développer sa concentration. En outre, si les enfants sont livrés à eux-mêmes, ils courent partout, perdent leur temps et font des bêtises. Il est ensuite difficile de les discipliner. »

Les visiteurs étaient très peu nombreux ce jour-là à l'ashram, mis à part un groupe d'Occidentaux arrivé quelques jours plus tôt. Ils passaient leur temps à aider aux travaux de l'ashram et à lire des ouvrages puisés dans la bibliothèque. Leur aspiration à la vérité était forte. Ces dévots connaissaient le confort matériel et les plaisirs de la vie ; ils étaient las du monde hostile, animé par l'esprit de compétition, où ils vivaient. Ils voyaient en Amma une fontaine d'amour pur et désintéressé ; ils avaient traversé les océans pour boire à cette fontaine d'Amour.

Un brahmachari annonça à Amma qu'un jeune homme attendait pour la voir. Elle lui demanda de l'appeler. Elle s'assit à l'ouest de la salle de méditation et fit signe au jeune homme de s'asseoir à côté d'elle.

Amma : « Y a-t-il longtemps que tu es ici, fils ? »

Jeune homme : « Non, je viens d'arriver. »

Amma : « Comment as-tu entendu parler de l'ashram ? »

Jeune homme : « Il y a un moment que je fréquente différents ashrams. Le mois dernier, un de mes amis est venu ici. Il m'a vivement recommandé d'aller voir Amma. »

Amma : « As-tu terminé tes études ? »

Jeune homme : « J'ai une maîtrise et j'ai essayé d'obtenir une situation. En attendant, j'ai trouvé un emploi temporaire dans un collège privé, je gagne donc un peu d'argent. Mais j'ai décidé de ne pas chercher d'autre travail. J'ai une sœur. Dès qu'elle sera mariée, je voudrais aller vivre dans un ashram.[21] »

Amma : « Est-ce que ta famille ne fera pas d'objection ? »

Jeune homme : « Pourquoi en ferait-elle ? »

Amma : « Tes parents ne souffriront-ils pas ? »

Jeune homme : « Ils ont leur retraite et elle leur suffit pour vivre. Ils possèdent aussi des terres. »

Amma : « Qui s'occupera d'eux lorsqu'ils seront vieux ? N'est-ce pas ton devoir ? »

Jeune homme : « Qui peut garantir que je serai près d'eux quand ils seront âgés ? Si j'ai un travail à l'étranger, je ne pourrai pas accourir à leur aide, n'est-ce pas ? Et si je meurs avant eux ? »

Amma rit et dit : « Voilà un garçon intelligent ! ».

Jeune homme : « Mon ami voulait que je te demande de me trouver un emploi, mais je lui ai dit que si je rencontrais Amma,

---

[21] En Inde, la tradition donne aux parents et aux frères aînés de la famille la responsabilité de marier les filles et d'assurer ainsi leur avenir.

je lui demanderais seulement de m'aider à progresser spirituellement. »

Le sadhak et le scientifique

Le jeune homme : « Amma, en quoi la vie d'un sadhak est-elle supérieure à celle d'un scientifique ? Pour que le sadhak parvienne au but et pour que le scientifique réussisse dans sa recherche, ils ont tous deux besoin d'une concentration totale. La vie du scientifique n'est-elle pas aussi un genre de sadhana ? »

Amma : « Oui, c'est une sadhana. Mais un chercheur songe à un objet. Si par exemple il étudie un ordinateur, l'objet de sa méditation est uniquement l'ordinateur. Il y songe beaucoup et apprend à le connaître. Mais son esprit est concentré aussi longtemps qu'il est occupé par sa recherche. Le reste du temps, son mental court dans toutes les directions et se préoccupe de choses ordinaires. C'est pourquoi la puissance divine infinie ne s'éveille pas en lui. Un tapasvi, par contre, est bien différent. À mesure qu'il poursuit ses pratiques spirituelles, il commence à percevoir que tout est un. Un sadhak s'efforce de prendre conscience de l'Omniprésent. Une fois qu'il est parvenu à la réalisation, il a acquis tous les pouvoirs. Il ne lui reste plus rien à connaître.

Imagine un bassin d'eau saumâtre. Si tu verses un peu d'eau d'un côté du bassin, tu réduis un moment la quantité de sel contenue dans cette zone. Par contre, s'il pleut, cela modifie la nature de l'eau dans tout le bassin. De même, lorsque le sadhak se livre à des austérités et ouvre son cœur, un pouvoir infini s'éveille en lui et il réalise le Tout. Cela ne se produit pas chez le scientifique, parce que son approche est toute différente. »

Le jeune homme : « Les Écritures affirment que tout est le Soi. Dans ce cas, si quelqu'un atteint l'état de réalisation, tout le monde ne devrait-il pas l'obtenir au même instant ? »

Amma : « Fils, si tu appuies sur le commutateur principal, tu mets en route l'électricité dans toute la maison. Mais pour l'avoir dans ta chambre, il faut encore que tu allumes, n'est-ce pas ? Le fait d'allumer dans une pièce n'implique pas que toutes les autres sont éclairées. Tout est le Soi, mais seule une personne qui a purifié son mental grâce à une sadhana réalise ce Soi.

Imagine un lac recouvert d'algues. Si tu nettoies une partie du lac, ce côté-là sera propre et tu verras la surface de l'eau. Mais le reste du lac n'est pas pour autant nettoyé. »

Questions au sujet de la sadhana

Le jeune homme : « De nombreuses personnes affirment qu'un chercheur spirituel doit respecter strictement les yamas et les niyamas (les obligations et les interdictions en vigueur sur le chemin du yoga). Est-ce vraiment important ? Ne suffit-il pas de connaître les principes ? Après tout, l'essentiel est d'obtenir la connaissance, non ? »

Amma : « Fils, la Terre attire tout à elle, n'est-ce pas ? Si tu dors sur le sable noir[22] de la plage, tu te réveilleras épuisé, car le sable absorbe ton énergie.

À ce stade, tu es sous l'emprise de la nature et tu dois respecter certaines règles et limitations. Pour le moment, elles sont essentielles. Une fois que tu seras parvenu au niveau où tu n'es plus sous l'empire de la nature, il n'y aura plus de problème. Tu ne perdras pas tes forces, car tu domineras la nature. Mais d'ici là, il est nécessaire de s'en tenir à certaines règles.

Quand tu plantes une graine, il faut construire une clôture pour la préserver des poules. Quand la graine sera devenue arbre,

---

[22] Dans certaines parties du Kérala, incluant la zone où l'ashram est situé, le sable des plages est noir car il contient un fort pourcentage de rejets métalliques.

elle pourra abriter des oiseaux, des êtres humains et d'autres créatures. Néanmoins, au début, il faut la protéger même des poules. Ainsi, comme notre mental au départ est faible, nous avons besoin de limites et de règles jusqu'à ce qu'il ait acquis une force suffisante. »

Le jeune homme : « Pour développer cette force, ne faut-il pas apprécier la discipline qu'exige une sadhana sérieuse ? »

Amma : « Si, aimez votre discipline autant que vous aimez Dieu. Ceux qui aiment Dieu aiment aussi la discipline. Nous devrions l'aimer plus que tout.

Qui est habitué à boire du thé à une certaine heure a mal à la tête ou bien éprouve d'autres désagréments s'il en est privé. Ceux qui fument régulièrement du chanvre (ganja) sont très agités s'ils n'en prennent pas à l'heure dite. L'habitude contractée hier se manifeste aujourd'hui à son heure. De même, si nous établissons un emploi du temps et que nous le respectons strictement, nous développerons des habitudes qui, au moment voulu, nous rappelleront notre devoir. Notre sadhana bénéficiera grandement de cet emploi du temps régulier. »

Un dévot, qui venait d'écouter Amma, lui confia : « Amma, je médite tous les jours, mais je ne semble pas progresser. »

Amma : « Fils, ton mental est lié par tant de choses variées. La vie spirituelle exige beaucoup de discipline et de contrôle de soi, sans lesquels il est difficile de bénéficier autant que l'on voudrait de la sadhana. Tu fais une sadhana, c'est vrai, mais sais-tu à quoi on peut la comparer ? Si tu prends trente grammes d'huile et que tu les répartis dans cent récipients, il ne restera dans chacun d'eux qu'une mince pellicule d'huile adhérant à la paroi. Fils, tu accomplis tes pratiques spirituelles, mais ensuite tu te préoccupes d'une foule de choses différentes. La puissance que tu as gagnée par ta concentration, tu la perds en te dispersant. Si seulement tu pouvais voir l'unité dans la diversité, tu ne dissiperais pas beaucoup d'énergie. Si tu parviens à percevoir chaque chose comme l'essence de Dieu, tu ne dilapideras pas ta force spirituelle. »

Le dévot : « À la maison, tout le monde a peur de moi. Je me mets en colère si les autres ne se soumettent pas à ma loi. »

Amma : « Fils, tu ne retireras aucun véritable bienfait de ta sadhana si tu accomplis tes pratiques spirituelles tout en nourrissant de la colère et de l'orgueil. C'est comme si tu mettais d'un côté du sucre et de l'autre des fourmis : les fourmis mangeront tout le sucre. Et tu ne remarques même pas ce qui se passe ! Tout ce que tu obtiens grâce à la sadhana, tu le perds par la colère. Une lampe de poche ne fonctionne plus lorsque les piles sont usées, n'est-ce pas ? De même, chaque fois que tu te mets en colère, ton énergie s'échappe par les yeux, le nez, la bouche, les oreilles et tous les pores de ta peau. Seul le contrôle du mental te permettra de conserver l'énergie que tu accumules grâce à la sadhana. »

Le dévot : « Veux-tu dire que celui qui se met en colère ne peut pas connaître la béatitude que procure la sadhana ? »

Amma : « Suppose que tu plonges un seau dans un puits pour en tirer de l'eau, mais que ce seau soit plein de trous. Tu peines pour le remonter, mais quand il arrive en haut, il est vide. Toute l'eau s'est échappée par les trous. Fils, c'est à cela que ressemble ta sadhana. Ton mental est pris dans les rets de la colère et du désir. Tout ce que tu as obtenu par les grands efforts fournis dans ta sadhana s'échappe donc de temps à autre. Bien que tu fasses des pratiques spirituelles, tu n'en goûtes pas les bienfaits et tu ne les estimes pas non plus à leur juste valeur. Retire-toi parfois dans la solitude, calme ton mental et essaye de suivre une sadhana. Évite les situations qui éveillent chez toi la colère ou le désir. La Source de tout pouvoir ne manquera pas de se révéler à toi. »

Dévot : « Amma, je suis parfois incapable de maîtriser mes désirs. Si je tente de les contrôler, cela ne fait que les renforcer. »

Amma : « Il est très difficile de dominer les désirs. Il faut toutefois observer certaines règles, car il est sinon impossible de dompter le mental. Des aliments comme la viande, les œufs, le poisson accroissent la sécrétion de semence, ce qui augmente le désir sexuel. Les sens agissent alors de manière à satisfaire ces désirs et perdent leur énergie. Si tu manges de la nourriture sattvique en quantité modérée, cela ne te nuira pas. Pour ceux qui suivent une sadhana, il est essentiel de contrôler le régime alimentaire, surtout si leur mental n'est pas fort, car ils sont aisément affectés. Mais pour celui qui possède une grande force mentale, des changements dans la diète seront sans conséquences significatives. »

Le jeune homme : « Le caractère d'une personne se modifie-t-il selon la manière dont il se nourrit ? »

Amma : « Oui, sans aucun doute. Tout aliment a sa nature propre et toute saveur, épicée, aigre ou sucrée, a sa propre influence. Même la nourriture sattvique doit être consommée avec modération. Par exemple le lait et le ghee (beurre fondu) sont sattviques, mais il ne faut pas en faire une consommation excessive. Les différentes sortes de nourritures n'ont pas sur nous le même effet. Manger de la viande rend le mental instable. Pour ceux qui effectuent une sadhana avec le désir intense de conserver leur énergie pour réaliser le Soi, il est absolument essentiel au début de maîtriser leur alimentation.

Lorsque tu plantes une graine, il faut la protéger du soleil. Mais une fois qu'elle est devenue un arbre, elle résiste à l'ardeur du soleil. Un convalescent a besoin d'un régime alimentaire approprié et sain. De même, un sadhak doit faire attention à ce qu'il mange. Plus tard, lorsque vous aurez fait quelque progrès dans votre sadhana, les restrictions alimentaires ne seront plus d'une importance cruciale. »

Le jeune homme : « On dit souvent qu'un chercheur spirituel doit se montrer modeste et humble, mais à mes yeux, c'est plutôt un signe de faiblesse. »

Amma : « Fils, si tu souhaites développer un bon samskara (une bonne disposition), tu dois te montrer humble dans tes relations avec les autres. L'humilité n'est pas une faiblesse. Si par orgueil tu te mets en colère ou prends une attitude supérieure envers autrui, tu perds ton énergie et ta perception de Dieu.

Personne ou presque ne souhaite cultiver l'humilité. Les gens en sont dépourvus car ils tirent vanité de ce qui est irréel. Le corps est une forme remplie uniquement d'ego, du sens du « moi »[23]. Il est pollué par l'ego, la colère et les désirs. Pour le purifier, il est nécessaire de développer des qualités telles que l'humilité et la modestie. En laissant l'ego se perpétuer, tu ne fais qu'accroître la vanité que tu tires du corps. Pour éliminer l'ego, tu dois être prêt à faire preuve d'humilité et à t'incliner devant autrui.

Il est inutile de verser de l'eau dans un seau malpropre, car toute l'eau sera souillée. Si tu mélanges un aliment aigre avec ton payasam, tu n'en savoureras pas le goût. De même, si tu conserves l'ego pendant ta sadhana, tu ne peux pas prendre totalement refuge en Dieu ni goûter et savourer les bienfaits de tes pratiques. Si, grâce à ton humilité, tu détruis le sens de l'ego, tes vertus brilleront au grand jour et le jivatman atteindra le Paramatman.

Tu n'es aujourd'hui qu'une petite lampe de chevet dont la lueur permet tout juste de lire. Mais si tu te livres à des austérités en éliminant l'ego, tu resplendiras comme le soleil. »

Le jeune homme : « Amma, de nos jours bien des gens considèrent l'obéissance au guru comme une faiblesse. Ils pensent qu'il est contraire à leur dignité de se prosterner devant une grande âme. »

---

[23] Lorsqu'Amma fait ici référence au corps, il s'agit de l'ensemble corps-mental.

Amma : « Dans l'ancien temps, la porte d'entrée des maisons était très basse. Un des buts de ce mode de construction était de cultiver l'humilité. Pour éviter de se cogner la tête au montant de la porte, les gens étaient contraints de baisser la tête en entrant. En courbant la tête devant le guru, nous évitons les pièges de l'ego et permettons ainsi au Soi de s'éveiller.

Aujourd'hui nous sommes tous à l'image des huit formes de vanité, du sens du « moi ». Si nous désirons changer pour révéler notre vraie nature, il nous faut jouer le rôle d'un disciple et obéir aux paroles du guru avec humilité. Si nous suivons aujourd'hui les instructions du guru, nous pourrons demain être un refuge pour le monde entier. Grâce à la proximité du maître, la shakti (l'énergie divine en nous) s'éveillera et notre sadhana la fera s'épanouir. »

Le jeune homme : « Amma, les Écritures ne disent-elle pas que Dieu est en nous, qu'Il n'est pas séparé de nous ? Alors pourquoi avons-nous besoin d'un guru ? »

Amma : « Fils, Dieu est en toi, c'est certain. Un coffre rempli de diamants est caché en toi ; mais comme tu n'en as pas conscience, tu les cherches à l'extérieur de toi. Tu possèdes la clé du coffre, mais elle n'a pas servi depuis longtemps et elle est rouillée. Il faut la nettoyer, enlever la rouille et ouvrir le coffre. C'est dans ce but que tu viens auprès du guru. Si tu souhaites connaître Dieu, tu dois éliminer l'ego en prenant refuge auprès d'un maître et en lui obéissant avec humilité et soumission.

Un arbre procure des fruits à d'innombrables personnes. Mais tu en es encore au stade de la graine ; tu n'es pas encore devenu un arbre. Grâce à ses austérités (tapas), le guru est devenu purnam (plénitude). Il te faut donc trouver un maître et faire une sadhana en suivant ses instructions.

Si tu creuses un puits en haut d'une montagne, tu ne trouveras peut-être pas d'eau, même à une grande profondeur. Mais près d'une rivière, il suffit de creuser un petit trou pour que l'eau jaillisse aussitôt. De même, si tu es auprès d'un satguru, tes vertus brilleront rapidement et tes pratiques spirituelles porteront bientôt leurs fruits. Pour le moment, tu es l'esclave de tes sens, mais si tu vis en accord avec la volonté du guru, les sens deviendront tes esclaves.

Ceux qui vivent avec le maître n'ont qu'une chose à faire : s'efforcer d'obtenir sa grâce. À travers elle, ils recevront la puissance des tapas du guru. Si tu touches un fil électrique, l'électricité pénètre en toi, n'est-ce pas ? Si tu prends refuge auprès du guru, son pouvoir se répandra en toi.

Le maître est pur de tout ego. Il est une fontaine de vertus telles que l'honnêteté, le dharma (la justice), l'amour et la compassion. Des mots tels qu'honnêteté et dharma n'ont pas de vie propre, mais le satguru en est l'incarnation vivante. Le monde ne reçoit de tels êtres que des bienfaits. Si nous nous lions d'amitié avec quelqu'un qui a de grands défauts, cette personne exerce sur nous une mauvaise influence. Si par contre nous avons un ami vertueux, notre nature évolue dans le bon sens. Ainsi, ceux qui sont proches du guru deviennent des champs fertiles dans lesquels poussent les vertus divines.

Si vous ne désherbez pas, les mauvaises herbes étoufferont les graines que vous avez semées. Si vous faites une sadhana sans éliminer l'ego, elle ne portera aucun fruit. Pour faire du ciment, il faut d'abord laver les cailloux que l'on veut employer. Ainsi, la pensée de Dieu ne s'établira fermement que dans un mental pur. En accomplissant votre sadhana de manière désintéressée, sans aucun sens de l'ego, la vérité se révélera à vous : vous saurez que vous êtes Dieu. »

Les paroles d'Amma, nectar de sagesse, restèrent un instant en suspens. S'adressant à des visiteurs, elle dit : « Les alentours de la cuisine sont sales. Amma est descendue pour nettoyer, mais en chemin elle a vu cette petite fille qui dessinait et elle s'est arrêtée pour la regarder. Puis ce fils est arrivé et Amma s'est assise pour parler avec lui. Mes enfants, vous ne partez pas avant la fin du darshan de demain, n'est-ce pas ? Amma vous verra plus tard. » Sur ces mots, elle partit en direction de la cuisine.

Vendredi 7 février 1986

Après la puja du matin suivie de l'arati (adoration rituelle) dans le kalari, le brahmachari Unnikrishnan (Swami Turyamritananda) apporta le camphre enflammé à l'extérieur, où les dévots attendaient. Ils approchèrent les mains de la flamme, puis se touchèrent le front. Certains prirent un peu de cendres (bhasma) sur l'assiette où brûlait le camphre et s'en enduisirent le front. Quelques minutes plus tard, Amma arriva au kalari et tout le monde se prosterna. Leur méditation terminée, Rao et Kunjumon vinrent eux aussi. Ils se prosternèrent devant Amma et s'assirent près d'elle.

Celle qui dissipe les doutes

Rao : « Amma, Tu dis que nous devrions nous affliger et languir de la vision de Dieu. Mais tu es là avec nous, comment pouvons-nous donc être tristes lorsque nous méditons sur ta forme ? »

Amma : « Vous devriez ressentir la souffrance d'être séparés de Dieu. Voilà la douleur que vous devriez éprouver ! »

Rao : « Si nous avons pour guru un vrai maître, ne nous donnera-t-Il pas cette douleur ? »

Amma : « Namah Shivaya ! Il ne suffit pas d'avoir un maître muni des meilleures références ; il faut que le disciple, lui aussi, soit qualifié. »

Kunjumon : « Nous sommes arrivés auprès d'Amma, nous n'avons donc plus de souci à nous faire ! Nous sommes sauvés ! »

Amma : « Cette foi est bonne, Mes enfants. Mais ne vous limitez pas à la forme extérieure d'Amma, à ce corps, sinon vous perdrez votre force et chuterez. Essayez de voir la véritable Amma, le Principe réel. Essayez de voir cette Amma en chacun. Amma est venue pour vous aider à y parvenir, mes enfants. »

Kunjumon : « Hier, quelqu'un a demandé dans quelle intention Amma avait créé cet ashram. »

Amma : « Accroître la foi des gens en Dieu, les inspirer afin qu'ils accomplissent de bonnes actions et suivent le chemin de la vérité et de la justice. Tel est notre but. »

Une dévote : « Amma, ceux qui appellent Dieu semblent connaître beaucoup de souffrances. »

Amma : « Mes enfants, les larmes que nous versons lorsque nous prions Dieu avec amour ne sont pas des larmes de douleur, mais de béatitude. De nos jours, le gens ne prient Dieu que dans les moments de détresse. Si vous priez dans le bonheur comme dans la peine, vous ne connaîtrez plus la souffrance. Même si elle vient à vous, vous ne l'éprouverez pas comme telle. Dieu veillera sur vous. Si vous pouvez prier d'un cœur ouvert et verser quelques larmes d'amour pour Lui, alors vous êtes sauvé. »

Comme elle parlait de l'amour de Dieu, Amma entra dans un état sublime de dévotion. Elle se mit à décrire l'époque où elle était plongée dans prema bhakti (l'amour et la dévotion suprêmes).

« Oh ! Quelles luttes Amma a dû soutenir ! Elle ne pouvait faire un pas dans la rue sans que les gens se moquent d'elle. Elle était la risée de tous. Personne ne lui offrait un seul repas. Elle aurait voulu avoir au moins un livre spirituel à lire, mais il n'y en avait pas. Elle n'avait pas non plus de guru. Mes enfants, la vie spirituelle sans maître est la vie d'un enfant sans mère. Amma a grandi comme une orpheline. Les gens qui l'entouraient ignoraient tout de la spiritualité. Lorsqu'elle méditait, elle recevait une douche d'eau froide ou bien des gifles. Elle a été mise à la porte de chez ses parents. C'est ainsi qu'on la traitait ! Mais elle ne percevait pas cela comme une souffrance car elle était certaine que Dieu ne l'abandonnerait jamais. Malgré tout ce qu'il lui fallait endurer, elle oubliait tout dès qu'elle prononçait le nom de Dévi. Quand elle était triste, elle ne confiait sa tristesse qu'à Dévi. À travers ses larmes, elle communiquait avec Dévi. »

Amma resta un moment silencieuse. Puis elle chanta d'une voix vibrante :

Oru tulli sneham

Ô Mère, verse une goutte de Ton Amour
Sur mon cœur brûlant,
Afin que ma vie connaisse la plénitude.
Pourquoi envoies-Tu ce feu dévorant
Fertiliser une plante déjà desséchée ?

Je ne cesse de fondre en larmes.
Combien de pleurs brûlants
Dois-je donc encore T'offrir ?
N'entends-Tu pas les battements de mon cœur
Et toute la douleur qui s'exprime dans les soupirs
que je retiens ?

Ne laisse pas le feu pénétrer et danser
Dans la forêt de santal.
Ne laisse pas la fournaise de la tristesse
Révéler son intensité
Et exploser comme des tuiles qui se fracassent.

Ô Dévi,
A force de chanter « Durga, Durga »
Mon esprit a oublié tous les autres chemins.
Je ne veux ni le ciel, ni la libération,
Je ne veux que la pure dévotion pour Toi.

Je ne veux ni le ciel ni la libération,
Je ne veux que la pure dévotion pour Toi.

Amma répétait sans se lasser les deux derniers vers. Les larmes lui
vinrent aux yeux. Elle dit : « En ce temps-là, lorsque le chagrin
s'emparait d'elle, Amma chantait ces paroles spontanément en
pleurant. Parfois, lorsqu'elle prononçait le nom de Dieu, elle
était prise d'éclats de rire qui ne s'arrêtaient pas. Sugunacchan
(le père d'Amma) pensait alors : « C'est fini ! Cette enfant est
devenue folle ! ». Il arrivait en courant et lui tapait sur la tête.
Les gens croyaient qu'en faisant cela, ils l'aidaient à retrouver son
état normal. Comme il n'y avait aucun signe de changement, il
appelait sa mère : « Damayanti, cette fille est devenue folle ! Va
chercher de l'eau et verse-la lui sur la tête. Vite ! » Alors le dhara[24]
commençait et ils versaient un pot d'eau après l'autre sur la tête
d'Amma. Quand elle pleurait pour Dieu, ils lui apportaient des
médicaments en pensant qu'elle était malade.

Les jeunes frères et sœurs venaient demander : « Pourquoi
pleures-tu, chechi (sœur aînée) ? As-tu mal à la tête ? Ils s'asseyaient
auprès d'elle et se mettaient à pleurer aussi. Au bout d'un moment,
ils découvraient pour quelle raison chechi pleurait : parce qu'elle
ne pouvait pas voir « Mère Dévi ». Alors les petites filles revêtaient
des saris et venaient la trouver en prétendant qu'elles étaient Dévi.
Amma les embrassait lorsqu'elle les voyait habillées ainsi. Elle ne
voyait pas en elles des enfants, mais la Déesse elle-même.

Parfois, quand Amma ne pouvait pas s'arrêter de pleurer, son
père la prenait sur son épaule et la consolait en disant : « Ne pleure
pas, mon enfant chérie. Je te montrerai Dévi dans un moment ».
Elle était si innocente qu'elle le croyait et s'arrêtait de pleurer.

---

[24] Un flot ininterrompu de liquide. Ce terme est employé pour désigner
un traitement médical dans lequel on verse sans arrêt un remède liquide
sur le malade. Cela désigne aussi une forme de bain rituel donné à l'image
d'une divinité.

À l'époque, Amma ne voulait parler à personne. Si quelqu'un lui adressait la parole, elle dessinait mentalement un triangle sur le sol et imaginait Dévi assise à l'intérieur. La personne se rendait bientôt compte qu'elle était dans un autre monde et se levait pour partir. Amma imaginait que chacun était Dévi, c'est pourquoi, quand les filles du village passaient, elle essayait parfois de les embrasser. »

Rao : « Pourquoi n'éprouvons-nous pas cette dévotion innocente ? »

Amma : « N'est-ce pas par dévotion que tu as quitté ton foyer et ta famille pour venir vivre ici ? »

Rao : « Amma, puisque tu es là, devant nous, qui devrions-nous appeler, pour qui devrions-nous pleurer ? »

Amma rit et changea de sujet : « N'est-ce pas l'heure de votre cours ? Ne gaspillez pas votre temps à rester assis auprès d'Amma. Allez, partez ! »

Amma prit un bébé assis à côté d'elle et se leva. Tenant l'enfant dans ses bras, elle marcha vers la hutte réservée au darshan en appelant : « Venez, mes enfants ! ».

Les dévots la suivirent à l'intérieur.

L'incarnation des Écritures

Amma se trouvait devant la chambre d'Ottoor. Elle écouta un petit moment, cachée derrière la porte, sans bouger. Le nom de Krishna, psalmodié d'une voix tremblotante, sortait de la chambre obscure.

« Narayana, Narayana, Narayana »

Amma finit par entrer dans la chambre d'Ottoor. Voyant la forme resplendissante d'Amma, le vieil homme se leva aussitôt et se prosterna, malgré les protestations d'Amma. Avant même qu'elle ne s'assît sur le lit, il s'agenouilla et mit la tête sur ses genoux, comme un petit enfant.

Amma : « Mon fils, Amma n'a pu s'empêcher d'écouter à la porte lorsqu'elle t'a entendu répéter le nom du Seigneur avec tant de dévotion ! »

Ottoor : « Je ne pense pas que j'aie réellement la moindre dévotion pour le Seigneur. Kanna, dans sa compassion infinie, ne m'aurait-Il pas sinon accordé son darshan ? »

Un brahmachari qui écoutait dit : « Mais ne vois-tu pas Amma, maintenant ? »

Ottoor : « Il paraît que Sarada Dévi dit un jour à Ramakrishna Déva : « Vois-tu, je n'ai pas la patience d'attendre aussi longtemps que toi. Je ne supporte pas de voir mes enfants souffrir. » Je crois que c'est la même personne qui m'accorde aujourd'hui son darshan. Amma parle toujours de la dévotion, comme le faisait Sarada Dévi. »

Amma : « Savez-vous pourquoi Amma parle de la dévotion ? Parce qu'il s'agit de sa propre expérience. De nos jours, les érudits et les sannyasis abondent. Ils parlent d'advaïta (de la non-dualité), mais ils ne le vivent pas. Leur mental est rempli de colère et de désir. L'advaïta n'est pas un sujet de discours ; c'est une expérience.

Une des Upanishads raconte cette histoire : un père envoya son fils étudier les Écritures. À son retour, il remarqua que le garçon était devenu fier, qu'il n'avait donc pas assimilé l'essence de ce qu'il avait appris. Il décida de lui enseigner le véritable principe. Il lui demanda d'apporter un peu de lait et de sucre, puis de faire fondre le sucre dans le lait. Ensuite il fit goûter à son fils le lait, qu'il puisait dans différents endroits du récipient, en lui demandant d'en décrire le goût. Le garçon répondit que c'était sucré. « Sucré comment ? » demanda le père. Mais le fils fut incapable de décrire le goût du lait sucré. Il demeura silencieux. Soudain, il comprit la vérité. Le jeune homme qui avait fait tant de tumulte autour du Soi se rendit compte que le Soi est une expérience et que les mots ne sauraient la communiquer.

Personne ne peut dépeindre Brahman. L'intellect ne peut pas Le connaître. C'est une expérience. N'importe qui peut dire : « Je suis Brahman » sans avoir d'autre expérience que les souffrances et les plaisirs de la vie. Ceux qui ont l'expérience de Brahman sont différents. Ni le feu ni l'eau ne les font souffrir. Lorsque Sita sauta dans le feu, subit-Elle la moindre brûlure ? Rien, Elle en sortit indemne. Certaines personnes disent qu'elles sont Brahman, mais si on maintenait ce « Brahman » sous l'eau, elles lutteraient pour respirer, craignant désespérément pour leur vie. Et si on les jetait dans le feu, elles brûleraient. Elles n'ont aucune expérience de Brahman, elles ne connaissent que les plaisirs de ce monde et la souffrance. Il est impossible d'obtenir l'expérience de Brahman sans une sadhana rigoureuse. »

Montrant une vache qui paissait non loin de là, Amma ajouta : « Vois-tu cette vache ? Obtiens-tu du lait en lui appuyant sur les oreilles ? Toutes les parties de son corps en contiennent-elles ? Seul son pis renferme du lait, et nous ne pouvons le boire qu'en la trayant.

Il est vrai que Dieu est partout, mais nous ne ferons l'expérience de Sa présence que si nous accomplissons une sadhana sous la direction d'un guru, avec concentration et en ayant conscience du but (lakshya bodha).

Brahmachari : « Amma déclare qu'elle n'a pas appris les Écritures et pourtant, tout ce qu'elle dit vient tout droit des Écritures ! »

Amma : « Fils, les Écritures ont été écrites par des gens qui avaient l'expérience de Brahman, n'est-ce pas ? Amma parle de ce qu'elle a vu, entendu, de son expérience. Cela se trouve donc forcément dans les Écritures. »

Brahmachari : « Amma, Ramarajya (le royaume de Rama) reviendra-t-il jamais ? »

Amma : « Ramarajya reviendra, mais il y aura aussi au moins un Ravana. Dwaraka reviendra, aussi, mais Kamsa et Jarasandha y seront également.

(Kamsa était l'oncle de Krishna, dont il détrôna le père. Il mit Devaki et Vasudeva (les parents de Krishna) en prison et tua leurs enfants à la naissance. Krishna fut miraculeusement transporté par Vasudeva chez Nanda et Yashoda, ses parents nourriciers.)

Brahmachari : « Amma, les gens disent que la réincarnation existe. Est-ce vrai ? »

Amma : « Le mois dernier nous avons travaillé un chant ensemble. Si nous l'avons oublié, pouvons-nous nier que nous l'avons appris ? Il y avait de nombreux témoins. Vous ne vous rappelez sans doute pas vos vies antérieures, mais un tapasvi les connaît. C'est possible lorsque le mental, grâce à la sadhana, devient plus subtil. »

Dans l'après-midi, Puthumana Damodaran Namboodiri, un célèbre prêtre tantrique du Kérala, arriva pour recevoir le darshan d'Amma. Un petit groupe l'accompagnait. C'était la première visite de Puthumana. Amma parla peu. Elle resta la plupart du temps les yeux fermés, absorbée dans son monde intérieur. Elle semblait méditer.

Puthumana lut à haute voix un poème en sanscrit qu'il avait écrit au sujet d'Amma et lui avait dédié :

« Soupirer après la richesse est une erreur, je le sais, le mental pourtant y aspire. Désirer le fruit de ses actes est une erreur, je le sais, mais si nous ne parvenons pas à agir sans désir, que faire ? »

Amma ne répondit pas. Elle se contenta de le regarder et de sourire. Son silence en dit souvent plus long que ses paroles.

Puthumana (désignant Amma et Ottoor, qui était assis près d'Elle) : « Je suis si heureux de vous voir ensemble tels Krishna et Kuchela ! »

Ottoor : « Comme c'est vrai ! D'un autre côté, on n'a sans doute jamais rien vu de pareil. Les ténèbres s'évanouissent à l'apparition du soleil, mais ici tu peux voir de tes propres yeux les ténèbres (se désignant du doigt) sous une forme solide ! »

Tous se mirent à rire. Heureux le dévot qui en présence de la Mère de l'univers, océan de compassion, l'appelle au secours de tout son être, convaincu de sa propre impuissance ! Quel obstacle pourrait alors empêcher sa grâce de se répandre sur lui ?

Dimanche 16 février 1986

Son sankalpa est la vérité même

Amma était rentrée le matin d'Alleppey. Elle venait d'y passer deux jours avec ses enfants. Les brahmacharis avaient assisté à un Ramayana yagna (un discours sur le Ramayana durant plusieurs jours). La plupart d'entre eux ne rentreraient que dans la soirée, après avoir participé à la procession de lumières qui clôturait le yagna.

Sur le chemin du retour, Amma avait dit à une brahmacharini : « Ma fille, dès que nous serons de retour à l'ashram, fais cuire du riz ». Mais à leur arrivée, le riz et les légumes étaient déjà préparés. La brahmacharini ne savait que faire. Elle dit aux autres : « Pourquoi Amma m'a-t-elle demandé de cuisiner ? Tout est déjà prêt. Si je fais cuire plus de nourriture, nous serons obligés de la jeter, n'est-ce pas ? Il n'y a même pas la foule habituelle aujourd'hui. Mais si je ne prépare rien, je désobéis à Amma ». Les autres lui conseillèrent de ne pas cuisiner, pour ne rien gaspiller. Elle décida toutefois d'ignorer leur avis et d'obéir aux injonctions d'Amma. Elle fit donc cuire du riz en pensant que les restes pourraient être servis pour le dîner.

À l'heure du déjeuner, il s'avéra que tout le monde s'était trompé dans ses prévisions, sauf Amma. La foule des dévots avait considérablement augmenté et quand le déjeuner fut terminé, il n'y avait pas de restes. La quantité de nourriture avait été juste suffisante. Si la jeune femme n'avait pas suivi les instructions d'Amma, les résidents auraient été désolés de ne rien avoir à donner aux dévots. Chacune des paroles d'Amma a une signification, même si, au premier abord, certaines nous semblent parfois insensées ou futiles. Cela n'est dû qu'à notre manque de compréhension : nous sommes incapables de les appréhender à un niveau plus profond.

Le soir, Amma se dirigeait vers le kalari pour les bhajans et le bhava darshan quand un brahmachari lui demanda : « Comme l'ashram n'a pas les fonds nécessaires pour poursuivre la construction du nouveau bâtiment, pourquoi ne pas lancer un appel à l'aide dans Matruvani (La revue mensuelle de l'ashram) ? ».

D'un ton très sérieux, Amma répondit : « Est-ce vraiment toi qui parles ainsi, fils ? Il semble que l'expérience ne t'ait rien appris. Ceux qui se sont voués à Dieu n'ont à s'inquiéter de rien. Nous ne devrions jamais aller vers quiconque avec un désir en tête, car cela ne nous apportera que de la souffrance. Prenons refuge en Dieu seul. Il nous donnera tout ce dont nous avons besoin. Les tapasvis ne manquent jamais de rien. Le nécessaire arrive automatiquement au moment voulu.

Lorsque nous avons commencé à construire le bâtiment, avions-nous le moindre argent ? Avions-nous en tête une source d'où nous pourrions recevoir de l'aide ? Pas vraiment. Jusqu'à ce jour, nous n'avons pris refuge qu'en Dieu seul, c'est pourquoi Il n'a pas permis que le moindre obstacle entrave le travail de construction. Et Il continuera à veiller sur nous. »

Lorsque la première pierre du bâtiment en cours de construction avait été posée, tout le monde s'en était étonné. L'ashram n'avait pour ainsi dire pas d'argent. Il possédait cependant deux maisons à Tiruvannamalai près de Ramanashram, et l'idée avait surgi de les vendre. Mais lorsqu'Amma s'y était rendue, tant de dévots étaient venus au darshan que l'idée de se défaire des maisons avait déplu à certains. Une fois rentrée à Amritapuri, Amma, mise au courant, déclara : « Si nous nous installons aussi près d'un autre ashram, il y aura probablement de la concurrence. N'établissons donc pas d'institution près de Ramanashram. Vendons les maisons et créons quelque chose ici. Un ashram doit toujours se trouver dans un lieu où il peut être utile, servir les gens. Dans la mesure où l'ashram de Ramana Bhagavan existe déjà là-bas, le nôtre y serait superflu ».

Les deux maisons de Tiruvannamalai furent vendues et on fixa une date pour la pose de la première pierre d'un ashram à Amritapuri. Au même moment, un terrain adjacent fut mis en vente. L'ashram acheta la propriété avec l'argent destiné à la construction du nouveau bâtiment. Un brahmachari remarqua qu'il était inutile de poser la première pierre d'un édifice qu'ils n'avaient aucun moyen de financer. Amma avait alors répliqué : « Poursuivons néanmoins notre projet. Dieu s'occupera de tout. Il réalisera ce plan ».

La cérémonie s'était déroulée à la date prévue et les travaux avaient commencé. La construction s'était poursuivie depuis sans aucun obstacle. D'une manière ou d'une autre, les fonds et les matériaux requis étaient toujours apparus au moment voulu. Et lorsqu'il fallait quelque chose, Amma était intransigeante : ils ne devaient demander l'aide de personne.

Tandis qu'elle se dirigeait vers le kalari, Amma tint les propos suivants : « Lorsque nous acceptons tout comme étant la volonté de Dieu, notre fardeau nous est ôté et nous ne rencontrons plus aucune difficulté. Il y a une petite fille qui a beaucoup d'amour pour Amma. Elle appelle Amma 'Mataji'. Un jour, elle est tombée d'une balançoire. Elle s'est relevée sans une égratignure en disant : « Par la grâce de Mataji, j'étais sur la balançoire ; puis Mataji m'a poussée et je suis tombée ; Mataji a veillé sur moi et je ne me suis pas fait mal. » Nous devrions avoir la même attitude. Les autres considèrent leurs joies et leurs peines comme leur prarabdha, mais nous devrions les accepter comme la volonté de Dieu. »

Amma s'adressa à un jeune homme qui avait exprimé le désir de venir vivre à l'ashram et lui dit : « Rester debout au milieu des flammes sans brûler, voilà à quoi ressemble la vie spirituelle. » Arrivée au kalari, Amma s'assit pour chanter les bhajans. La musique sacrée se mit à résonner, chargée de dévotion.

Gajanana he Gajanana

Ô Toi au visage d'éléphant
Ô Fils de Parvati
Demeure de compassion
Cause suprême.

Mardi 25 février 1986

Celle qui tire d'invisibles ficelles

Une femme d'âge moyen, habitant Bombay, et une jeune femme qui arrivait tout juste d'Allemagne vinrent ensemble se prosterner devant Amma et déposer à ses pieds un plateau de fruits. Amma les étreignit. C'était la première fois que la jeune femme venait à l'ashram. Elle pleurait à chaudes larmes.

Amma : « D'où viens-tu, ma fille ? »

Mais les larmes l'empêchaient de répondre. Amma la garda dans ses bras et lui caressa le dos. Sa compagne finit par raconter quelles circonstances avaient amené cette jeune femme à l'ashram.

Elle venait d'Allemagne et était une fidèle de Sharada Dévi. Elle avait lu nombre de livres sur Sharada Dévi et sa dévotion n'avait cessé de croître. Elle souffrait beaucoup de ne pas voir la déesse qui était l'objet de son adoration. Un matin, alors qu'elle méditait, elle eut la vision très nette d'une femme souriante, vêtue de blanc, la tête recouverte de son sari. La jeune femme se demanda qui cela pouvait bien être, car elle ne l'avait jamais vue auparavant, pas même en photo. Elle eut la conviction qu'il s'agissait d'une autre forme de Sharada Dévi, qu'elle aimait tant. Elle avait le sentiment de La voir en personne. Elle débordait de béatitude.

Trois jours plus tard, elle reçut une lettre d'un ami. Quelle ne fut pas sa joie en trouvant dans l'enveloppe la photo de cette même femme qu'elle avait vue en méditation. Elle écrivit à son ami pour en savoir plus à son propos, mais il ne savait rien d'elle. Un de ses amis était allé en Inde et lui avait envoyé cette photo de là-bas. Comme la spiritualité ne l'intéressait pas, il la lui avait expédiée. Le seul indice pour retrouver cette femme était une adresse au dos de la photo.

Sans perdre une minute, la jeune femme prépara son départ et s'envola pour Bombay. Là, elle prit l'avion pour Cochin, tenant la photo à la main. Assise dans l'avion, elle la contemplait encore. Une dame indienne plus âgée qui se trouvait près d'elle le remarqua et lui demanda d'où elle tenait cette photo. La jeune femme lui montra l'adresse inscrite au dos et lui confia qu'elle venait tout juste d'arriver en Inde pour la première fois et ignorait comment s'y rendre. À sa grande surprise, l'Indienne lui dit qu'elle se rendait dans cet ashram et pouvait l'y conduire ! C'était une dévote d'Amma ! La jeune femme arriva donc à l'ashram sans difficulté.

Il est bon ici de remarquer qu'un mahatma aide les chercheurs spirituels en les attirant à lui d'une façon qui correspond au samskara de chacun et en les guidant sur le chemin. De nombreuses personnes croient qu'Amma est Krishna, Shiva, Ramakrishna Paramahamsa, Kali, Durga, Mookambika ou Ramana Maharshi. Amma a même accordé son darshan sous ces différentes formes. Mais il est impossible de deviner quelle a pu être son incarnation précédente.

Amma ordonna à une brahmacharini de faire le nécessaire pour que ces deux femmes puissent loger à l'ashram. Puis elle alla derrière les huttes des brahmacharis, où il y avait un tas de détritus, et elle se mit à nettoyer. Les brahmacharis, gênés, accoururent pour l'aider. Quelques dévots vinrent donner un coup de main. Tout en travaillant, elle leur parlait, suggérant des solutions à leurs problèmes.

L'éducation des enfants

Une famille était arrivée la veille du nord du Kérala et travaillait non loin d'Amma. Le père saisit l'occasion pour lui parler de la scolarité de sa fille : « Amma, elle n'apprend rien. Je T'en prie, raisonne-la. Ma femme ne fait que la gâter ».

Sa femme : « Mais Amma, c'est encore une enfant ! Je ne la frappe pas parce que mon mari la corrige et cela suffit. Je ne veux pas que nous soyons deux à la punir ! »

Un dévot : « De nos jours, c'est en général la mère qui gâte les enfants. »

Amma : « Pourquoi rejeter le blâme sur les mères ? Les pères ont un rôle à jouer dans l'éducation des enfants. Aujourd'hui, les parents ne songent qu'à envoyer les enfants à l'école dès le plus jeune âge ; ils les poussent à étudier et leur trouvent ensuite un emploi. Ils n'accordent aucune attention à leur développement spirituel, ni à la pureté de leur caractère. La première chose dont les parents devraient s'occuper, c'est du caractère de leurs enfants. Ils devraient leur enseigner à bien se comporter, ce qui implique une éducation spirituelle. Les parents devraient raconter aux enfants des histoires pleines d'enseignements moraux et les entraîner à pratiquer le japa et la méditation. Les pratiques spirituelles aiguisent grandement l'intelligence et la mémoire d'un enfant. Il leur suffit ensuite de regarder un peu leur manuel scolaire pour se rappeler tout ce qu'ils ont étudié pendant l'année. Si on leur pose une question, la réponse leur viendra clairement à l'esprit, comme si on appuyait sur les touches d'un ordinateur. Et ils se conduiront bien. Ils feront des progrès spirituels et connaîtront aussi la prospérité matérielle. »

Le travail terminé, Amma s'assit non loin de là sous un cocotier. Les dévots l'entourèrent. L'un d'entre eux lui présenta un jeune homme qui venait pour la première fois.

Le dévot : « Il est de Malappuram. Il se consacre à la protection de la nature. Avec quelques-uns de ses amis, il s'efforce de préserver les temples et les bassins destinés aux ablutions. »

Le jeune homme sourit timidement et se prosterna devant Amma les mains jointes.

Amma : « Tout le terrain de l'ashram a été récupéré sur la lagune. Les enfants ont planté des cocotiers, des bananiers et des buissons de fleurs partout où c'était possible. »

Amma se lava les mains et partit vers le kalari. Les dévots la suivirent.

Où chercher le bonheur

Amma s'assit sous l'auvent, devant le petit temple. Les dévots se prosternèrent et s'installèrent près d'elle. Le nouveau venu demanda : « Bien qu'ils jouissent d'une grande prospérité matérielle, les gens ne sont pas heureux. Pourquoi donc, Amma ? ».

Amma : « C'est vrai, de nos jours, les gens ne connaissent ni la paix, ni le contentement. Ils se font construire de vrais palais et finissent par se suicider à l'intérieur ! Si palais, richesses, plaisirs physiques et alcool procuraient le bonheur, mourraient-ils ainsi de dépression ? Le vrai bonheur ne se trouve donc pas là. La paix et le contentement dépendent entièrement du mental.

Qu'est-ce que le mental ? D'où surgit-il ? Et quel est le but de la vie ? Comment sommes-nous censés vivre ? Nous ne faisons pas d'effort pour comprendre. Si nous en avions l'entendement et menions notre vie en accord avec ces principes, nous ne chercherions plus nulle part la paix intérieure. Mais bien au contraire, chacun recherche la paix à l'extérieur de lui-même.

Une histoire vient à l'esprit d'Amma. Une vieille femme cherchait quelque chose devant sa maison, très absorbée dans sa recherche. Un passant s'arrêta et lui demanda : « Que cherchez-vous, grand-mère ? » « J'ai perdu une de mes boucles d'oreilles, et je la cherche. » L'homme se mit à regarder lui aussi, mais ils eurent beau scruter l'endroit, ils ne la trouvèrent pas. L'homme finit par dire à la vieille femme : « Essayez de vous rappeler exactement à quel endroit elle est tombée ». Elle répondit : « En fait, je l'ai perdue quelque part dans la maison ». L'homme se fâcha et dit : « Mais alors, au nom du ciel, pourquoi la cherchez-vous dehors, puisque vous savez très bien que vous l'avez perdue à l'intérieur ? ».

La vieille femme répondit : « C'est qu'il fait si noir à l'intérieur. Je pensais qu'il valait mieux chercher ici parce que le réverbère apporte un peu de lumière. »

Mes enfants, nous sommes pareils à cette vieille femme. Si nous désirons goûter la paix, découvrons sa véritable source et allons y puiser.

Le monde extérieur ne nous apportera jamais aucun bonheur réel, aucune paix authentique. »

Les bienfaits des yagas

Le jeune homme : « Un yaga (un rituel védique élaboré) a eu lieu récemment. Beaucoup de gens y étaient opposés. Ils trouvaient que c'était de l'argent dépensé inutilement. »

Amma : « Oui, les gens se demandent pourquoi nous devrions dépenser de l'argent pour Dieu. Fils, Dieu n'a absolument aucun besoin de yagas ; ce sont les êtres humains qui en bénéficient. Les yagas purifient l'atmosphère. Nous nettoyons le corps du flegme grâce au nasyam (un traitement ayurvédique). La fumée qui s'élève du homa (feu sacrificiel) joue le même rôle. Amma ne conseille pas de dépenser une fortune pour les homas, les yagas etc. Il est inutile d'offrir de l'or ou de l'argent au feu. Mais un principe de base préside à ces cérémonies. Lorsque nous offrons quelque chose à quoi nous sommes attachés, cela revient à briser cet attachement. Le suprême yaga consiste à sacrifier notre ego par amour pour Dieu. C'est tout le secret de la sagesse suprême (jnana). Il s'agit de renoncer au sentiment du « moi » et du « mien » et de considérer toute chose comme la Vérité unique, comme Dieu. Comprenons que rien n'est séparé de nous. C'est en offrant notre ego au feu sacrificiel que nous trouvons la plénitude.

Les homas ne bénéficient pas uniquement à ceux qui les accomplissent, mais à toutes les personnes alentours. Si nous ne pouvons pas exécuter ces rituels, plantons alors en abondance des arbres et des plantes médicinales, car eux aussi nettoient l'atmosphère. L'air qui a été en contact avec des simples a un effet préventif contre de nombreuses maladies.

L'être humain est devenu très matérialiste. Il est pressé de couper les arbres et d'en tirer de l'argent. Il supprime les forêts pour y établir des fermes. Ces actions ont modifié l'équilibre de la nature. La pluie ne vient plus au bon moment, le soleil ne brille plus quand il faut et l'atmosphère est très polluée. L'être humain vit sans se connaître lui-même, uniquement pour son corps, oubliant l'atman qui lui donne vie.

Les gens demandent : « Pourquoi gaspiller de l'argent en yagas et en homas ? Dieu n'a certainement pas besoin de cela ». Mais ces mêmes personnes ne sont pas choquées par les milliards dépensés pour ramener une poignée de poussière lunaire. Les êtres humains sont les véritables bénéficiaires de cérémonies comme les homas et les yagas.

Les gens se moquent aujourd'hui de la pratique qui consiste à allumer une lampe à huile. Mais la fumée de celle-ci purifie l'atmosphère. Au crépuscule, l'atmosphère est saturée de vibrations impures. C'est pourquoi nous récitons les noms de Dieu ou chantons des bhajans à ce moment de la journée. Si nous ne faisons pas notre japa à cette heure-là, nos tendances profanes se renforceront. En outre, il ne faut pas manger au coucher du soleil, car à cette heure-là, l'air est empoisonné et cela engendre des maladies. On dit que le démon-roi Hiranyakasipu a été tué au moment de sandhya, le crépuscule. À ce moment de la journée, la domination de l'ego est à son apogée. Nous ne pouvons éliminer l'ego qu'en prenant refuge en Dieu. Mais aujourd'hui, à cette heure-là, les gens regardent la télévision ou écoutent des musiques de films[25].

Combien de foyers possèdent une salle de puja ? Autrefois, lorsque l'on construisait une maison, la salle de puja venait en premier. De nos jours, Dieu est relégué sous l'escalier. À Dieu, qui demeure dans notre cœur, nous devrions donner le cœur de la maison. C'est ainsi que nous exprimons notre relation avec Lui. Dieu n'a pas besoin de nous. Le soleil a-t-il besoin de la lueur d'une chandelle ? C'est nous qui vivons dans les ténèbres et avons besoin de lumière. Faut-il donner de l'eau à la rivière pour étancher sa soif ? Lorsque nous prenons refuge en Dieu, c'est

---

[25] C'est l'équivalent indien de la pop music occidentale.

notre cœur qui est purifié. Et quand notre cœur est pur, nous atteignons la béatitude éternelle. En nous abandonnant à Dieu, c'est nous qui trouvons la paix. Nous avons pourtant tendance à adorer Dieu d'une manière qui suggère que Dieu aurait besoin de quelque chose !

Bien que la puissance de Dieu soit infinie et qu'Il soit omni-présent, seuls peuvent Le voir ceux dont le cœur est pur. Il est difficile de voir le reflet du soleil dans une eau boueuse, c'est par contre facile dans une eau claire.

Si nous faisons une place à Dieu dans notre vie, elle sera sanc-tifiée, ainsi que celle de notre entourage. Nous trouverons alors enfin la paix et le contentement. Songez à une rivière d'eau pure et abondante. C'est nous qui en profitons. Nous l'utilisons pour nettoyer nos égouts et nos canaux boueux. Une mare stagnante et putride devient limpide si on la relie à une rivière. Dieu est pareil à une rivière cristalline. En entretenant une relation avec Dieu, notre cœur s'ouvre, accueille le monde entier. Ainsi, nous nous rapprochons du Soi et aidons également les autres. »

Autres questions

Une dévote : « Amma, les résidents de l'ashram sont-ils venus vivre ici à ta demande ? »

Amma : « Amma n'a demandé à personne de demeurer ici. Un chef de famille ne s'occupe que d'une seule famille, mais un sannyasi doit porter le fardeau du monde entier. Il faut envisager tous les problèmes qui risquent de surgir plus tard si tous ceux qui viennent avec le désir de devenir sannyasis sont autorisés à rester. La plupart d'entre eux seront incapables de persévérer dans leur détachement initial. En fait, Amma a déclaré à tous les enfants qu'elle ne voulait pas les garder ici, mais ils ont refusé de partir. Amma a fini par leur permettre de rester, à condition qu'ils apportent une lettre de consentement de leurs parents. Plusieurs d'entre eux sont revenus avec la permission de leur famille. C'est ainsi que la plupart sont devenus résidents. Ils sont animés d'un réel détachement.

Toutefois, certains n'ont pas obtenu la permission de leur famille. Ils sont restés parce que leur désir de Dieu, leur détachement, étaient trop forts. Il y a eu de gros problèmes chez eux. Leurs parents ont essayé de les empêcher de rester en ayant recours à la justice. Ils sont venus avec la police et ont emmené les enfants de force ; ils voulaient les mettre à l'asile psychiatrique ! (en riant) Sais-tu pourquoi ? Parce que certains des enfants qui buvaient de l'alcool avant de rencontrer Amma avaient cessé de boire ! Les parents refusaient de laisser leurs enfants devenir sannyasis et servir le monde, même si cela signifiait les envoyer à la tombe ![26] »

Le jeune homme : « Certains ont-ils plus tard regretté d'avoir choisi l'ashram ? »

Amma : « Aucun de ceux qui ont vraiment conscience de leur but n'a regretté son choix. Leur voyage est béatitude. Ils ne craignent pas même la mort. Si une ampoule grille, cela ne signifie pas qu'il n'y a pas d'électricité. Même si le corps meurt, l'atman ne périt pas. Ils le savent. Ils ont donné leur vie à Dieu. Ils ne songent ni au passé, ni à l'avenir et ne s'inquiètent de rien. Ils ne ressemblent pas à ceux qui se rendent à une entrevue pour décrocher un emploi, mais plutôt à ceux qui ont déjà une situation. Celui qui va passer un entretien est inquiet du résultat : obtiendra-t-il ou non le poste ? Mais celui qui l'a est en paix. La plupart des enfants ici ont une foi absolue en leur guru ; ils sont certains d'être conduits au But. »

Le jeune homme : « Amma, quelle devrait être la prière d'un être spirituel ? »

---

[26] Par la grâce d'Amma et par la force de leur détermination, ces jeunes ont réussi à demeurer à l'ashram.

Amma : « Il devrait prier « Ô Seigneur, innombrables sont ceux qui souffrent. Donne-moi la force de les aimer ! Permets-moi de les aimer de manière désintéressée ! ». Tel devrait être le but d'un être spirituel. Il devrait se livrer à des austérités (tapas) pour obtenir le pouvoir de sauver les autres. Un vrai tapasvi est comme un bâton d'encens qui brûle, offrant son parfum aux autres. Une personne spirituelle trouve la joie en répandant l'amour et la compassion sur tous les êtres, même sur ceux qui s'opposent à elle. Elle est pareille à un arbre qui procure de l'ombre à ceux-là mêmes qui sont en train de le couper.

Un véritable tapasvi désire servir les autres en se sacrifiant, comme une bougie répand sa lumière et brûle en se consumant. Son but est d'apporter le bonheur aux autres, oubliant ses propres difficultés. C'est ce qu'il demande dans ses prières. Cette attitude éveille en lui l'amour de Dieu. Amma attend la venue de tels êtres. La libération ira les chercher pour se faire leur humble servante, elle viendra à eux à tire-d'aile, comme les feuilles dans le sillage du vent tourbillonnant. D'autres, dont le cœur n'est pas aussi ouvert, n'atteindront pas la libération, quelles que soient les austérités (tapas) auxquelles ils se livrent. Ce lieu n'est pas fait pour ceux qui recherchent uniquement leur propre libération.

Mes enfants, la sadhana ne consiste pas uniquement à prier et à faire son japa. La véritable prière, c'est aussi l'humilité et la compassion envers autrui, c'est offrir un sourire, un mot gentil. Nous devons apprendre à pardonner les fautes de nos semblables et développer une profonde compassion envers eux, comme une main frotte automatiquement l'autre si elle est blessée. Si nous développons l'amour, la bienveillance, la tolérance, nous pouvons soulager la souffrance de nombreuses personnes. L'absence d'ego dans notre attitude nous permettra de goûter la paix et la béatitude qui demeurent en nous.

Quand Amma était jeune, elle priait ainsi : « Ô Seigneur, c'est Ton cœur que je désire ! Permets-moi d'aimer le monde entier de manière aussi désintéressée que Toi ! » Amma conseille à ses enfants de prier ainsi, d'aspirer à Dieu de cette manière. »

Amma se tut et resta un moment les yeux fermés. Quand elle les rouvrit, elle demanda à un brahmachari de chanter un kirtan. Il obéit et tout le monde reprit en chœur chaque vers, à la manière traditionnelle.

Vannalum ambike, taye manohari

Ô Mère, enchanteresse du mental, viens !
Ô Ambika, laisse-moi Te voir !
Que Ta forme magnifique brille
Dans le lotus de mon cœur.
Quand viendra donc le jour béni
Où mon cœur sera plein de dévotion pour Toi ?

Amma leva les bras, en extase, et continua le chant.

Namam japichu samruptanayennu

Quand baignerai-je dans des larmes de joie,
Versées en répétant le Nom divin ?
Quand donc viendra le jour
Où mon mental et mon cœur seront purs ?
Viendra-t-il enfin, le jour où j'abandonnerai l'orgueil et la honte,

Les rituels et les efforts ?
Quand donc connaîtrai-je l'ivresse de la dévotion,
Quand mon mental sera-t-il plongé dans l'Amour ?
Quand fondrai-je en larmes,
Secoué d'un rire de béatitude ?

Amma répéta les derniers vers plusieurs fois. Le chant terminé, elle resta en extase. Les larmes roulaient sur ses joues. Chacun se prosterna silencieusement devant elle en son cœur.

Kezhunnen manasam, Amma

Ô Mère, mon mental pleure.
Ô Mère, ma Mère, m'entends-Tu ?
Le cœur déchiré, j'ai parcouru tout le pays à Ta recherche,
Que faire maintenant, Ô Mère ?

Quel péché a donc commis cette malheureuse,
Pour que Tu te montres si indifférente ?
Ô Amma, de mes larmes encore chaudes,
Je laverai Tes pieds de lotus.
Ô Mère, je faiblis sous le poids écrasant de mes actes passés.
Ô Mère, ne tarde pas à donner refuge à Ton humble servante,
Qui est totalement épuisée.

Amma, qui peu auparavant louait le service désintéressé comme étant l'égal de la dévotion, pleurait maintenant d'amour pour la Mère de l'univers. Quel témoin ne s'émerveillerait au spectacle de ces bhavas (états intérieurs) d'Amma, se succédant de manière si incompréhensible et si rapide ?

Mercredi 26 février 1986

Amma discipline « à la baguette »

Manju, une jeune fille qui vivait à l'ashram, avait peu vu Amma depuis plusieurs jours. Elle avait décidé de faire aujourd'hui l'école buissonnière, espérant pouvoir passer un peu de temps auprès d'elle. Quand Amma découvrit pourquoi elle avait « séché » les cours, elle menaça Manju d'une baguette et l'accompagna à la barque. Revenue à la hutte pour donner le darshan, Amma fut accueillie par un petit garçon accompagné de son père.

Le père : « Amma, mon fils a insisté pour venir te voir. Je l'ai donc amené ici et j'ai même accepté qu'il manque l'école. J'ai eu beau lui dire d'attendre dimanche, quand il n'y aura pas classe, il n'a rien voulu savoir. »

Amma (en riant) : « Amma vient juste d'envoyer une fille à l'école en maniant la baguette ! Tu ne veux pas aller à l'école, fils ? »

Le garçon : « Non, je veux rester avec toi, Amma ! »

Amma (en riant) : « Si tu restes ici, l'attitude d'Amma changera. Tu vois le petit arbre dehors, plein de petites branches ? Nous le faisons pousser rien que pour donner la fessée aux enfants ! Alors ne manque pas la classe pour venir ici, fils ! Tu es l'enfant d'Amma, n'est-ce pas ? Va à l'école et passe tes examens. Ensuite, bien sûr, Amma te laissera venir vivre ici. »

Le garçon fut tout attendri par l'affection que lui montrait Amma, surtout quand elle déposa un baiser, sceau d'amour, sur sa joue.

Sannyas est pour les courageux

Un dévot vint se prosterner devant Amma. Il lui confia qu'un de ses amis, marié et père de deux enfants, venait de quitter sa famille. Il avait mené une vie de luxe, sans avoir de revenu assuré, et il s'était énormément endetté. Les créanciers le harcelaient chez lui et il ne voyait pas de solution à ses ennuis. Il avait fini par partir en déclarant qu'il voulait se faire sannyasi. Le dévot demanda : « La vie d'ashram n'est-elle pas, pour beaucoup de gens, une échappatoire ? Lorsqu'ils sont confrontés à des difficultés intolérables, ils se font sannyasis. »

Amma : « Ils ne le resteront pas longtemps, incapables de persévérer sur la voie spirituelle. La vie spirituelle est pour les forts et
les courageux. Certains revêtent la robe ocre sur l'inspiration d'un
moment, sans y réfléchir sérieusement. Leur vie ne sera qu'une
succession de déceptions.

Un chef de famille ne s'occupe que de sa femme et de ses
enfants ; il ne s'inquiète que de leurs problèmes. Mais un être
spirituel doit porter le fardeau du monde entier. Fermement établi
dans sa foi et dans sa sagesse spirituelle, aucune situation n'a le
pouvoir de l'ébranler. Il ne peut se permettre aucune faiblesse.
Même si quelqu'un le frappe ou si une femme tente de le toucher,
il ne bouge pas d'un centimètre. Il ne faut pas que les paroles et
les actes d'autrui aient la moindre influence sur lui.

Mais aujourd'hui, les gens sont loin d'avoir un tel comportement. Si quelqu'un se met en colère et profère quelques
paroles insultantes, ils sont prêts à le tuer sur-le-champ. S'ils ne
peuvent pas le punir immédiatement, ils ruminent sans cesse leur
vengeance. L'équilibre de leur vie repose sur quelques paroles
lâchées par d'autres. Un être spirituel authentique est différent. Il
s'entraîne à demeurer fermement établi en son centre intérieur. Il
découvre ce qu'est réellement la vie. Il est impossible de se consacrer à la vie spirituelle sans un discernement et un détachement
authentiques.

Il était une fois une femme toujours insatisfaite des revenus de
son mari. Elle ne cessait pas de vitupérer et son époux n'entendait
jamais que des récriminations ; c'étaient des pleurs constants pour
obtenir toujours plus. Il finit par se lasser de la vie elle-même. Il
songea à se suicider, mais ne put s'y résoudre et décida alors de
quitter le foyer pour se faire sannyasi. Il se mit en route, en quête
d'un guru. Il en trouva un, qui lui demanda, avant de l'accepter
comme disciple : « As-tu quitté ta maison à cause d'une dispute
familiale ou bien parce que tu es vraiment détaché ? ».

L'homme répondit : « Je suis parti dans l'espoir de devenir sannyasi. »

« N'as-tu aucun désir ? »

« Non, je ne désire rien. »

« Tu n'aspires donc pas à la richesse ou au pouvoir ? »

« Non, je ne veux rien. Rien ne m'intéresse. »

Le guru lui posa quelques autres questions avant de l'accepter comme disciple et de lui donner un kamandalu[27] et un bâton.

Quelques jours plus tard, le guru et le disciple partirent en pèlerinage. En chemin, ils firent halte au bord d'une rivière pour se reposer. Le disciple posa son kamandalu et son bâton et partit se baigner dans la rivière. Au retour, son récipient avait disparu. Il le chercha partout, et fut très contrarié de ne pas le retrouver.

Le guru lui dit : « Tu m'as dit que tu n'étais attaché à rien. Pourquoi donc faire tant de tapage au sujet d'un kamandalu ? N'y songe plus. Et continuons notre route. »

Le disciple répliqua : « Mais sans cela, je ne peux rien boire ! Je n'ai pas de récipient pour l'eau ! ».

Le guru dit : « Toi qui es censé n'avoir aucun désir, tu t'attaches à un désir aussi dérisoire ? Considère que tout est la volonté de Dieu ».

Mais le disciple restait néanmoins abattu. Voyant cela, le guru lui rendit son kamandalu, qu'il avait caché pour le mettre à l'épreuve.

Ils continuèrent leur voyage. Au moment du déjeuner, le disciple eut grand faim, mais le guru ne lui donna rien à manger. Quand il se plaignit, le guru répondit : « Une personne spirituelle doit faire preuve de patience et d'endurance. Même si elle ne mange rien pendant une journée, elle est capable de continuer sans faiblir. Il n'est que midi ! Comment se peut-il que tu sois

---

[27] Un récipient muni d'une anse et d'un bec recourbé que les moines emploient pour recueillir de l'eau et de la nourriture.

déjà affaibli par la faim ? Les plaisirs de la nourriture sont une des premières choses auxquelles un sadhak renonce. C'est l'estomac qui rétrécit le premier chez un chercheur spirituel ».

Le guru donna au disciple une poudre à base de plantes à dissoudre dans l'eau, pour couper la faim. Le disciple ne put en supporter le goût amer et vomit. Il décida ensuite qu'il en avait assez et préférait encore les tirades de sa femme à la vie de sannyasi. Il demanda donc au guru la permission de rentrer chez lui.

Celui-ci lui demanda : « Mais à quoi pensais-tu quand tu es parti pour devenir sannyasi ? ».

Le disciple répondit : « Jamais je n'aurais imaginé que c'était ainsi. Je pensais qu'il me suffirait de prendre chaque jour un bain, d'appliquer de la cendre sacrée et de rester assis les yeux fermés. Je croyais que les gens viendraient se prosterner devant moi et me donner des aumônes de nourriture (bhiksha), si bien que j'aurais des repas réguliers et abondants sans avoir à travailler ».

Sur ces mots, il rentra retrouver sa femme.

Voilà ce qui arrive si l'on choisit cet état à la suite d'une querelle ou bien par dépit, si l'on cherche à fuir la vie sans être animé d'un détachement authentique (vairagya).

N'adoptons pas une vie de renoncement sans avoir au préalable appris à discerner entre l'éternel et l'éphémère, sans avoir acquis le détachement nécessaire. Notre but sur la voie spirituelle devrait être de ressentir comme nôtre la souffrance des malades et des pauvres, ou toute autre misère, et de mener une vie désintéressée, vouée au bien-être d'autrui. Un sannyasi ne devrait pas même respirer pour lui-même, mais par sympathie pour ceux qui souffrent en ce monde. Il devrait en même temps cultiver la force intérieure en priant sans cesse : « Ô Dieu, où es-Tu ? Où es-Tu ? ».

Si une personne ordinaire est comparable à une bougie, un sannyasi est comme le soleil et apporte la lumière à des milliers de personnes. Il ne se préoccupe même pas de sa propre libération.

Renoncer signifie être prêt à offrir au monde tout le pouvoir que vous avez gagné grâce à votre sadhana. C'est le seul but du sannyasi. Un être spirituel est celui qui n'a d'autre désir que de mener une vie de renoncement authentique.

Amma n'a autorisé les enfants qui sont ici à rester qu'après les avoir mis à l'épreuve de différentes manières. Elle ne leur donnait à manger qu'une fois par jour, des aliments fades, sans sauce ni épices. Mais ils acceptèrent avec joie. Ils avaient la maîtrise d'eux-mêmes. Amma les a observés pour voir s'ils essayeraient de se procurer de la nourriture savoureuse après s'être consacrés au service. Elle a aussi examiné s'ils se contentaient de rester assis à méditer, en évitant de travailler. Quel que soit le temps qu'ils consacrent aux austérités, ils doivent aussi contribuer aux tâches quotidiennes de l'ashram. S'ils ne sont pas prêts à le faire, ils deviendront paresseux et ne feront que nuire à la société.

Amma leur a dit que s'ils n'avaient aucun travail particulier à faire, ils pouvaient au moins bêcher le sol autour de quelques cocotiers. Ils ont fait toutes sortes de travaux. Et ils ont tenu bon, malgré toutes les épreuves qu'ils ont dû subir.

Jusqu'à présent, Amma a pu observer le même empressement chez tous les enfants qui sont venus. Ceux qui en sont dépourvus ne pourront pas rester et devront retourner dans le monde. »

Il était trois heures quand Amma regagna sa chambre.

Vendredi 28 février 1986

Le principe d'ahimsa

Il fallait poster le magazine Matruvani le lendemain et il restait encore beaucoup, beaucoup de travail. Il était déjà tard dans l'après-midi. Amma et les brahmacharis étaient assis devant la salle de méditation, collant les bandes autour des magazines et les timbres. Peter, venu de Hollande, s'approcha et demanda avec colère au brahmachari Nealu (Swami Paramatmananda) : « Qui a décidé de répandre cet insecticide sur les rosiers ? Pourquoi tuer ainsi ces pauvres insectes sans défense ! »

Nealu traduisit ces paroles à Amma, mais elle continua à travailler sans faire aucun commentaire. Elle se contenta de regarder brièvement Peter.

L'air triste, Peter resta à quelque distance du groupe.

Un peu plus tard, Amma l'appela : « Peter, mon fils, va demander un peu d'eau à Gayatri pour Amma. »

Peter avait encore l'air triste quand il apporta l'eau à Amma. Elle prit le verre et dit : « C'est de l'eau bouillie, n'est-ce pas ? De l'eau fraîche aurait suffi pour Amma ».

Peter : « Je vais apporter de l'eau filtrée, Amma. Ou bien veux-tu le jus d'une noix de coco ? »

Amma : « Amma veut de l'eau non bouillie. »

Peter : « Il vaut mieux ne pas en boire, Amma, tu pourrais tomber malade. »

Amma : « Mais tant d'êtres vivants meurent quand nous faisons bouillir de l'eau. N'est-ce pas un péché, fils ? »

Peter ne sut que répondre.

Amma : « Songe combien d'êtres vivants périssent écrasés sous nos pas. Combien de micro-organismes meurent à chacune de nos respirations ! Comment éviter cela ? »

Peter : « J'avoue que nous n'en avons pas le contrôle. Mais nous pourrions au moins éviter les insecticides. »

Amma : « D'accord. Imagine que ton enfant ou bien qu'Amma soit malade. Ne souhaiterais-tu pas alors qu'il ou elle prenne un remède ? »

Peter : « Bien sûr, l'essentiel est que la personne guérisse. »

Amma : « Mais songe aux millions de microbes qui périront si nous prenons le médicament ? »

De nouveau, Peter resta coi.

Amma : « Il ne suffit donc pas d'éprouver de la compassion pour les virus, n'est-ce pas ? À qui la plante contera-t-elle ses malheurs si elle est attaquée par les vers ? N'est-ce pas notre devoir de la protéger, nous qui en sommes les gardiens ? »

Le voile de tristesse quitta le visage de Peter.

Les signes du souvenir

Un groupe de jeunes gens vint voir Amma. Ils restèrent un moment à une certaine distance, l'observant, avant de s'approcher et de participer au travail. On aurait dit qu'ils souhaitaient poser des questions à Amma, mais que quelque chose les retenait. L'un d'entre eux s'était couvert le front de cendre (bhasma) et juste un peu au-dessus du point situé entre les sourcils, il avait appliqué de la pâte de santal avec un point de kumkum au milieu. Il poussa du coude la personne assise à côté de lui et dit : « Tu vois, Amma aussi porte de la cendre (bhasma) ».

« De quoi parlez-vous, les enfants ? », demanda Amma.

Le jeune homme : « Amma, mes amis pensent qu'il est stupide de ma part de porter ces symboles. Ils se moquent de moi en disant que je suis bariolé comme un tigre. »

Ses compagnons étaient quelque peu embarrassés. L'un d'entre eux demanda : « Pourquoi les gens portent-ils de la cendre et de la pâte de santal sur le front ? Pour quelle raison ? ».

Amma : « Mes enfants, nous portons de la pâte de santal et de la cendre sacrée, mais réfléchissons-nous à leur signification ? Quand nous prenons un peu de cendres, songeons à la nature périssable de cette vie. Aujourd'hui ou demain, nous ne serons plus qu'une poignée de cendres. C'est pour en prendre mieux conscience que nous portons des cendres. Quand l'amant aperçoit le bout du sari de sa bien-aimée, il pense aussitôt à elle.

Ainsi, le rôle de la cendre sacrée, de la pâte de santal et des graines de rudraksha est de nous rappeler Dieu, d'éveiller en nous le souvenir du Soi. Que nous soyons des personnages importants ou ordinaires, nous pouvons mourir à tout instant. Il faut donc vivre sans nous attacher à personne, sinon à Dieu. Les êtres auxquels nous sommes attachés ne viendront pas avec nous lorsque nous quitterons le corps. »

Un jeune : « Et la pâte de santal ? »

Amma : « Elle possède d'importantes propriétés médicinales. Appliquer de la pâte de santal sur certaines parties du corps rafraîchit les nerfs et le corps et améliore notre état de santé. Cette pratique a aussi un aspect symbolique. La pâte de santal est parfumée. Ce parfum provient du bois, de rien d'autre. Comprenons que la béatitude infinie se trouve à l'intérieur de nous et vivons en accord avec cette vérité.

Si un morceau de bois de santal gît un certain temps dans la boue, la partie extérieure pourrit et sent mauvais. Mais si nous le lavons et le réduisons en poudre, quel parfum merveilleux nous obtenons ! Ainsi, tant que nous sommes préoccupés par les objets du monde, nous ne pouvons pas apprécier le parfum du Soi intérieur.

Nous détruisons la Conscience qui est en nous en courant après les plaisirs ordinaires des sens. Sans nous en rendre compte, nous gaspillons le corps et les sens en les tournant vers des plaisirs qui ne durent que quelques instants. Voilà ce que nous rappelle la pâte de santal. Si nous utilisons le corps de manière à obtenir la connaissance du Soi, nous vivrons dans la béatitude éternelle. »

Le jeune : « Pourquoi les gens portent-ils des graines de rudraksha ? »

Amma : « Le rudraksha est le symbole de l'abandon total de soi. Les graines sont enfilées sur un fil pour former un mala (rosaire) et ne tiennent que par ce fil. Chacun d'entre nous est une perle enfilée sur le fil du Soi. Un rosaire en rudraksha nous rappelle cette vérité et nous apprend à nous abandonner complètement à Dieu. »

Le rôle des temples

Un jeune : « Amma, si nous disons que nous allons à l'ashram, les autres vont se moquer de nous. Ils disent que les temples et les ashrams sont pour les vieux. »

Amma : « De nos jours, on dénigre les temples ; mais leur fonction est d'aider les gens à cultiver des pensées spirituelles et à développer leurs qualités.

Nous voyons les politiciens défiler derrière un drapeau. Si quelqu'un ose le déchirer, le brûler ou bien encore cracher dessus, ils le battent à mort ! Pourtant, qu'est-ce qu'un drapeau ? Ce n'est qu'un morceau de tissu. Si tu le perds, tu peux en racheter autant que tu veux. Mais un drapeau est plus qu'un bout de tissu. Il symbolise un idéal et c'est pourquoi les gens ne tolèrent pas qu'on lui manque de respect. Un temple est de même un symbole de Dieu. Nous voyons Dieu dans les statues du sanctuaire. Lorsque nous entrons dans le temple et que nous avons le darshan de la divinité, de bonnes pensées s'épanouissent dans notre mental et nous nous rappelons quel est le véritable idéal. L'atmosphère d'un temple diffère beaucoup de celle d'une boucherie ou d'un bar. Elle a été purifiée par les saintes pensées d'innombrables adorateurs. Un lieu de dévotion est un réconfort pour ceux qui souffrent, comme l'ombre rafraîchissante d'un arbre sous un soleil ardent ou bien une couverture chaude lorsqu'il fait froid. On peut progresser spirituellement en adorant Dieu dans le temple et en s'imprégnant des bons samskaras d'un tel lieu.

Il devrait y avoir au moins un temple dans chaque village. De nos jours, chacun est préoccupé de lui-même. Le temple peut remédier aux mauvaises vibrations que créent ces pensées égoïstes. Deux secondes de la concentration que nous obtenons en adorant l'idole dans le temple suffiront à purifier l'atmosphère.

Les gens doutent : « Comment Dieu peut-Il vivre dans une idole ? N'est-ce pas plutôt le sculpteur qu'il faudrait adorer ? ». Mais si vous regardez un portrait de votre père, est-ce votre père ou le peintre que vous voyez ? Dieu est partout. Vous ne pouvez pas Le voir avec vos yeux de chair, mais en regardant l'idole dans le temple, vous pensez à Lui. Le fait de songer à Lui vous apportera sa bénédiction et purifiera votre mental. »

Un jeune homme : « Amma, Tu as clarifié nos doutes. J'ai l'habitude de porter de la pâte de santal, mais je n'avais aucune idée de la signification de cette tradition. Je ne faisais qu'imiter mes parents. Quand mes amis me posaient des questions, je ne savais pas quoi leur répondre. Beaucoup de ceux qui croyaient en Dieu dans leur enfance ont perdu la foi. Ils sont devenus esclaves de l'alcool et du tabac. Si quelqu'un avait pu leur expliquer les choses logiquement, ils n'auraient pas couru à leur perte. J'aurais pu mal tourner, moi aussi, mais la peur m'a empêché de m'éloigner de Dieu. Je reviendrai ici avec quelques-uns de mes amis, Amma. Toi seule peut les ramener sur le droit chemin. »

Amma (en riant) : « Namah Shivaya ! Fils, celui qui croit en Dieu et prend pour idéal les qualités divines ne peut pas devenir l'esclave de mauvaises habitudes. Il reste centré en lui-même, il recherche le bonheur à l'intérieur et non à l'extérieur. Il trouve la béatitude en Dieu, qui demeure en lui. Rien d'extérieur ne peut le lier. Amma n'insiste pas pour que chacun accepte Dieu dans sa vie, mais pourquoi devenir l'esclave de mauvaises habitudes ? Pourquoi devenir un fardeau pour sa famille et pour la société ? Il est aujourd'hui à la mode de boire, de fumer et de dilapider l'argent. Quel dommage que les politiciens et les gens influents ne fassent aucun effort pour détourner les jeunes gens de ces mœurs.

S'ils ne donnent pas l'exemple, comment les autres pourront-ils jamais connaître et assimiler les idéaux spirituels ? »

Amma ouvrit un exemplaire de Matruvani. Voyant qu'une page avait été mal imprimée parce qu'elle avait un pli au milieu, elle dit : « Mes enfants, avant de poster le magazine, vous devriez vérifier chaque exemplaire en le feuilletant. Ne croyez-vous pas que les résidents de l'ashram devraient être vigilants et attentifs au moindre détail ? »

Un brahmachari apporta des paquets de cendre et des bonbons sur une assiette. Amma fit signe aux jeunes visiteurs d'approcher. « Venez, mes enfants ! » dit-elle. Les jeunes gens, qui la rencontraient pour la première fois, reçurent le prasad de ses mains sacrées, puis la quittèrent, heureux que certains doutes qui les tourmentaient aient enfin été éclaircis.

Lundi 10 mars 1986

Sadhana avec le Guru

La conduite qui amenait l'eau à l'ashram était cassée. La réparation exigeait plusieurs jours. Depuis quelques nuits, les résidents allaient chercher l'eau de l'autre côté de la lagune, où se trouvait l'unique robinet public du village. Les villageois l'utilisaient dans la journée, les résidents de l'ashram allaient donc s'approvisionner en eau la nuit. Ils traversaient la lagune en bateau, remplissaient les récipients, puis retournaient vers la rive de l'ashram, où Amma et les autres brahmacharis les aidaient à transporter l'eau du bateau à l'ashram. Le travail durait en général jusqu'à quatre ou cinq heures du matin.

Il était minuit. Un transport d'eau venait juste de se terminer. Les brahmacharis repartirent en bateau pour chercher la cargaison suivante. Amma était allongée sur le sable au bord de la lagune.

Quelqu'un avait étendu un drap pour elle, mais elle avait roulé sur le sable. Non loin de là brûlait un feu, alimenté par des feuilles et des détritus, dont la fumée éloignait les moustiques.

En attendant le prochain chargement d'eau, les brahmacharis s'assirent autour d'Amma et méditèrent. Le robinet, de l'autre côté du canal, était si lent que le bateau ne serait pas de retour avant au moins deux heures. Au bout d'un moment, Amma se leva et jeta quelques feuilles dans le feu, qui se mit à flamboyer et étinceler en grondant.

Amma : « Mes enfants, imaginez dans ce feu la forme de votre divinité d'élection. Méditez sur elle. »

Un brahmachari entretenait le feu. Le paysage et la lagune brillaient au clair de lune, le pays semblait recouvert d'un voile d'argent scintillant. Une paix profonde emplissait la nuit. Seuls les gémissements de quelques chiens, sur l'autre rive, brisaient parfois le silence. Puis la douce voix d'Amma s'éleva :

Ambike Dévi jagannayike namaskaram

Ô Mère, Déesse de l'univers,
Je me prosterne devant Toi.
Toi qui donnes la joie,
Je me prosterne devant Toi.

Ô Mère dont la nature est paix,
Toi qui es toute-puissante,
Tu crées cette grande illusion,
Sans commencement ni fin.

Ô Mère, Toi qui es le Soi le plus intime,
Je me prosterne devant Toi.
La connaissance, le langage et l'intelligence,
Toi seule, Tu es tout cela.

Ô Dévi, c'est Toi qui contrôles mon mental.
Puisqu'il en est ainsi, Ô Toi qui es favorable,
Comment pourrais-je jamais décrire Ta grandeur ?
Je ne connais pas les mantras bijas
nécessaires pour T'adorer
Je ne peux que me prosterner devant Toi.

Ô Mère, Tu répands Ta compassion infinie
Sur le dévot dont l'esprit est toujours fixé sur Toi.
Ta gloire est bien au-delà
de ce que nous pouvons imaginer.

Le kirtan terminé, Amma chanta trois fois « Aum ». Tous reprirent en chœur la syllabe divine.

Amma : « Mes enfants, visualisez dans votre cœur un feu tranquille et lumineux comme celui-là. La nuit est le moment idéal pour méditer. »

Le bateau revint, chargé d'eau, et le travail recommença. Quand la barque repartit avec des récipients vides, Amma demanda à chacun de reprendre sa méditation. La nuit s'écoula ainsi jusqu'à cinq heures du matin, partagée entre le travail et la contemplation. Comme c'était un jour de bhava darshan, les visiteurs allaient bientôt affluer. Quand Amma goûterait-elle un peu de repos ? Pour elle, cela ne semblait pas exister.

Mercredi 12 mars 1986

Le travail accompli avec shraddha est une méditation

Tout le travail, à l'ashram, était effectué par les résidents, et leurs attributions changeaient fréquemment. Amma le disait souvent : « Les brahmacharis doivent être formés à tout et pouvoir effectuer n'importe quel travail. »

Ce matin, Amma fit un tour d'inspection de l'ashram vers 7 heures du matin, ramassant les morceaux de papier et les papiers de bonbon qui jonchaient le sol. Quand elle arriva à l'étable, au nord de l'ashram, les vaches levèrent la tête pour la regarder. Elle leur caressa le front avec autant d'affection qu'une mère pour ses enfants. Devant une des vaches, le sol était recouvert de pinnak[28] renversé, mélangé à de l'eau.

En buvant, la vache avait fait culbuter le seau. Amma le nettoya, puis alla chercher de l'eau pour laver par terre. Le brahmachari qui l'accompagnait voulut l'aider, mais elle ne le lui permit pas. L'expression de son visage montrait clairement qu'elle était peinée de voir que la vache n'avait pas reçu les soins et l'attention requis au moment où on lui donnait à boire. Dès qu'Amma eut fini de laver le sol, elle se dirigea tout droit vers la hutte où habitait le brahmachari chargé de s'occuper des vaches.

« Mon fils », lui dit-elle « n'est-ce pas toi qui donnes à boire aux vaches le matin ? »

Le brahmachari comprit qu'il avait dû commettre une faute, mais il ne voyait pas laquelle ; il resta muet.

Amma reprit : « Mon fils, la première qualité d'un sadhak devrait être shraddha. Est-ce de cette manière que tu donnes à boire aux vaches ? L'une d'elles a tout renversé. Ton manque de soin n'en est-il pas la cause ? On t'a dit de rester avec les vaches jusqu'à ce qu'elles aient fini de boire. La vache a répandu le pinnak parce que tu n'as pas obéi, n'est-ce pas ? Si tu ne peux pas rester jusqu'à ce que ton travail soit terminé, Amma le fera elle-même. Tu devrais considérer la vache comme une mère. S'occuper des vaches est une manière d'adorer Dieu. Fils, cette vache a eu faim à cause de ta négligence. Et une grande quantité de pinnak a été perdue. »

---

[28] Le résidu qui provient de l'extraction d'huile de noix de coco ou d'autres graines.

Le brahmachari comprit son erreur. Il tenta d'expliquer pour quelle raison il avait quitté l'étable : « Je suis parti plus tôt parce que c'était l'heure de la méditation ».

Sa réponse ne satisfit pas Amma. « Si tu aimais vraiment méditer, tu aurais nourri les vaches un peu plus tôt afin d'être prêt à temps. C'est un péché de laisser ces pauvres animaux avoir faim au nom de la sadhana. Qu'est-ce que la méditation ? Cela consiste-t-il simplement à rester assis les yeux fermés sans rien faire d'autre ? Tout travail que vous effectuez en faisant votre japa et en pensant à Dieu est aussi dhyanam. »

Brahmachari : « Amma, l'autre jour tu as jeûné, sans même boire, parce que deux brahmacharis étaient arrivés en retard pour la méditation. Je ne voulais pas que cela se reproduise par ma faute. » Les larmes lui vinrent aux yeux en prononçant ces paroles.

Amma essuya ses larmes et dit pour l'apaiser : « Qu'a donc dit Amma pour que tu sois bouleversé ainsi, fils ? Elle veut simplement que tu fasses désormais plus attention. Amma était très sérieuse l'autre jour parce que ces deux fils souhaitaient délibérément éviter la méditation. Ils auraient pu lire et écrire plus tard. Mais ton cas est différent. Tu faisais un travail dont Amma t'avait chargé. Cela ne diffère pas de la méditation parce que le dévouement à ton travail est une forme de méditation. Le zèle avec lequel tu accomplis la tâche qui t'a été confiée reflète le degré de ton abandon à Dieu et l'intensité de ta quête du But. Il faut éviter aussi bien de travailler pour échapper à la méditation que de méditer pour échapper au travail ».

Amma n'acceptait pas que l'on enfreigne les règles de l'ashram. Tout devait se dérouler ponctuellement. Il n'était pas question de manquer la méditation, les cours de Védanta ou de sanscrit, ni d'arriver en retard. Elle réprimandait les brahmacharis plusieurs fois. Si cela restait sans effet, elle prenait la punition sur elle en jeûnant, parfois sans même boire. La plus dure des pénitences pour eux était de savoir qu'Amma ne mangeait pas par leur faute.

Amma et le brahmachari se rendirent au kalari mandapam où tout le monde méditait. Amma s'assit en lotus près du mur, face à l'est. Le brahmachari qui l'avait accompagnée s'installa près d'elle. La méditation terminée, tous vinrent se prosterner devant Amma et l'entourèrent.

La concentration

Un des brahmacharis saisit l'occasion de lui confier un problème : « Amma, je ne parviens pas à me concentrer quand je médite. Cela me tourmente. »

Amma sourit et répondit : « Mes enfants, on n'atteint pas la concentration parfaite (ekagrata) en un clin d'œil. Cela exige un effort soutenu. Ne rompez pas la discipline de la sadhana sous pré-texte que votre mental n'est pas concentré. Vous devez pratiquer votre sadhana avec une stricte régularité et votre enthousiasme ne doit pas vaciller. N'oubliez pas une seconde que vous êtes un aspirant spirituel.

Il était une fois un homme qui partit à la pêche dans la lagune. Il repéra un banc de gros poissons près de la rive et décida de construire une digue en terre tout autour de cet endroit, puis de vider l'eau pour attraper le poisson. Il construisit la digue, puis, comme il n'avait pas de récipient, il écopa avec les mains. La digue se brisait de temps en temps, mais il refusa d'abandonner. Il continua sa tâche avec beaucoup de patience et une confiance absolue, sans penser à rien d'autre. Le soir venu, il avait vidé l'eau retenue par la digue et attrapé une grande quantité de poisson. Il rentra chez lui heureux, amplement récompensé de son dur labeur, accompli avec tant de confiance, de patience et un zèle constant.

Mes enfants, ne vous découragez pas si vous ne voyez pas de résultat en dépit de tous vos efforts. Chaque fois que vous dites votre mantra, cela a un effet, même si vous ne le percevez pas. Et même si vous n'obtenez pas une concentration parfaite, il est bénéfique de méditer à une heure régulière. Sans que vous en ayez conscience, la pratique constante du japa éliminera les impuretés de votre mental et votre concentration augmentera pendant la méditation.

Il ne vous est pas difficile de penser à vos parents, à votre famille, à vos amis ou à vos plats préférés. Vous pouvez les voir mentalement dès que vous y pensez et garder leur image à l'esprit tant que vous le souhaitez. C'est possible parce qu'ils vous sont familiers depuis longtemps. Il n'est pas nécessaire d'entraîner le mental à penser aux objets de ce monde, parce qu'il y est habitué. Il faut développer le même genre de lien avec Dieu. Tel est le but du japa, de la méditation et du satsang. Cela exige toutefois un effort constant ; c'est ainsi que la forme de votre divinité d'élection et le mantra qui lui est associé apparaîtront dans le mental aussi naturellement que les pensées liées aux objets du monde.

Vous ne perdrez alors plus jamais conscience de la présence divine, quelles que soient vos pensées ou quels que soient les objets que vous voyez. Rien n'existera plus pour vous hormis Dieu.

Mes enfants, ne vous découragez pas si, au début, vous ne parvenez pas réellement à vous concentrer. Si vos efforts sont constants, vous réussirez. « Dieu seul est éternel. Si je ne parviens pas à Le connaître dans cette vie, elle aura été vaine. Je dois obtenir Sa vision aussi vite que possible ! », telle devrait toujours être votre attitude. Mes enfants, pour celui qui garde le but toujours présent à l'esprit, il n'existe pas d'obstacle ; pour lui, toutes les situations sont favorables. »

Brahmachari : « Je ne peux pas méditer le matin ; je m'endors. »

Amma : « Fils, si tu t'endors pendant la méditation, récite ton mantra en bougeant les lèvres. Si tu as un mala, tiens-le contre ton cœur et fais japa. Cela t'aidera à rester vigilant. Lorsque tu t'assieds pour méditer, ta colonne vertébrale doit être droite. Seule la paresse te donne le dos rond. Si tu as quand même envie de dormir, lève-toi et récite ton mantra. Et ne t'appuie nulle part. Quand tu t'adosses à quelque chose, ton mental s'y attache. Si tu ne parviens pas à vaincre le sommeil, va courir un moment, puis reprends ta méditation. Chasse le tamas grâce au rajas. La pratique du hatha yoga est également excellente.

Tu ne vaincras ta somnolence que grâce à lakshya boddha. Certaines personnes travaillent de nuit en usine et passent parfois deux ou trois nuits sans dormir. Cependant, elles ne s'endorment pas devant les machines parce que si leur concentration diminue une seule seconde, elles risquent un accident : que la machine leur happe la main, et elles perdront aussi leur emploi. Elles le savent et parviennent à chasser le sommeil, si puissant qu'il soit. Lorsque nous méditons, nous devrions faire preuve de la même vigilance et rester éveillés. Comprenons que nous gaspillons notre vie en cédant au sommeil au lieu de méditer. Alors nous refuserons de nous laisser vaincre. »

L'égoïsme dans les relations humaines

Lorsqu'Amma sortit de la salle de méditation, quelques dévots l'attendaient. Ils se prosternèrent devant elle. Elle les mena au kalari mandapam et s'assit parmi eux. Un des dévots offrit à Amma un plateau de fruits.

Amma : « Comment vas-tu, maintenant, fils ? »

L'homme baissa la tête sans rien dire. Sa femme l'avait quitté pour un autre homme, et le désespoir l'avait poussé à boire. Quatre mois plus tôt, un ami l'avait conduit à Amma. Quand il était allé au darshan, il était tellement ivre qu'il n'était pas lucide. Amma ne l'avait pas laissé partir aussitôt ; elle l'avait gardé à l'ashram pendant trois jours. Depuis, il n'avait pas bu une seule goutte d'alcool. Il venait la voir dès qu'il avait un peu de temps libre. Mais visiblement, il souffrait encore du départ de sa femme.

Amma : « Fils, nul n'aime autrui plus que lui-même. L'amour de tout être humain repose sur la quête égoïste de son propre bonheur. Si notre ami ne nous apporte pas le bonheur que nous attendons, il devient notre ennemi. C'est ce que l'on peut observer dans le monde. Dieu seul nous aime sans égoïsme. Et c'est en L'aimant que nous parvenons à aimer et à servir nos semblables de manière désintéressée. Seul le monde de Dieu est pur de tout égoïsme. Tournons donc notre amour et notre attachement vers Lui seul. Nous ne serons alors pas désespérés si quelqu'un nous abandonne ou nous fait du tort. Accroche-toi à Dieu. Tu n'as besoin de rien d'autre. Pourquoi te tourmenter en songeant au passé ? »

Le dévot : « Je ne suis plus aussi malheureux qu'auparavant, parce que maintenant j'ai Amma pour me protéger sur tous les plans. Amma, dès que je me sens triste, c'est ton mantra qui me réconforte. » Amma lui donna un peu de cendre et il partit.

Amma dit ensuite : « Voyez quelles expériences les gens traversent ! Quel enseignement pour nous ! Un mari aime-t-il vraiment sa femme ? Et l'amour qu'elle lui porte est-il réel ? Et pourquoi les parents aiment-ils leurs enfants ? Ils les aiment parce qu'ils sont le produit de leur propre sang, de leur propre chair ! Sinon, pourquoi n'aimeraient-ils pas tous les enfants de la même manière ?

Combien sont prêts à mourir pour leurs enfants ou pour leur conjoint ? Même si ce fils souhaitait mourir lorsque sa femme l'a quitté, ce n'était pas par amour pour elle, mais pour lui-même. C'est la perte de son propre bonheur qu'il pleurait. S'il avait vraiment aimé sa femme, il aurait accepté qu'elle soit plus heureuse avec quelqu'un d'autre. Il aurait été essentiellement préoccupé de son bonheur. C'est cela, l'amour désintéressé. Et si sa femme l'avait vraiment aimé, elle n'aurait jamais regardé un autre homme.

Nous disons que nous aimons nos enfants, mais combien d'entre nous sont prêts à mourir pour sauver la vie de leur enfant qui se noie ? Une fille est venue raconter son histoire à Amma. Son enfant est tombé dans un puits profond. Elle l'a vu tomber sans pouvoir empêcher ce malheur ; le temps que les secours arrivent, l'enfant était mort. Pourquoi la mère n'a-t-elle pas eu l'idée de sauter dans le puits pour sauver son enfant ? Quatre-vingt-dix pour cent des gens sont ainsi. Il est rare que quelqu'un risque sa vie pour sauver celle d'un autre. C'est pourquoi Amma dit que personne, hormis Dieu, ne nous aime de façon désintéressée. Accrochez-vous fermement à Lui. Cela ne signifie pas que vous ne devriez pas aimer les autres. Voyez Dieu en chacun et aimez-Le en tous. Ainsi, le chagrin ne vous submergera pas si vous perdez l'amour d'un être humain. »

Un jeune homme dont c'était la première visite à l'ashram était assis derrière les autres et écoutait. Cependant son visage n'exprimait aucun respect, aucune révérence.

Quand Amma se tut, il montra du doigt une photo d'Amma en Krishna bhava et demanda : « Est-ce toi sur cette photo, portant des plumes de paon et d'autres ornements ? Est-ce une sorte de pièce de théâtre ? ».

Les dévots se retournèrent pour dévisager celui qui posait une question aussi inattendue.

Jouer un rôle pour le bien de la société

Amma : « Fils, comment peux-tu savoir si le monde lui-même n'est pas un genre de pièce de théâtre où chacun participe au drame sans même s'en rendre compte ? Le but de la pièce est de réveiller les acteurs, de les faire sortir de scène en détruisant leur ignorance.

Fils, tu es venu au monde nu. Pourquoi portes-tu des vêtements, puisque tu sais que ta forme réelle est nue ? »

Le jeune homme : « Je suis un être social et si je ne respecte pas les normes de la société, elle me critiquera. »

Amma : « Tu portes donc des vêtements par égard pour la société. Amma porte ce costume pour le bien de cette même société. On peut compter ceux qui parviennent au but en suivant la voie de jnana sur les doigts d'une main. Amma ne peut négliger tous les autres, qui ne progresseront que sur la voie de la dévotion. Sri Shankaracharya, qui était un représentant de l'advaïta, a bien fondé des temples, n'est-ce pas ? Il disait que Dieu est pure Conscience, mais il a aussi montré qu'une simple pierre est Dieu. N'est-ce pas lui qui a composé le Saundarya Lahari, qui décrit la forme de la Mère divine ? Et Vyasa, qui a écrit les Brahmas sutras, est aussi celui qui a rédigé le Srimad Bhagavatam. Comprenant que la philosophie de l'advaïta et du Védanta ne pouvait pas être assimilée par un mental ordinaire, ils se sont efforcés d'attiser la flamme de la dévotion dans le cœur des hommes.

Fils, Amma connaît sa véritable nature et sa forme réelle, mais les gens d'aujourd'hui ont besoin de quelques outils pour réaliser ce Principe suprême. Les représentations de Dieu sont nécessaires pour renforcer leur foi et leur dévotion. Il est plus facile d'attraper un poulet en lui offrant du grain qu'en lui courant après. En voyant la nourriture, il s'approche et tu t'en saisis facilement. Pour élever la conscience des êtres ordinaires et leur permettre d'accéder au plan spirituel, il est nécessaire de se mettre à leur niveau. Leur mental ne peut percevoir que des noms et des formes ; nous utilisons donc ce moyen pour les aider à rendre le mental plus subtil. Pense à l'uniforme d'un homme de loi ou d'un policier. Quand le policier apparaît en tenue, l'ordre et la discipline règnent. Mais les gens auront une attitude bien différente s'il est en civil, n'est-ce pas ? Tel est le rôle des costumes et des ornements.

Ceux qui sont capables de percevoir la pierre dans l'idole, l'or dans la boucle d'oreille, le roseau dans la chaise, le Substrat de l'univers, la véritable Essence de toute chose, n'ont pas besoin de tout cela. Ils sont déjà parvenus à la vision de l'advaïta. Mais la plupart des gens n'en sont pas encore là ; ils ont besoin de formes et de noms. »

Le jeune homme ne posa pas d'autre question. Amma ferma les yeux et médita un moment.

Le secret du karma yoga

Quand Amma rouvrit les yeux, un dévot demanda : « Un karma yogi qui sert le monde, cesse-t-il d'agir à mesure qu'il progresse sur la voie spirituelle ? »

Amma : « Pas nécessairement. Il peut rester actif jusqu'à la fin. »

Le dévot : « Amma, qu'est-ce qui est supérieur, le bhakti yoga ou le karma yoga ? »

Amma : « Il est en fait impossible de séparer bhakti yoga et karma yoga. Un vrai karma yogi est aussi un vrai dévot et inversement.

N'importe quelle action n'est pas nécessairement du karma yoga. Seules les actions accomplies sans motif égoïste, comme une offrande à Dieu, peuvent être qualifiées de karma yoga. La dévotion (bhakti) ne se résume pas à faire quatre fois le tour du sanctuaire, à lever les bras et à se prosterner devant la statue de la divinité. Le mental doit être fixé sur Dieu et chacun de nos actes être une forme d'adoration. Il s'agit de voir notre divinité d'élection en tout être et d'offrir à tous notre amour et notre service.

Abandonnons-nous à Dieu de tout notre cœur. Alors seulement, nous pourrons déclarer que nous éprouvons de la dévotion.

Un véritable karma yogi garde l'esprit fixé sur Dieu quoi qu'il fasse. Si nous considérons que tout est Dieu, alors c'est de la bhakti. Par contre, si nous pensons à autre chose pendant que nous sommes en train de faire la puja, (culte rituel), la puja n'est pas du bhakti yoga, parce que l'action reste extérieure ; il n'y a pas d'adoration véritable. Mais même si notre travail est de nettoyer les toilettes, si nous répétons notre mantra en le faisant, en pensant que cette tâche nous est confiée par Dieu, alors c'est à la fois du bhakti yoga et du karma yoga.

Il était une fois une femme pauvre qui répétait : « krishnarpanam astu » (que cela soit une offrande à Krishna). Il y avait un temple à côté de chez elle et le prêtre n'aimait pas la prière de cette femme. Il ne supportait pas l'idée qu'elle puisse dire : « krishnarpanam astu » tout en jetant les ordures. Il la disputait, mais elle ne répondait jamais rien.

Un jour, elle ramassa un peu de bouse de vache qui se trouvait dans la cour de sa maison et la lança dehors. Comme d'habitude, elle n'oublia pas de dire : « krishnarpanam astu ». La bouse de vache atterrit devant le temple. Le prêtre, voyant cela, se mit à trembler de rage. Il traîna la femme jusqu'au temple et l'obligea à enlever la bouse de vache. Puis il la frappa et la chassa.

Le lendemain, il était incapable de bouger le bras ; il était complètement paralysé. Il implora le Seigneur, qui lui apparut la nuit dans un rêve et lui dit : « J'ai apprécié la bouse de vache offerte par cette dévote beaucoup plus que ton offrande de riz sucré. Ce que tu fais ne mérite pas le nom d'adoration, tandis qu'elle M'adore dans chacun de ses actes. Je ne tolérerai pas que tu fasses du mal à une fidèle si dévouée. Tu ne guériras que si tu lui touches les pieds et implores son pardon. » Le prêtre comprit son erreur, demanda pardon à cette femme et fut bientôt guéri. »

Tourne-toi vers Dieu maintenant

Un dévot : « Je suis très pris par mon travail, je ne trouve pas le temps de méditer. Et quand je fais japa, je n'arrive pas à me concentrer. Amma, ne vaudrait-il pas mieux pour moi attendre d'être moins occupé, d'être plus en paix, avant de me mettre au japa et à la méditation ? »

Amma : « Fils, tu crois peut-être que tu te tourneras vers Dieu quand tu auras moins de travail ou que tu auras suffisamment profité des plaisirs du monde, mais cela ne se produira jamais. Tourne-toi vers Lui maintenant, au milieu de toutes tes difficultés. Il te montrera certainement le chemin.

Amma va te donner un exemple. Imagine qu'une jeune femme ait des troubles mentaux. Un jeune homme arrive avec une proposition de mariage, mais quand il découvre qu'elle est malade, il déclare qu'il l'épousera lorsqu'elle sera guérie. Mais l'avis du docteur est qu'elle ne guérira que si elle se marie. Il est donc inutile pour elle d'attendre la guérison pour se marier !

Ou bien imagine que l'eau dise : « Attends de savoir nager pour te baigner. » Comment serait-ce possible ? Il faut d'abord se mettre à l'eau pour apprendre à nager ! Ainsi, Dieu seul peut purifier le mental. Si tu te souviens de Dieu pendant que tu travailles, cela te donnera la capacité de bien faire ton ouvrage. Les obstacles s'évanouiront, et par-dessus tout, ton mental sera purifié.

Si tu crois que tu commenceras à te concentrer sur Dieu quand tu auras surmonté toutes les difficultés et que ton mental sera en paix, tu te trompes, parce que cela n'arrivera jamais. Jamais tu n'atteindras Dieu de cette manière. Il est inutile d'attendre que la paix intérieure vienne.

La persévérance est la seule manière de t'améliorer. À tout instant, tu peux tomber malade ou bien perdre tes facultés mentales, et ta vie aura été en pure perte. Suivons donc le chemin qui mène à Dieu dès maintenant. C'est ce qu'il faut faire. »

Un visiteur : « Amma, un certain nombre de jeunes gens ont quitté leur foyer pour venir ici, en quête de Dieu. Mais ne sont-ils pas à un âge où ils sont censés profiter de la vie ? Ne sera-t-il pas temps pour eux, plus tard, de penser à Dieu et de devenir sannyasins ? »

Amma : « Fils, ce corps nous a été donné pour réaliser Dieu. Chaque jour nous rapproche de la mort. Les plaisirs du monde nous affaiblissent. Mais le souvenir constant de Dieu fortifie le mental. Il renforce en nous les samskaras bénéfiques et nous permet même de transcender la mort. Nous devons donc essayer de surmonter nos faiblesses tant que nous sommes encore en bonne santé et pleins de vitalité. Alors nous n'aurons pas à nous inquiéter de l'avenir.

Amma se rappelle une histoire : Il était une fois un pays où tout le monde pouvait devenir roi, mais un roi dont le règne ne durait que cinq ans. Après quoi on l'emmenait sur une île déserte où il était livré à la mort. Il n'y avait sur cette île aucun être humain, que des bêtes féroces qui tuaient aussitôt le roi et le dévoraient. Les gens le savaient, nombreux étaient pourtant les candidats à la royauté ; ils étaient poussés par le désir de régner et de jouir des plaisirs offerts au roi. Au moment où ils montaient sur le trône, ils étaient ravis. Mais à peine le couronnement passé, ils étaient en proie au chagrin, craignant le jour fatal où ils seraient dévorés par les prédateurs. Le roi, toujours tourmenté, ne souriait donc jamais. Il avait beau être entouré de tout le luxe imaginable, ni les mets délicieux, ni les serviteurs, ni les danses ou les musiques ne l'intéressaient. Il ne pouvait profiter de rien. Dès qu'il accédait au pouvoir, il ne voyait plus que la mort. Il était venu pour trouver le bonheur, mais la douleur ne lui laissait pas de répit.

Le dixième roi fut conduit sur l'île lorsque son règne de cinq ans fut terminé et comme tous ceux qui l'avaient précédé, il fut la proie des bêtes sauvages. Son successeur était un jeune homme.

Mais il était très différent des autres rois. Après son accession au trône il ne sembla pas le moins du monde malheureux. Il riait, dansait, partait à la chasse et faisait des tournées pour s'enquérir du bien-être des gens. Tout le monde remarqua qu'il était toujours joyeux.

Son règne s'achevait, mais il n'y avait pas de changement dans son comportement. Tout le monde s'en étonnait. Ils lui dirent : « Majesté, le jour de votre départ pour l'île approche, mais vous ne semblez pas triste. D'habitude, dès qu'une personne monte sur le trône, ses tourments commencent. Mais vous, même aujourd'hui vous paraissez joyeux ! ».

Le roi répondit : « Pourquoi serais-je triste ? Je suis prêt à partir pour l'île. Il n'y a plus de bêtes féroces là-bas. Quand je suis devenu roi, j'ai appris à chasser, puis je suis allé sur l'île avec mes troupes et nous avons exterminé tous les animaux féroces. J'ai défriché la forêt et j'en ai fait des terres cultivables. J'ai creusé des puits et construit quelques maisons. Je vais maintenant aller vivre là-bas. J'abandonne le trône, mais je vais continuer à vivre comme un roi, car j'ai sur l'île tout ce qu'il me faut. »

Nous devrions agir comme ce roi et découvrir le monde de la béatitude pendant que nous sommes encore dans ce monde physique. Mais l'écrasante majorité des gens se comporte comme ses prédécesseurs, torturés par l'angoisse et la peur du devenir. Cela les rend incapables d'effectuer correctement le travail quotidien. La souffrance est leur lot présent et à venir. Jusqu'au dernier moment, ils ne cessent pas de pleurer. Mais si nous faisons preuve de shraddha à chaque instant, nous ne souffrirons pas à l'avenir ; tous nos lendemains seront faits de béatitude.

Mes enfants, ne croyez pas que vous pouvez jouir du monde des sens maintenant et songer à Dieu plus tard. Le monde des sens ne nous apportera jamais aucune véritable satisfaction. Si nous mangeons du payasam, nous sommes satisfaits un moment, mais ensuite nous en voulons deux fois plus ! Ne songez donc pas à profiter du monde des sens aujourd'hui, remettant à demain le fait de penser à Dieu ! Nous ne pourrons jamais satisfaire les sens. Les désirs ne meurent pas si facilement. Seul celui qui a éliminé tous les désirs est dans la plénitude. Mes enfants, agissez en offrant votre mental à Dieu. Vous pourrez alors vaincre même la mort, et vous connaîtrez la béatitude éternelle. »

Mercredi 16 avril 1986

« Et pourtant, J'agis »

Bhagavad Gita III, 22

Ce matin-là, nous allions couler du ciment pour le nouveau bâtiment. Comme c'était un travail dur, tout le monde demanda à Amma de ne pas y participer.

Brahmachari Balu (Swami Amritaswarupananda) : « Amma, nous allons faire du ciment. Tu seras en contact avec le ciment et les graviers, et les éclaboussures de ciment brûlent. »

Amma : « Est-ce que ça ne brûlera que le corps d'Amma, et pas le vôtre, mes enfants ? »

Balu : « Mais ton aide n'est pas nécessaire. Nous sommes là pour faire le travail. »

Amma : « Amma travaille volontiers. Elle n'a pas grandi assise dans sa chambre ; elle est habituée aux tâches dures. »

Il était clair que les efforts pour la dissuader de participer au travail avaient été vains. Amma se joignit à la file de ceux qui se passaient de grandes écuelles de ciment.

Un récipient rempli de ciment glissa de la main d'un brahmachari et se répandit sur le sol. Il retira son pied à temps, mais Amma reçut quelques éclaboussures sur le visage. Elle les enleva avec une serviette que lui présenta un des brahmacharis, puis se noua la serviette autour de la tête, prenant par jeu une pose qui souleva des vagues de rire au milieu du dur labeur.

Le soleil se fit plus ardent et des perles de sueur coulèrent du front d'Amma. En la voyant trimer sous la chaleur du soleil, un dévot voulut l'abriter sous son parapluie, mais elle ne lui permit même pas de l'ouvrir. « Les enfants d'Amma sont nombreux à peiner sous le soleil. Comment pourrait-elle accepter la protection d'un parapluie ? »

Le travail continua ; Amma rappela à ses enfants : « Imaginez que la personne qui est à côté de vous est votre divinité d'élection, imaginez que vous lui passez le seau. Ainsi, vous ne perdrez pas de temps ».

Tous étaient captivés par ses paroles et par son rire, personne ne songeait à la difficulté du travail ni au temps qui passait. Quand elle remarquait que ses enfants oubliaient le mantra, Amma chantait les noms divins.

« Om Namah Shivaya, Om Namah Shivaya »

Le travail se poursuivit jusqu'au soir. Les brahmacharis n'étaient pour la plupart pas habitués à un travail physique aussi dur ; ils avaient des ampoules aux mains. Mais le travail terminé, ils n'eurent pas le temps de se reposer. Ils prirent une douche et se préparèrent à partir pour Thiruvananantapuram (Trivandrum), où il y avait un programme de bhajans.

Un des brahmacharis n'avait pas participé au travail. Il avait passé la journée à étudier le sanscrit. Quand elle le vit sur la berge, Amma alla vers lui et lui dit : « Mon fils, une personne qui n'a pas de compassion pour la souffrance des autres n'est pas spirituelle du tout. Elle ne verra jamais Dieu. Amma ne peut pas rester inactive et regarder ses enfants travailler. Son corps s'affaiblit rien qu'à l'idée que ses enfants travaillent seuls. Mais dès qu'elle se joint à eux, elle oublie tout. Même si Amma est trop faible pour travailler, elle vient leur tenir compagnie, en pensant qu'elle peut au moins prendre sur elle leur fatigue. Comment as-tu pu manquer à ce point de compassion, fils ? Alors que tant de personnes travaillaient, comment as-tu eu l'aplomb de rester dans ton coin ? ».

Le brahmachari fut incapable de répondre. En le voyant tête baissée, plein de remords, Amma ajouta : « Amma n'a pas dit cela pour que tu te sentes coupable, fils, mais pour s'assurer que tu feras plus attention la prochaine fois. Il ne suffit pas d'accumuler des connaissances intellectuelles ; tu dois devenir plein d'amour et de compassion. Ton cœur doit s'ouvrir en même temps que ton intellect. C'est le but de la sadhana. Nul ne peut avoir la vision du Soi tant qu'il n'a pas le cœur rempli de compassion ».

Le bateau arriva. Quand Amma et les brahmacharis atteignirent l'autre rive, le brahmachari Ramakrishna (Swami Ramakrishnananda) les attendait avec le véhicule.

Il était allé à Kollam le matin pour le faire réparer et était revenu juste à l'heure pour conduire tout le monde au programme. Mais il n'avait pas eu le temps de manger quoi que ce soit de la journée. Amma s'installa dans le minibus et l'appela pour qu'il vienne s'asseoir auprès d'elle.

Ramakrishnan : « Je suis sale et je sens la sueur. Si je m'assieds près de toi, je vais salir tes vêtements et tu sentiras aussi la sueur. »

Amma : « Ce n'est pas un problème pour Amma. Viens, fils ! Amma t'appelle, c'est la sueur d'un de mes enfants, la sueur d'un dur labeur. C'est comme de l'eau de rose ! ».

Comme Amma insistait, Ramakrishna vint s'asseoir auprès d'elle, tandis qu'un autre brahmachari conduisait. En route, Amma fit arrêter le véhicule chez des dévots, qui donnèrent un peu de nourriture pour Ramakrishna.

Satsang en chemin

Le groupe voyageant avec Amma comprenait un jeune homme de l'âge des brahmacharis ou presque ; il était arrivé ce jour-là à l'ashram et c'était sa première visite. Son regard exprimait l'étonnement : il contemplait la manière dont Amma et ses enfants voyageaient ensemble, riant, turbulents et joviaux.

« Viens ici, fils. », appela Amma ; elle lui fit une place à côté d'elle.

Amma : « Est-ce difficile pour toi de voyager dans ces conditions, avec si peu de place ? »

Le jeune homme : « Non, Amma. Quand j'étais étudiant, je voyageais souvent sur les marches des bus, parce qu'ils étaient trop pleins. Ce n'est donc pas un problème pour moi. »

Amma : « Au début, Amma se rendait en bus public aux programmes de bhajans et chez les dévots. Puis le nombre de ses enfants a augmenté et nous ne pouvions pas toujours tous monter dans le même bus. (Les bus en Inde sont souvent bondés.)

Il était également difficile de transporter l'harmonium et les tablas dans le bus. Et nous n'arrivions pas toujours à l'heure. Alors tout le monde a insisté auprès d'Amma pour qu'elle achète un véhicule et elle a fini par y consentir. Mais aujourd'hui, nous avons dépensé plus pour les réparations que pour l'achat du véhicule ! N'est-ce pas, Ramakrishna ? »

Tout le monde rit aux éclats. À l'arrière du véhicule, on discutait bruyamment. Amma se retourna et appela : « Balu, mon fils ! »

« Oui, Amma ! »

« Chante un bhajan ! »

Brahmachari Srikumar prit l'harmonium sur ses genoux.

> Manasa bhajare guru charanam
> Ô mon mental, adore les pieds du Guru.

Amma et ses enfants chantèrent plusieurs autres bhajans. Puis tout le monde resta silencieux pendant quelques minutes, goûtant la douceur des noms sacrés qu'ils venaient de chanter. Amma s'appuyait sur l'épaule de Gayatri, les yeux mi-clos.

Amma sourit au nouveau venu, qui se décida à lui poser une question : « Amma, on dit que les sadhaks doivent éviter la compagnie des femmes. Comment une femme peut-elle donc les guider et leur servir de guru ? ».

Amma : « Fils, sur le plan de la vérité, la différence entre hommes et femmes existe-t-elle ? Pour un homme, il vaut beaucoup mieux avoir une femme comme maître plutôt qu'un homme. En ce sens, mes enfants ont beaucoup de chance. Ceux qui ont un guru masculin doivent transcender leur attirance pour toutes les femmes, mais pour ceux dont le maître est une femme, il suffit de transcender la femme en leur guru pour dépasser leur attirance pour toutes les femmes du monde. »

Jeune homme : « Ramakrishna Deva n'a-t-Il pas prescrit d'éviter strictement « les femmes et l'or » ? »

Amma : « Oui, ce qu'Il a dit est absolument vrai ; un sadhak ne devrait pas même regarder la photo d'une femme. Mais ceux qui ont un guru ont quelqu'un pour leur montrer le chemin et les guider sur la voie. Il leur suffit de suivre le maître. Le poison d'un serpent est mortel, et pourtant l'antidote est préparée à partir du même poison, n'est-ce pas ? Un vrai guru met toutes sortes d'obstacles sur le chemin du disciple, car c'est ainsi qu'il développera la force de transcender toutes les difficultés. Il n'y a pas d'autre moyen. Mais ceux qui n'ont pas auprès d'eux un maître pour les guider doivent sans nul doute se montrer très vigilants. »

« Mon fils, regarde devant toi quand tu conduis ! » s'exclama Amma en riant. « Il regarde Amma dans le rétroviseur tout en conduisant ! »

Le jeune homme : « Amma, tu ne sembles pas fatiguée, même après avoir travaillé toute la journée sans arrêter une minute ! Pour nous autres, il semble que le corps soit un sac de douleur ! »

Amma : « Oui, on dit que le corps est un sac de douleur. Et pourtant, les sages qui ont fait l'expérience de la vérité disent que ce monde est un monde de béatitude. Pour ceux qui vivent dans l'ignorance, le corps est réellement un sac de douleur. Mais grâce à des efforts constants, il est possible de trouver une solution. La souffrance peut être éliminée en sachant reconnaître ce qui est éternel et ce qui est transitoire.

Regarde un corbeau noir posé au milieu d'une assemblée de grues blanches. Le noir accentue la beauté de cette blancheur. Ainsi, la douleur nous enseigne la valeur de la joie. Une fois que nous avons connu la souffrance, nous devenons plus prudents.

Un homme qui marchait dans la forêt posa le pied sur une épine. Il fit ensuite très attention où il mettait les pieds et cela lui évita de tomber dans un puits avoisinant. S'il n'avait pas marché sur l'épine, il aurait été moins prudent et se serait retrouvé dans le puits. Une petite douleur peut donc nous sauver d'un grand danger. Ceux qui avancent avec une vigilance sans faille transcendent finalement toute souffrance et parviennent à la béatitude éternelle. Ceux qui connaissent l'Infini, qui ont réalisé la vérité, ne souffrent pas. Ils ne connaissent que la béatitude. La douleur survient quand vous pensez que vous êtes le corps, mais si vous considérez le corps comme un véhicule que vous utilisez pour atteindre la béatitude éternelle, alors il n'y a pas de problème. »

Le jeune homme : « On a beau dire que cette vie est faite de joie, l'expérience concrète semble montrer qu'elle est remplie de tourments. »

Amma : « Fils, pourquoi tomber dans un puits si tu le vois ? Pourquoi continuer à souffrir alors qu'il y a moyen de l'éviter ? Comme la chaleur du soleil et la fraîcheur de l'eau, la joie et la souffrance sont dans la nature de la vie. Pourquoi gaspiller tes forces à t'affliger ? Pourquoi travailler sans salaire ? Mais si tu crois que la tristesse te fera du bien, alors bien sûr, sois triste ! Si tu te blesses, tu ne te contentes pas de rester assis et de pleurer ; tu mets un désinfectant sur la plaie, puis un pansement pour éviter qu'elle ne s'infecte et t'affaiblisse. Celui qui comprend l'essence de la vie spirituelle ne se laisse pas ébranler par les événements de la vie. Si vous savez qu'un pétard peut exploser à tout instant, vous n'êtes pas surpris au moment de l'explosion. Mais si vous n'y êtes pas préparé, la frayeur peut être telle qu'elle affectera même votre santé. Le moyen d'éviter la souffrance consiste à fixer le mental sur le Soi. Il est vrai qu'il est difficile de maîtriser le mental et que cela n'est pas possible en un instant. Il est difficile de traverser l'océan, mais ceux qui font l'effort nécessaire et apprennent la méthode à employer y parviennent.

Les mahatmas nous ont enseigné la manière de traverser l'océan du samsara. Les Écritures sont les instructions qu'ils nous ont données. Il nous suffit de les suivre. Il faut assimiler les principes essentiels en étudiant les Écritures et en écoutant des satsangs. Ne perdons jamais l'occasion d'être auprès d'un mahatma. Mettons leurs conseils en pratique et faisons notre sadhana régulièrement. Nous avons besoin de la compagnie des mahatmas. Notre attitude devrait consister à nous abandonner au guru. Si nous avançons avec shraddha, nous serons libérés de toute souffrance. »

Le véhicule fit une violente embardée. Le brahmachari qui conduisait avait évité de justesse la collision avec un camion qui venait en sens inverse.

« Fils, fait attention en conduisant ! »

Amma remarqua que les mains d'un des brahmacharis étaient bandées. Avec beaucoup de tendresse, elle lui prit les mains et les plaça dans les siennes. « Oh, tes mains sont toutes crevassées ! Est-ce que tu as mal, fils ? »

Brahmachari : « Non, Amma. C'est juste la peau qui est partie. J'ai mis un pansement pour que la plaie ne se salisse pas. »

Amma embrassa avec amour ses mains abîmées par le travail.

Le programme se termina tard et ils rentrèrent en pleine nuit. À l'intérieur du véhicule, les têtes des dormeurs se heurtaient les unes aux autres. Amma était allongée, la tête sur les genoux de Gayatri. Par la fenêtre ouverte, une brise fraîche caressait les boucles qui tombaient du front d'Amma, en forme de demi-lune. À la lumière des réverbères, son anneau de nez scintillait comme une étoile.

Samedi 19 avril 1986

Des avocats en quête de justice

Il était seize heures et Amma n'avait pas encore fini de donner le darshan aux dévots. Un avocat qui venait régulièrement à l'ashram entra dans la hutte avec un ami qui n'avait jamais vu Amma auparavant. Après s'être prosternés devant elle, les deux hommes s'assirent sur une natte.

Avocat : « Amma, cet ami travaille avec moi. Il a des problèmes familiaux et a décidé de divorcer. Mais son épouse refuse la séparation. Elle a l'intention de le poursuivre en justice et d'obtenir une pension pour elle et pour leur enfant. »

Amma : « Fils, pourquoi envisages-tu de l'abandonner ? »

L'ami : « Son comportement n'est pas bon. Je l'ai vue plusieurs fois commettre des actes réellement mauvais. »

Amma : « En as-tu été témoin, fils ? »

L'ami : « Oui. »

Amma : « Tu ne dois rien faire si tu n'as pas été le témoin direct de ce comportement, fils, car ce serait un grand péché. Faire pleurer un être innocent est pire qu'aucune autre faute. Si tu l'abandonnes, ton enfant grandira sans père. Et si ta femme se remarie, il n'aura pas non plus de mère[29]. Tu as contribué à la naissance d'un enfant en ce monde. Ne serait-il pas honteux de faire en sorte que la vie de cet innocent ne soit qu'une misère sans fin ? Si le comportement de ta femme est tolérable, ne vaudrait-il pas mieux que vous trouviez le moyen de vivre en harmonie ? »

L'ami : « Non, Amma, ce n'est pas possible, pas dans cette vie en tous cas. Le seul fait de penser à elle me remplit de haine. Je n'ai plus aucune confiance en elle. »

Amma : « La solidité vient de la confiance. Une fois la confiance détruite, tout s'écroule. Si Amma parle ainsi, c'est que tu affirmes avoir été toi-même témoin de son mauvais comportement et déclares qu'il t'est impossible de rester avec elle. Il aurait mieux valu que vous parveniez à vous réconcilier d'une manière ou d'une autre. Mais Amma ne veut pas essayer de te contraindre à rester avec ta femme. Réfléchis et décide ensuite, fils. Même si tu romps la relation avec elle, il te faudra bien lui offrir une pension pour vivre. Bien des gens sont venus ici avec un problème similaire, et dans la plupart des cas, la femme était innocente. Les soupçons du mari étaient la seule cause du problème. »

L'ami : « Je lui ai pardonné de nombreuses fois, Amma. Ce n'est plus possible. J'ai même pensé à me suicider. »

Amma : « Il ne faut pas nourrir de telles pensées. Ta vie dépend-t-elle des paroles et des actes d'une autre personne ? La source de tous tes problèmes, c'est que tu n'es pas établi fermement en toi-même. Fils, ne perds pas ton temps à ruminer tout cela. Dès que tu as un moment, lis plutôt des livres spirituels.

---

[29] Notez qu'Amma se réfère ici à un cas particulier ; il ne s'agit pas de généraliser.

Si tu développes un peu de compréhension spirituelle, tu ne souffriras pas. »

L'ami : « Nous avons consulté un astrologue qui a déclaré que je pouvais pratiquer le japa, mais que la méditation était contre-indiquée et me nuirait. »

Amma (en riant) : « Voilà qui est intéressant ! Pas de médita-tion ? Bien sûr, il faut faire attention : quand tu achètes une voiture neuve, tu ne dois pas conduire trop vite au début. Et si tu conduis un moment, tu dois laisser le moteur reposer, sinon il va chauffer. Ainsi, au début, il ne faut pas méditer trop longtemps, sinon le corps souffrira d'une trop grande chaleur. Certaines personnes, dans l'élan initial de leur vairagya, méditent trop longtemps et cela n'est pas bon. Quand tu pratiques le japa, essaie de le faire avec concentration, en visualisant ta Divinité d'élection ou bien en te concentrant sur les lettres du mantra. La méditation ne te fera aucun mal, fils. Une fois que tu vois nettement ta Divinité d'élection, concentre-toi sur elle. Sans concentration, tu ne reti-reras aucun bienfait de ta pratique. »

L'ami : « L'astrologue m'a conseillé de porter des pierres ser-ties dans des bagues pour contrecarrer la mauvaise influence de certaines planètes. »

Amma : « Il est vrai que des pierres spécifiques sont indiquées pour chaque planète, mais rien ne peut nous aider autant que la méditation. Fils, si tu répètes ton mantra, cela te protégera de tous les dangers, comme une armure. »

Les deux hommes se prosternèrent et se levèrent. L'avocat demanda à son ami de l'attendre un moment dehors. Il confia ensuite à Amma en privé : « Il est venu parce que j'ai insisté. Quand je pense à leur petite fille, je prie pour que la famille reste unie. Amma, je t'en prie, trouve un moyen de les faire revenir à eux. »

Amma : « Le cœur de ce fils est rempli de colère contre sa femme. À ce stade, rien de ce que nous pouvons dire n'entrera dans son cœur. Mais Amma va néanmoins faire un sankalpa. »

L'avocat connaissait par expérience la signification de ces paroles : « Amma va faire un sankalpa ». Son visage s'éclaira ; il était soulagé, comme si un grand poids était tombé de son cœur. Amma lança un regard plein de compassion aux deux amis qui s'éloignaient.

Samedi 10 mai 1986

Des épreuves inattendues

Il était deux heures du matin. On charriait du sable pour établir les fondations du bâtiment principal de l'ashram. Certains dévots s'étaient joints aux brahmacharis pour travailler à cette heure avancée de la nuit. Tout le monde voulait profiter de l'occasion pour travailler avec Amma et recevoir ensuite son prasad[30].

Bien des gens avaient essayé d'arrêter Amma lorsqu'elle était venue après les bhajans pour transporter du sable. Elle avait répondu : « Amma peut-elle rester sans rien faire à regarder ses enfants travailler ? Le poids serait deux fois plus lourd pour Amma ! Autrefois, Amma priait toujours que Dieu lui donne l'occasion de servir les dévots. Dieu est le serviteur de ceux qui servent de manière désintéressée ».

« Arrêtons maintenant, les enfants. Vous avez travaillé toute la journée. »

Amma appela Gayatri et demanda : « Ma fille, avons-nous des vadas à distribuer aux enfants ? ».

---

[30] Amma avait l'habitude de distribuer quelques snacks et une boisson chaude comme *prasad* à tous les disciples et dévots lorsqu'ils avaient travaillé tard dans la nuit.

Gayatri regarda les étoiles. Elles parurent lui sourire en retour, lui faire un clin d'œil en disant : « Bonne chance pour trouver des vadas à cette heure de la nuit ! ».

Amma dit : « Va piler des pois cassés. Nous ferons ensuite des vadas en un tour de main ».

Gayatri partit faire la pâte et on alluma un feu. Quand elle revint un peu plus tard, Amma elle-même se mit à faire frire les vadas. Elle les mit ensuite dans un récipient et en donna quelques-uns à un brahmachari en disant : « Va distribuer les vadas, veille à ce que le partage soit égal entre tous ».

Il commença la distribution par ceux qui se trouvaient auprès d'Amma, puis partit trouver ceux qui travaillaient dans une autre partie de l'ashram. Amma donna un autre vada à chacun de ceux qui l'entouraient. Le brahmachari revint bientôt. Une fois qu'il eut pris un vada pour lui-même, il en restait un.

Amma : « Est-ce qu'Amma ne t'a pas demandé de partager également entre tous ? »

Brahmachari : « J'en ai donné un à chacun ; il en reste un. Nous pouvons le partager. »

Amma : « Non, prends-le. Amma en a donné un deuxième aux autres et tu ne l'as pas eu. Amma voulait voir si tu garderais le dernier pour toi au lieu de le rapporter.

Si un sadhak est prêt à donner ce qu'il a de manière désintéressée, cette attitude prouve la bonté de son cœur. Il montre aussi son degré de maturité en réussissant à passer des épreuves inattendues. À l'école aussi, il y a des interrogations-surprises. C'est en arrivant le matin que vous découvrez qu'il y a une interrogation ; elles révèlent l'état réel des connaissances de l'élève. Tout le monde connaît les dates des autres examens et a le temps d'étudier pour s'y préparer. À quoi bon vous prévenir à l'avance qu'Amma va sonder votre nature ? Si elle vous prévient et vous met ensuite à l'épreuve, c'est comme si vous répétiez un rôle pour ensuite le jouer. Non, il faut réussir les interrogations-surprises. Ce sont elles qui révèlent votre degré de vigilance.

Un sadhak agit et parle toujours avec beaucoup de vigilance et de discernement. Il ne prononce pas de parole inutile. Il exécute avec joie tout ordre du guru car il sait que chacune des paroles du maître est pour son bien. Un disciple devrait éprouver de la béatitude en obéissant aux instructions du guru. Vous devez être prêt à faire n'importe quel travail, en sachant que cela vous mènera au but. »

Chacun prit alors mentalement la ferme décision de mettre en pratique les paroles d'Amma.

La brahmacharini Lila (Swamini Atmaprana) posa une question : « Amma, Ravana a-t-il réellement existé ou bien représente-t-il simplement un principe ? ».

Un brahmachari : « Si Ravana n'était pas un personnage réel, s'il n'était qu'un symbole, il faudrait alors déclarer que Rama aussi est un symbole. »

Amma : « Rama et Ravana sont des personnes qui ont réellement existé. Mais la description qui fait de Ravana un être muni de dix têtes dépeint un être humain qui est esclave des dix sens.[31] »

Brahmachari Shakti prasad : « Si les chevreaux et les bébés humains peuvent naître avec deux têtes, pourquoi pas un Ravana à dix têtes ? »

Amma : « Si telle est la volonté de Dieu, rien n'est impossible. Mes enfants, allez dormir maintenant. Il faut vous lever demain matin. »

---

[31] Cela se rapporte aux cinq instruments de perception : les yeux, le nez, les oreilles, la peau et la langue, ainsi qu'aux cinq instruments d'action : les mains, les pieds, la bouche, les organes génitaux et les organes d'excrétion.

Dimanche 18 mai 1986

Il y a foule le dimanche à l'ashram, surtout quand le week-end concorde avec une fête. C'était le cas ce jour-là et la hutte de darshan était pleine à craquer. Il n'y avait pas de courant et sans ventilateur, la chaleur était étouffante à l'intérieur. Mais l'affluence semblait rendre Amma encore plus joyeuse. Elle insista pour que les éventails fussent utilisés pour rafraîchir les dévots, non elle-même ; elle ordonna aux brahmacharis d'apporter des chaises pour les personnes malades ou âgées et de donner à boire à ceux qui avaient soif. Elle s'inquiétait tout particulièrement des personnes qui attendaient dehors, au soleil. La foule était telle qu'il était difficile pour Amma d'entendre tout en détail ou bien de répondre aux souffrances et aux plaintes des dévots. Bien souvent, avant même qu'ils ne commencent à parler de leurs problèmes, Amma, qui pouvait lire leurs pensées, leur indiquait des solutions et les consolait en les assurant qu'ils avaient sa bénédiction.

« Mes enfants, venez vite ! Inutile de vous prosterner ou quoi que ce soit ! » leur disait-elle. C'est que les dévots qui attendaient dehors au soleil ne pouvaient entrer s'asseoir dans la hutte qu'à condition que d'autres sortent et leur cèdent la place après le darshan.

La sympathie pour les pauvres

Une femme confia en pleurant son problème à Amma : « Amma, toutes les poules du voisinage sont malades. Notre poule est en train elle aussi de tomber malade. Amma, est-ce que tu veux bien la sauver ? »

Un brahmachari qui se trouvait près d'Amma ne put s'empêcher d'éprouver du mépris pour cette femme, qui au lieu de partir au plus vite après son darshan dérangeait Amma pour une affaire aussi peu importante, alors que la foule était si nombreuse. Mais l'instant d'après, Amma lui jeta un regard si sévère qu'il en fut déchiré. Amma consola affectueusement la femme et lui donna un peu de cendres pour qu'elle les applique sur la poule. La femme s'en alla tout heureuse.

Quand elle partit, Amma appela le brahmachari. « Fils, tu ne comprends pas sa souffrance. Sais-tu combien il y a de douleur dans le monde ? Si tu en avais la moindre idée, tu ne l'aurais pas considérée avec mépris. Par la grâce de Dieu, tu as tout ce dont tu as besoin. Tu peux vivre sans soucis. Le seul revenu de cette femme provient des œufs de sa poule. Sa famille souffrira la famine si la poule meurt. Quand Amma songe à la vie de cette femme, elle ne considère pas sa souffrance comme une vétille. Cette femme dépense une partie de son maigre argent, venant de la vente des œufs, pour venir ici. Comme Amma est au courant de ses difficultés, elle lui donne de temps en temps de l'argent pour le bus. Vois comme elle s'abandonne à Dieu, alors même qu'elle est dans la misère ! Amma a les larmes aux yeux rien qu'en y songeant. Celui qui mange à satiété ignore les affres de la faim. Seul un affamé connaît cette souffrance.

Écoute toujours avec une grande attention ce que chacun te dit. Ne compare pas. Nous devons nous mettre au niveau de chaque personne. C'est seulement ainsi que nous pourrons comprendre leurs soucis, répondre de manière appropriée et les consoler. »

Un jeune homme regardait Amma intensément depuis qu'elle était entrée dans la hutte. C'était un professeur d'université, habitant Nagpur, arrivé quelques jours auparavant. Le jour de sa venue, il avait déclaré qu'il lui fallait repartir aussitôt après avoir rencontré Amma, car il devait rentrer chez lui de toute urgence. Mais cela faisait plusieurs jours et il était toujours là. Amma déclara alors à la ronde : « Ce fils est là depuis quelques jours. Amma lui a dit plusieurs fois de rentrer chez lui et de revenir ensuite, mais il ne veut rien entendre. Il n'est pas encore parti ».

Ne connaissant pas le malayalam, le jeune homme ignorait ce que disait Amma. Mais comme tous étaient tournés vers lui et regardaient dans sa direction, il savait qu'elle parlait de lui. Un de ses voisins lui traduisit les paroles d'Amma. Le jeune homme répondit : « Je ne pars pas, alors pourquoi parler de revenir ? ».

Amma (en riant) : « Amma connaît la manière de te faire partir en courant ! »

Cette remarque fit rire tout le monde.

Amma mendie pour ses enfants

Ô Annapurna, toujours pleine
Des éléments qui prolongent la vie,
Ô Bien-aimée de Shankara,
Accorde-moi en aumône la sagesse et le renoncement !

—Sri Shankaracharya

La cloche du déjeuner avait sonné depuis un bon moment, mais beaucoup de dévots n'avaient pas encore mangé, incapables de s'arracher à la contemplation d'Amma. Il se faisait tard et un résident vint dire à Amma que ceux qui servaient le déjeuner attendaient. Sur les instances d'Amma, quelques personnes partirent se restaurer, mais il était impossible de faire lever certains avant qu'Amma ne quitte la hutte. Ils ne se souciaient pas de la nourriture. Leur bonheur était de ne pas perdre un instant de la présence d'Amma. Les résidents de l'ashram en subissaient les conséquences, car ils devaient attendre parfois jusqu'à quinze ou seize heures pour leur servir le déjeuner.

Il était plus de quinze heures quand Amma se leva. Les dévots se pressèrent autour d'elle, se prosternèrent, lui bloquant ainsi par inadvertance le passage. Amma les releva, distribuant de petites tapes affectueuses et des caresses, tout en se dirigeant vers la cuisine.

Là, Amma découvrit que les résidents qui servaient le déjeuner se trouvaient devant un problème. Comme cela se produisait souvent les jours de Bhava darshan, on avait préparé plus de nourriture qu'il ne semblait nécessaire, et pourtant tout avait bien vite disparu. On avait fait cuire plus de riz, mais cela aussi avait été avalé en un clin d'œil. Tout l'après-midi, les gens avaient continué à affluer à l'ashram. Une troisième fois, on avait préparé une tournée de riz ; il n'en restait presque plus et il y avait encore de nombreuses bouches à nourrir. Du riz cuisait sur le feu, mais il n'y avait pas de légumes pour l'accompagner. Les résidents qui travaillaient à la cuisine se demandaient quoi faire au moment où Amma entra. Sans se laisser déconcerter par la situation, elle ouvrit des pots contenant du tamarin, des graines de moutarde et des feuilles de curry. En quelques minutes, on prépara du rasam (du tamarin bouilli avec de l'eau, du sel, des piments, des oignons etc.). Une dévote avait apporté le matin un pot de yaourt. On coupa des oignons, des tomates et des piments verts, que l'on ajouta au yaourt. Bientôt, tout fut prêt et le riz aussi. Amma servit elle-même le déjeuner à ses enfants. Les dévots mangèrent le prasad offert par les mains sacrées d'Amma avec plus de délices et de bonheur que s'il s'était agi d'un somptueux festin.

Un dernier lot de fidèles arriva encore pour le déjeuner et Amma les servit eux aussi. Après s'être assurés que tous les dévots avaient mangé, les résidents de l'ashram s'assirent pour déjeuner. Il ne restait que du riz et du rasam. Trois brahmacharis servaient les autres et quand ils eurent terminé, il ne restait plus de riz. Amma ne put supporter que trois de ses enfants n'aient rien à manger alors qu'ils avaient travaillé sans interruption pendant des heures.

Il ne restait rien à la cuisine, excepté du riz, mais il aurait fallu du temps pour le faire cuire.

Voyant qu'Amma était préoccupée à leur sujet, les trois brahmacharis déclarèrent fermement qu'ils n'avaient pas faim et ne voulaient rien. Mais Amma n'était pas d'accord. « Les enfants, attendez dix minutes, Amma revient tout de suite ! », dit-elle en sortant avec un récipient. Était-elle allée chez Sugunachan ? Ou bien peut-être était-elle partie dans sa chambre, pour voir s'il restait de la nourriture offerte par les dévots ? En attendant, les brahmacharis lavèrent la vaisselle et nettoyèrent la cuisine.

Amma revint bientôt, le visage rayonnant d'un sourire aussi radieux que la pleine lune. Elle avait donc trouvé à manger pour ses enfants. Les brahmacharis ne purent réprimer leur curiosité. En regardant dans le récipient, ils virent qu'il était rempli de différentes sortes de riz cuisiné.

Les yeux des brahmacharis se remplirent de larmes. « Amma ! » s'écria l'un d'eux. Amma était allée dans les huttes du voisinage, mendier de la nourriture pour ses enfants. Elle était de retour avec la bhiksha. Telle était la cause de la joie qui rayonnait sur son visage.

Tous les voisins étaient de pauvres pêcheurs qui avaient à peine de quoi manger. Amma le savait et n'avait donc pris qu'une poignée de riz dans chaque hutte.

Les brahmacharis jetèrent un regard à une image qui ornait le mur. Elle représentait le dieu Shiva mendiant de la nourriture à Dévi Annapurneshwari[32], assise sur un trône.

Aujourd'hui Dévi elle-même avait frappé à la porte des pêcheurs pour obtenir une bhiksha pour ses enfants. Amma s'assit par terre, adossée à la porte, et les brahmacharis l'entourèrent. Amma fit des boulettes avec le riz et un peu de sambar, contenus dans le récipient. Elle nourrit ses enfants de ses propres mains.

---

[32] La déesse de l'abondance, une des formes de Durga.

« Encore une boulette ! » dit Amma.

« Non, Amma, il n'y aura plus rien pour toi. »

« Mes enfants, quand vous aurez assez mangé, Amma n'aura plus faim ! »

Elle donna une boulette supplémentaire à l'un d'eux. Il restait à peine deux poignées de riz et un morceau de pomme de terre du sambar. Ce fut tout le repas d'Amma, qui se leva, pleinement rassasiée.

Jeudi 25 mai 1986

Ramakrishna était au lit avec de la fièvre. Amma était assise à côté de lui. Un brahmachari entra dans la hutte, apportant une décoction de feuilles de basilic, de poivre noir et de gingembre. Une vieille photo était accrochée au mur, une photo d'Amma portant un sari de couleur. Amma déclara en la voyant : « À l'époque, Damayanti devait forcer Amma à porter un sari. Un jour qu'Amma devait aller quelque part, elle reçut une belle rouée de coups parce qu'elle ne portait pas de sari. Elle en mit donc un, mais dès qu'elle fut sur le bateau, elle le retira et le tint à la main, tout roulé. » Amma rit en évoquant ce souvenir.

La première nourriture solide

Une femme avait amené son bébé au darshan. Pendant des années elle avait désiré un enfant, sans pouvoir concevoir. Enfin, après avoir rencontré Amma et grâce à son sankalpa, elle avait donné naissance à un garçon. Aujourd'hui, elle était venue avec sa famille pour l'anna prasana (la première nourriture solide) du bébé. Ils étaient très pressés d'accomplir la cérémonie afin de pouvoir rentrer chez eux.

La femme dit : « Ammachi, s'il te plaît, prends tout de suite mon bébé pour le nourrir. Nous ne pouvons pas passer la nuit ici, car il ne dort pas sans berceau. Et je n'ai pas apporté de lait pour lui. Si nous partons maintenant, nous serons à la maison avant la nuit. »

Amma : « Ma fille, ne parle pas ainsi ! Tu as obtenu cet enfant grâce à la bénédiction de Dieu. Tu es venue dans un lieu sacré. C'est seulement quand ils viennent dans un tel lieu que les gens sont tout à coup pressés ! Dès qu'ils arrivent au temple ou à la gurukula, ils veulent rentrer au plus vite ! Si tu emmènes un enfant malade à l'hôpital, diras-tu au docteur : « Je suis pressée ! S'il vous plaît, laissez-moi repartir bientôt » ? Ou bien « Docteur, je n'ai ni le berceau du bébé, ni son lait, et il a sommeil, il faut donc que vous l'examiniez tout de suite » ? Quand nous allons au temple ou dans un ashram, nous devrions avoir une attitude d'abandon à Dieu. Ma fille, en accomplissant de bonnes actions, en allant au temple et dans les ashrams, en pensant à Dieu, nous allégeons notre prarabdha. Est-ce que tu n'en as pas conscience ?

Si tu te précipites hors d'ici et que le bus tombe en panne, à qui te plaindras-tu ? Amma est triste de t'entendre parler de cette manière alors que tu viens ici depuis des années. Tu ne devrais jamais parler ainsi, ma fille. Abandonne tout à la volonté de Dieu. Pourquoi n'as-tu pas plutôt pensé : « Amma nourrira le bébé quand elle voudra » ? C'est cela, l'abandon de soi. Si tu rentres maintenant, tu auras beaucoup d'ennuis en route, c'est pourquoi Amma ne va pas te laisser partir tout de suite. »

C'était la première fois que cette dévote entendait Amma lui parler d'une manière aussi sérieuse. Elle pâlit. Voyant cela Amma lui fit signe d'approcher et lui dit : « Si Amma t'a dit cela, c'est qu'elle se sent libre de te parler ainsi. Ne sois pas triste ! ».

Le visage de la dévote s'éclaira en entendant ces paroles.

Bien qu'elle eût tout d'abord objecté, Amma accomplit la cérémonie sans tarder et les renvoya chez eux à temps pour qu'ils soient rentrés avant la tombée de la nuit.

Vendredi 30 mai 1986

Il était près de midi. Amma parlait aux dévots dans la hutte consacrée au darshan. Un brahmachari était venu d'un autre ashram, situé à Kidangour. Elle lui dit : « Fils, acheter un médicament pour une plaie que nous avons à la main ou bien aller l'acheter pour soulager la souffrance d'une autre personne ne revient pas du tout au même. Dans le second cas, cela montre que notre cœur est plein d'amour. Voilà ce qu'il faut à un sadhak ; c'est le but de toutes ses pratiques spirituelles. Le but de notre sadhana ne devrait pas être d'obtenir notre propre libération, mais de développer suffisamment d'amour, de compassion et de sollicitude pour assumer le fardeau de la souffrance du monde. À quoi sert-il de rester assis quelque part les yeux fermés sans rien faire ? Notre cœur doit s'ouvrir au point de ressentir la souffrance des autres comme la nôtre ; nous travaillerons alors à l'éliminer. »

Un remède pour Amma

Depuis le matin, Amma souffrait d'une grosse toux. Un brahmachari partit appeler Dr. Lila. La semaine précédente, un dévot bien malade était venu à l'ashram ; sa toux sèche et persistante résonnait dans tout l'ashram. Lorsqu'il était allé dans le kalari pour se prosterner devant Amma, il toussait. Mais quand il était sorti du petit temple après le darshan, sa toux avait disparu. Au moment où il avait bu l'eau sacrée qu'Amma lui donnait, il avait été guéri. Il était resté une semaine à l'ashram et était reparti ce matin, tout heureux.

Un jour, Amma était tombée malade à Tiruvannamalai. Nealu avait décidé qu'elle devait consulter un médecin sans délai. Bien qu'il y eût quelques médecins dévots d'Amma à Tiruvannamalai, il l'emmena chez un autre. Sans attendre l'autorisation de personne, Amma, en toute innocence, était entrée tout droit dans le cabinet du médecin qui, furieux, lui avait ordonné de sortir. Amma évoquait ce souvenir en riant, disant : « Il n'y a aucune raison de le blâmer, il était en train d'examiner un patient quand Amma a soudain fait irruption ! Il a dû perdre sa concentration ! » Au moment où elle sortait, le docteur et l'infirmière l'avaient rappelée. Ils ignoraient complètement qui elle était et pourquoi elle était venue. Amma déclara ensuite : « Amma n'ira plus jamais consulter un médecin ; si elle a besoin d'un docteur, il faudra qu'un de ses enfants médecins vienne à l'ashram ».

Les paroles d'Amma s'avérèrent vraies. Le premier médecin à venir vivre à l'ashram de manière permanente fut la brahmacharini Lila. Quand elle rencontra Amma, elle travaillait dans un hôpital géré par le Ramakrishna Math à Thiruvananthapuram. Lila reconnut en Amma le but ultime de sa vie. Peu après, elle abandonna son travail et vint vivre à l'ashram. Elle était donc maintenant chargée de soigner Amma. Comme Lila savait que les médicaments seuls ne pouvaient pas soigner les maladies d'Amma, elle n'était jamais troublée quand Amma était malade, même quand elle paraissait très faible. Elle voyait dans ces maladies la lila (le jeu) de l'épouse bien-aimée de Shiva, laquelle apporta un jour la mort au dieu de la mort lui-même. En d'autres termes, elle considérait les maux d'Amma comme un simple jeu de la Mère divine.

« Dois-je aller te chercher quelques pilules, Amma ? » demanda Lila. Elle posa la main sur le front d'Amma et dit : « Tu n'as pas de fièvre ; ce n'est rien de grave. Tu seras guérie dans un petit moment ».

Amma rit et répondit : « Même si Amma meurt, ma fille Lila examinera le corps en disant : « Il n'y a rien de grave. Tu seras remise dans un petit moment ! ». Tout le monde rit en entendant cette remarque.

Samedi 31 mai 1986

La sadhana doit venir du cœur

Un brahmachari vint trouver Amma pour lui demander des conseils pratiques au sujet de sa sadhana. Amma lui indiqua comment méditer : « Fils, concentre-toi sur le point situé entre les sourcils. Visualise ta divinité d'élection à cet endroit, comme si tu regardais ton image dans le miroir. » Elle mit le doigt entre ses sourcils et ajouta : « Imagine qu'il y a là un sanctuaire et visualise ta divinité d'élection à l'intérieur. Ceux qui méditent en suivant un emploi du temps, comme s'il s'agissait d'une tâche imposée, ne verront jamais Dieu. Il faut pleurer pour Dieu nuit et jour, oubliant même de manger et de dormir. Seuls ceux qui l'ont fait ont réalisé Dieu. Tel est le degré de détachement requis. Si quelqu'un te passait du piment sur le corps, tu chercherais par tous les moyens à apaiser la brûlure ! C'est avec la même ardeur que tu devrais désirer la vision de Dieu, pleurant pour l'obtenir, sans perdre un seul instant. C'est alors seulement que toutes les autres pensées s'évanouiront, comme dans le sommeil profond, et que tu accéderas au plan de l'expérience du Divin.

Quand les pêcheurs mettent un bateau à la mer, ils ferment les yeux et avec des cris rythmés, ils rament de toutes leurs forces pour passer la barre des vagues. Tant qu'ils n'ont pas passé ce cap, ils rament sans arrêter une seconde, en faisant beaucoup de bruit. Ensuite, ils peuvent poser la rame et se reposer. Il s'agit bien du même océan, mais une partie est agitée par les vagues tandis que l'autre est paisible. Au début, nous ne devrions pas connaître un instant de repos. Il faut être vigilant. C'est à cette condition que nous passerons le cap et atteindrons la paix.

Totapuri était établi dans l'advaïta[33]. Il resta pourtant assis au milieu d'un cercle de feu, à pratiquer des austérités. Ramakrishna Deva parvint à la réalisation en gardant le souvenir constant de Dieu. Pour réaliser Dieu, il ne faut penser qu'à Lui. Un vrai sadhak ne pratique pas la méditation et le japa uniquement selon un emploi du temps. Son amour pour Dieu est au-delà de toutes les lois. Au début, un sadhak doit se plier à certaines règles, sans toutefois considérer les pratiques spirituelles comme un simple devoir. Il faut pleurer et prier pour obtenir la vision de Dieu. Il ne s'agit pas d'une faiblesse. Nous devrions pleurer pour Dieu, et pour Dieu seul. N'est-ce pas ce que firent Sri Ramakrishna et Mira ? »

La même vérité sous des noms différents

Un brahmachari : « Est-ce une erreur si quelqu'un médite sur Krishna et récite un mantra consacré à Dévi ou bien les mille noms de Dévi ? »

Amma : « Ce n'est pas un problème. Quel que soit le mantra ou le nom que tu répètes, tes pensées doivent se tourner vers ta divinité d'élection. »

Une brahmacharini : « Comment est-ce possible ? N'y a-t-il pas des bijaksharas (lettres racines) spécifiques pour chaque divinité ? Comment est-il alors possible d'en choisir un autre ? »

Amma : « Quel que soit le nom que tu Lui donnes, la Puissance divine est la même. Que tu appelles la noix de coco « tenga » ou « noix de coco », sa nature ne change pas. De même, selon leur

[33] Totapuri était un grand ascète qui suivait la voie de *jnana* (la sagesse suprême). C'est lui qui initia Sri Ramakrishna à l'état de *sannyas*.

samskara, les gens chérissent dans leur cœur des représentations variées de Dieu. Ils Le connaissent sous des noms différents, mais la Conscience omniprésente est au-delà de tous les noms. Ce n'est pas une personne qui ne répondrait qu'à l'appel d'un certain nom. Il demeure dans notre cœur et Il le connaît. Le nombre des noms de Dieu est infini. Chaque nom est Sien.

Quand tu accomplis une puja, tu dois la dédier à la divinité qui préside au rituel, avec les mantras appropriés. Mais si ton but est d'atteindre le Soi, peu importe si la forme sur laquelle tu médites est différente de la divinité de ton mantra, car nous considérons tout cela comme des formes variées du même Soi. Comprenons que tout est contenu en Cela et que ce Principe unique existe en chacun de nous. C'est la même Conscience qui est présente en chaque objet, en toute forme, y compris en nous-mêmes. Il vaut certes mieux, au départ, fixer le mental sur une forme particulière, mais à mesure que tu avances sur le chemin, tu devrais être capable de percevoir le Principe suprême et unique à travers tous les noms et toutes les formes. Le but du mantra japa est de nous conduire au silence ultime du Soi, d'où jaillissent tous les sons et toutes les formes. Si nous le pratiquons avec la compréhension correcte de ce principe, le mantra japa finira par nous mener à la Source et nous verrons alors que la forme sur laquelle nous méditions, comme toutes les autres formes, existe à l'intérieur de nous en tant que manifestation du Soi unique.

Lorsque Krishna vivait avec les gopis de Vrindavan, elles désiraient Le voir à chaque instant, et ne jamais être privées de Sa compagnie. Elles L'adoraient au point qu'elles L'appelaient leur hridayesha, le Seigneur de leur cœur. Puis, un jour, Krishna partit pour Mathura et ne revint jamais. Certains taquinèrent alors les gopis en leur disant : « Où est donc maintenant votre hridayesha ? Krishna mérite semble-t-il le nom de hridayasunya (sans-cœur) plutôt que celui de hridayesha ! » Les gopis répondirent : « Non, Il est toujours notre hridayesha ; auparavant, nous ne percevions Krishna que sous Sa forme physique et n'entendions Sa voix qu'avec nos oreilles. Mais nous Le voyons maintenant dans toutes les formes : nos yeux mêmes sont devenus Krishna. Maintenant, nous L'entendons dans chaque son : nos oreilles mêmes sont devenues Krishna. En vérité, nous-mêmes, nous sommes devenues Krishna ! »

Ainsi, bien qu'au départ nous voyions Dieu sous l'aspect d'une divinité particulière et L'appelions par un certain nom, quand notre dévotion mûrit et s'épanouit, nous voyons Dieu dans tous les noms, sous toutes les formes et en nous-mêmes. »

Les bhajans du soir étaient terminés. On servait des dosas (une sorte de crêpes) pour le dîner. Comme l'affluence des dévots était plus forte que prévu, la cuisson des dosas dura jusqu'à dix heures trente. Dès qu'une galette était cuite, elle était servie aussitôt. Amma se rendit à la cuisine et envoya un brahmachari chercher une autre plaque à dosas dans la maison de ses parents. Quand elle arriva, Amma la posa sur un réchaud et se mit aussitôt à faire des galettes. Ne dit-on pas que Dieu apparaît sous forme de pain devant ceux qui ont faim, la faim fût-elle physique ou spirituelle ?

Accomplir chaque action comme une forme d'adoration

Après le dîner, Amma se joignit aux brahmacharis pour porter des graviers, utilisés pour fabriquer du béton. Ils faisaient la chaîne et se passaient le gravier dans de grandes écuelles en métal, rondes et peu profondes. Ceux qui, avant de venir à l'ashram, refusaient même de laver leurs vêtements, participaient maintenant à ce dur travail en compagnie d'Amma. Ils s'apprêtaient à prendre quelques leçons pratiques en matière de spiritualité.

Au milieu du travail, Amma s'arrêta et dit : « Mes enfants, cela aussi est une sadhana. Même quand vous travaillez, vos pensées doivent être fixées sur Dieu. Toute tâche que vous exécutez en fixant le mental sur Dieu est du karma yoga. Quand vous vous passez le gravier, imaginez que vous le donnez à votre Divinité d'élection. Et quand vous le recevez de votre voisin, imaginez que c'est votre Divinité qui vous le tend. »

Amma chanta un kirtan. Tous se joignirent à elle, sans interrompre le travail.

Tirukathakal patam

Ô Déesse Durga,
Ô Kali,
Délivre-moi de ma triste destinée.
Chaque jour je T'implore, désirant la vision de Ta forme.

Je T'en prie, accorde-moi une faveur
Permets-moi de chanter la gloire de tes hauts faits sacrés,
Et tandis que je Te loue,
Je T'en prie, viens dans mon cœur.

Ô Essence des Védas,
J'ignore les méthodes de méditation
Et ma musique n'est guère mélodieuse,
Prends pitié de moi,
Et plonge-moi dans la béatitude.

Tu es Gayatri,
Tu es la renommée et la libération,
Kartyayani, Haimavati et Dakshayani.
Tu es l'âme de la réalisation
Et mon unique refuge.

Ô Dévi,
Accorde-moi la faculté de parler des principes essentiels ;
Je comprends que sans Toi,
Incarnation de l'univers,
Shiva, le principe causal,
N'existerait pas.

Il était bien plus de minuit. Au-dessus de l'étendue des cocotiers, la lune, avec des fils de lumière argentée, tissait un voile délicat et scintillant. Pendant ces heures silencieuses de la nuit, une mère et ses enfants travaillaient à ériger une demeure de paix, qui servirait demain de refuge à des milliers de personnes. La scène évoquait les paroles de sagesse de la Bhagavad Gita : « Lorsqu'il fait nuit pour tous les êtres, ceux qui ont la maîtrise d'eux-mêmes restent éveillés ». Voilà ce qui se déroulait en ce lieu et à cette heure : pendant que le monde entier était plongé dans le sommeil, la Mère de l'univers, sans un instant de repos, œuvrait à bâtir un monde de lumière éternelle. Les moments passés auprès de ce grand Architecte d'une ère nouvelle étaient des perles précieuses que ses enfants gardaient avec amour dans le trésor de leur cœur. Ils enrichissaient leur vie de manière incommensurable. Plus tard, ils se les rappelleraient.

Lundi 9 juin 1986

Les rites traditionnels pour l'initiation d'Anish à brahmacharya avaient commencé le matin. Un prêtre était venu d'Alleppey pour accomplir le homa et les autres rites nécessaires à l'initiation. Le feu sacré étincelait dans le kalari et les mantras védiques résonnaient, tandis que la présence divine d'Amma remplissait chacun de béatitude.

Amma se comportait comme une enfant. Chacune de ses paroles et de ses actions répandait la joie. Amusée à la vue d'Anish qui, pour se préparer à recevoir la robe jaune, s'était rasé la tête à l'exception de la mèche de cheveux traditionnelle à l'arrière, elle prit une fleur d'hibiscus et l'attacha à sa mèche ! Les spectateurs ne purent contenir leur rire.

Puis, en un instant, son humeur changea et son visage prit une expression sérieuse. L'atmosphère devint tout à coup très tranquille. Seul le son des mantras védiques et le craquement du feu rituel, alimenté par du bois de jacquier, rompaient le silence. Le visage de tous les assistants indiquait qu'ils étaient transportés dans un autre monde.

Amma donna à son fils un nouveau nom, Brahmachari Satyatma Chaitanya.[34]

Après avoir été initié, Satyatma se prosterna devant elle et sortit recevoir la bhiksha, conformément à la tradition.[35]

Une famille de dévots musulmans était arrivée pour le darshan. C'était un jour férié pour les musulmans et ils étaient venus le passer auprès d'Amma. Après la cérémonie d'initiation, Amma alla dans la hutte avec la famille. Elle leur parla longuement avant de remonter dans sa chambre.

Plus tard dans l'après-midi, Amma était assise sur le toit en terrasse de sa chambre, avec quelques brahmacharis. Depuis des jours, ils s'efforçaient d'obtenir la permission de prendre une photographie de groupe avec elle, photo que l'on pourrait inclure dans sa biographie. Elle avait refusé plusieurs fois. Un brahmachari demanda encore une fois: « Amma, nous avons entendu parler de nombreux mahatmas, mais il n'existe pas de photo de la plupart d'entre eux. Comme nous regrettons de ne pas connaître leur

---

[34] Brahmachari Satyatma Chaitanya a reçu depuis lors l'initiation à *sannyas* et il porte aujourd'hui le nom de Swami Amritagitananda.

[35] Les *brahmacharis* et les *sannyasis*, selon la tradition, ne sont censés manger que ce qu'ils reçoivent en aumône. De nos jours, ils sortent mendier une *bhiksha* le jour de leur initiation.

apparence ! Si nous ne pouvons prendre ta photo, nous décevrons les générations à venir. Amma, ne serait-ce que pour cette raison, tu devrais nous y autoriser. »

Amma : « Si Amma accepte, vous n'aurez plus que cela en tête et cela nuira à votre sadhana. En outre, je ne peux pas m'habiller comme vous l'aimeriez ; ce n'est pas ma façon d'être. Je ne peux pas poser pour une photo. »

Le ton sérieux de son refus réduisit les brahmacharis au silence et les attrista. Mais combien de temps Amma pouvait-elle supporter de voir ses enfants tristes ? Elle finit par dire : « Appelez tout le monde ».

Les visages s'éclairèrent et ils descendirent tous en courant. Tous les résidents de l'ashram se rassemblèrent sur le toit en terrasse pour la photo, sans oublier le vénérable Ottoor Unni Namboodiripad, le plus âgé des enfants brahmacharis d'Amma. Une fois la photo prise, Amma demanda à Ottoor de donner un satsang. Alors, les lilas de Krishna s'écoulèrent en un flot ininterrompu de la bouche de ce tendre dévot, dont l'être intérieur était depuis longtemps abandonné à l'enfant d'Ambadi (le village où Krishna passa Son enfance).

Captivée, Amma écoutait comme les autres le récit plein de fraîcheur des facéties de Krishna, le petit voleur de beurre. Son discours terminé, Ottoor dit avec force : « Maintenant, nous voulons entendre le satsang d'Amma ! ».

Amma : « Amma ne sait pas discourir. Quand les gens lui posent des questions, elle répond par quelque folie qui lui vient à l'esprit, c'est tout. »

Ottoor : « C'est peut-être de la folie, mais c'est ce que nous voulons entendre. Amma, notre dévotion n'a pas la force que tu décris. Que devons-nous faire ? »

Amma regarda Ottoor et sourit. Il mit la tête dans son giron. Elle l'étreignit avec beaucoup d'affection et l'appela : « Unni Kanna (bébé Krishna) ! ».

Il ne suffit pas de faire une sadhana pour soi-même

Amma regarda un brahmachari assis derrière elle. Le brahmachari baissa la tête, évitant son regard. Lisant dans ses pensées, Amma déclara : « Mes enfants, savez-vous ce qu'Amma attend de vous ? Vous devez ressembler au soleil, non à un ver luisant. Le ver luisant ne brille que pour lui-même. Ne soyez pas ainsi. Le désintéressement est tout ce que vous devriez souhaiter. Soyez ceux qui tendent la main aux autres pour les aider, même au moment de mourir ».

Cette déclaration alla droit au cœur du brahmachari assis juste derrière elle. Il y avait eu bhava darshan la veille, et les dévots étaient venus en grand nombre. Le brahmachari chargé de servir le déjeuner avait eu désespérément besoin d'aide et s'était adressé à lui, son compagnon de hutte, lui demandant s'il accepterait de donner un coup de main. Mais il avait continué à méditer, sans lever le petit doigt pour l'aider. Amma l'avait appris et le brahmachari l'avait évitée toute la matinée.

Amma ajouta : « Mes enfants, nous devrions nous assurer que chacune de nos actions aide les autres et contribue à leur bonheur. Si cela est impossible, prenons soin au moins qu'elles ne causent jamais ni douleur ni gêne. Lorsque nous prions Dieu pour qu'aucune de nos pensées, de nos paroles ou de nos actions ne nuise à quiconque, mais pour qu'elles soient toujours bienfaisantes, notre prière est une vraie prière. Soyons prêts à prier pour la croissance spirituelle d'autrui plutôt que pour la nôtre. Mes enfants, c'est là le plus grand progrès que nous puissions faire : développer cet amour désintéressé. La véritable adoration consiste à percevoir la souffrance et le bonheur d'autrui comme les nôtres. Les vrais dévots voient en autrui leur être même. Ils vivent dans un monde de paix et de contentement ». Amma se tut. Son regard était dirigé au loin, ailleurs.

L'heure des bhajans arriva bientôt. Amma emmena tout le monde au kalari. Elle s'assit ; un brahmachari posa devant elle une tambura, et elle se mit à jouer, donnant le ton du premier chant. Elle chanta un kirtan que Krishnan Nair, un de ses dévots mariés, avait composé pour elle et lui avait dédié. Tout le monde chanta avec elle, oubliant tout en sa présence.

Katinnu katayi mannassin manasse

Ô Mère, Toi qui resplendis, Oreille de l'oreille
Mental du mental,
Œil de l'œil,
Tu es la Vie de la vie
La Vie de tout ce qui vit.

Ce que l'océan est à la vague,
Tu l'es à l'âme,
Tu es l'Âme des âmes,
Tu es le Nectar du nectar de la sagesse.
Ô Mère, Tu es la perle du Soi immortel,
L'Essence de la béatitude.
Tu es la grande maya
Tu es l'Absolu.

Les yeux ne peuvent Te voir,
Ni le mental Te saisir.
En Ta présence, les paroles s'évanouissent, Ô Mère,
Ceux qui déclarent T'avoir vue, ne T'ont pas vue,
Car Toi, grande Déesse, Tu es au-delà de l'intellect.

Le soleil, la lune et les étoiles ne brillent pas par eux-mêmes,
C'est Ta lumière qui les illumine.

Seuls les êtres courageux peuvent,
employant leur discernement,
Emprunter le chemin qui mène à la demeure
de la Paix éternelle,
De la Vérité suprême.

Après les bhajans, tout le monde médita un moment avant le dîner. Le doux son de la tambura vibrant sous les doigts d'Amma et sa voix résonnaient encore dans leur mental :

Seuls les êtres courageux peuvent,
employant leur discernement,
Emprunter le chemin qui mène à la demeure
de la Paix éternelle,
De la Vérité suprême.

Mercredi 11 juin 1986

Ceux qui prennent totalement refuge en elle sont toujours protégés

Il était juste deux heures du matin. Un brahmachari rentrait de la plage où il venait de méditer. Lorsqu'il arriva sous l'auvent du kalari, vide, il éteignit la lumière et posa son asana et son châle. Puis il réveilla un autre brahmachari qui dormait là et avait demandé à être réveillé à deux heures pour méditer. Il était également chargé de sonner la cloche à quatre heures du matin, réveillant ainsi tout le monde pour l'archana. En allant vers sa hutte pour aller se coucher, le brahmachari vit un homme et une femme assis devant l'école de Védanta.

« Nous sommes venus voir Amma », dirent-ils humblement en se levant.

Brahmachari « Amma est rentrée dans sa chambre à minuit. Elle montait l'escalier au moment où je suis parti à la plage pour méditer. »

Les visiteurs : « Nous avons dû arriver juste après minuit. »

Ils perçurent soudain le bruit de pas qui se rapprochaient. C'était Amma, souriante, qui venait vers eux.

Amma : « Mes enfants, quand êtes-vous arrivés ? »

Le dévot : « Juste après que Tu sois montée dans Ta chambre, Amma. Nous nous sommes assis là, déçus à l'idée que nous ne pourrions pas te voir cette nuit. »

Amma : « Amma venait juste de fermer les yeux quand votre image a surgi tout à coup, juste devant elle. Fils, est-ce que ta fille va bien ? »

Le dévot : « L'opération est prévue pour après-demain. Les médecins disent que son cas est compliqué. Ta bénédiction est notre seul espoir, Amma. C'est pour cela que nous sommes venus. »

Amma : « Pourquoi êtes-vous arrivés si tard, mes enfants ? Êtes-vous tombés en panne ? »

Le dévot : « Oui, Amma. Nous sommes partis à midi, mais nous avons eu des ennuis de voiture. La réparation a exigé plusieurs heures. C'est pourquoi nous sommes arrivés aussi tard. Sinon, nous aurions été ici à huit heures. »

Amma : « Ne t'inquiète pas, fils. Viens, asseyons-nous. »

Amma les prit par la main et les emmena devant le kalari, où ils s'assirent. Elle leur parla longuement, puis alla chercher un peu de cendres (bhasma) dans le temple et les leur donna comme prasad. « Dites à ma fille de ne pas s'inquiéter, Amma est avec elle. »

Quatre heures sonnaient quand ils se prosternèrent devant Amma. Elle demanda à un brahmachari de prendre la barque et de leur faire franchir la lagune, puis elle rentra dans sa chambre. Au moment de quitter l'ashram, les visiteurs se retournèrent pour y jeter un dernier regard. Au même instant, Amma, qui grimpait l'escalier menant à sa chambre, leur rendit ce regard et leur sourit ; ce sourire, on ne pouvait s'y méprendre, les assurait de sa protection.

Une douce brise rafraîchissait agréablement l'atmosphère. Les visiteurs montèrent dans la barque, quittant l'ashram en savourant la fraîcheur extérieure de l'aube et celle, intérieure et apaisante, de la grâce d'Amma. L'étoile du matin resplendissait avec éclat, et son pâle reflet luisait à la surface de la lagune.

Vendredi 13 juin 1986

Amma était assise sur les marches, devant le bureau, entourée de quelques personnes. Un brahmachari s'efforçait de lui expliquer qu'il était nécessaire de renvoyer les personnes responsables d'un des ashrams et d'en remettre la direction à une nouvelle équipe. Amma écouta tout ce qu'il avait à dire, avant de conclure : « Le but d'Amma est de transformer le fer et la rouille en or. À quoi bon faire de l'or avec de l'or ! ».

Une leçon de shraddha

Amma remarqua un brahmachari plongé dans ses pensées, lissant sa moustache.

Amma : « Arrête. De telles habitudes ne sont pas bonnes pour un brahmachari. Quand tu es assis, ne bouge pas ton corps ou tes membres inutilement. Taper du pied, agiter les mains ou se lisser la moustache, ces habitudes ne conviennent pas à un sadhak. Tu dois faire un effort pour rester tranquille. »

Une brahmacharini vint trouver Amma pour lui dire que beaucoup d'assiettes et de gobelets de l'ashram avaient disparu.

Amma dit : « Apportez tous les gobelets et toutes les assiettes. N'en laissez pas un seul de côté. Apportez tout ».

Chacun des résidents de l'ashram avait reçu une assiette et un gobelet marqués à son nom, qu'il gardait dans sa hutte. Amma déclara : « Mes enfants, il faut que vous fassiez plus attention à ces objets. Beaucoup ont été perdus parce que les gens les laissaient n'importe où. Alors chacun a reçu une assiette et un gobelet à son nom. Maintenant, ceux-là aussi ont disparu. Quand quelqu'un perd son assiette, il prend celle du voisin, sans songer un instant que lui aussi en a besoin. Comment fera-t-il, sans assiette ? Pour finir, c'est Amma qui doit trancher la dispute. Ces enfants sont pires que des petits bébés ! », conclut Amma en riant.

Les brahmacharis arrivèrent avec leurs assiettes et leurs gobelets, et Amma prit une mine sérieuse.

Amma : « À partir de maintenant, personne ne doit utiliser l'assiette de quelqu'un d'autre. Si vous avez perdu votre assiette, vous devez le confesser. Ne mentez jamais dans votre propre intérêt, même si cela doit vous coûter la vie. Si, par négligence, vous perdez de nouveau votre assiette et d'autres choses, Amma jeûnera. Ne l'oubliez pas, mes enfants ! »

En quelques minutes, toute la vaisselle fut déposée devant Amma, qui compta. Il en manquait beaucoup.

Amma : « Mes enfants, n'est-ce pas à cause de votre négligence que nous avons perdu tant d'assiettes et de gobelets ? Des gens de tout acabit viennent ici. Si vous laissez traîner ces objets une fois que vous vous en êtes servi, ceux qui en ont besoin les prennent. Pourquoi blâmer les autres quand c'est vous qui leur donnez l'occasion de voler ? C'est votre faute. Si vous aviez été plus soigneux, ces assiettes n'auraient pas disparu. Comme aucun d'entre vous ne connaît la valeur de l'argent, la perte de ces objets vous laisse indifférents. Amma a connu la misère. Elle connaît la valeur de la moindre paisa. Elle a parfois eu du mal à rassembler assez de bois pour préparer du thé. Si elle ne laisse absolument rien perdre, c'est qu'elle a connu les difficultés de la pauvreté. Si elle voit un morceau de bois, elle examine sa valeur et la manière dont on peut l'utiliser. Mais vous, les enfants, si ce bout de bois se trouve sur votre chemin, vous vous contenterez de donner un coup de pied dedans. Ou si vous le voyez abandonné sous la pluie, vous ne penserez jamais à le ramasser, à le sécher pour pouvoir l'utiliser. Amma, par contre, ne rejettera jamais un bout de bois comme inutile. Mes enfants, jetteriez-vous une pièce de cinq paisas ? Non, parce que ce sont cinq paisas. Mais pour cinq paisas, nous ne pouvons pas acheter le moindre bout de bois combustible. Sans bois sec, comment pouvons-nous faire cuire quoi que ce soit ? Même si on possède des centaines de roupies, il faut quand même du bois pour allumer un feu. Soyons attentifs à la valeur du moindre objet et à l'usage que nous pouvons en faire. Alors nous ne nous permettrons plus de gâcher quoi que ce soit.

Regardez ce qui se passe dans les hôpitaux. Ils n'ont pas d'eau pure pour les piqûres. Il faut l'acheter à l'extérieur et cela coûte une ou deux roupies. Beaucoup de malades souffrent pendant des heures parce qu'il n'ont pas cet argent. Une piqûre pourrait les soulager, mais ils ne peuvent se l'offrir et ils sont consumés de douleur. Pour eux, deux roupies ont une immense valeur ! Mes enfants, Amma a vu tant de malades se tordre de douleur parce qu'ils n'avaient pas d'argent pour acheter le moindre calmant. Vous devriez songer à eux en accomplissant la moindre de vos actions.

Dieu demeure en tout être. Ceux qui sont en proie à des souffrances intolérables sont aussi ses enfants, ce sont vos frères et vos sœurs. En pensant à eux, vous développerez une réelle shraddha. Lorsque par négligence vous gaspillez une roupie, rappelez-vous que quelqu'un souffre pendant dix heures à cause de vous. Vous êtes la cause de l'intolérable douleur de ce malheureux. Votre négligence est comparable à celle de quelqu'un qui salirait la réserve d'eau potable de la communauté. Lorsque vous vous comportez ainsi, Amma pense aussitôt à ces malades, parce qu'avec l'argent que vous gaspillez, vous pourriez leur acheter des médicaments. Par-dessus tout, en vous montrant aussi négligents, vous perdez l'occasion de mettre au monde le joyau sans prix qui demeure en vous. »

Amma appela la brahmacharini qui lui avait parlé des assiettes manquantes.

Amma : « À partir d'aujourd'hui, tu es chargée de veiller sur la vaisselle. Le matin, distribue le nombre d'assiettes et de gobelets requis à ceux qui serviront le repas et le soir, prend soin d'en récupérer le même nombre. Ce qui est perdu est perdu. Mais si nous perdons encore de la vaisselle, tu devras en répondre. L'attention que nous portons à chaque détail peut nous rapprocher de Dieu. La shraddha avec laquelle nous accomplissons nos actions extérieures dévoile le trésor caché qui se trouve en nous. Mes enfants chéris, faites-donc attention à la moindre chose à mesure que vous avancez sur le chemin. C'est en examinant les petits détails qu'Amma connaît ce qui est important. »

De la cuisine, Amma se dirigea vers le nord de l'ashram. En passant, elle cracha sur le côté et sa salive tomba sur une plante d'épinard sauvage. Elle avait voulu cracher à côté des plantes, mais à cause du vent, sa salive était retombée sur les feuilles. Avec un gobelet d'eau, Amma lava soigneusement les feuilles. Puis elle se lava les mains au-dessus de la même plante, pour ne pas perdre d'eau.

Amma fait toujours attention à ne pas gaspiller l'eau. Même quand il y a un robinet, elle puise dans un récipient pour se laver les mains et le visage. Elle dit que quand nous ouvrons un robinet, nous avons tendance à utiliser plus d'eau qu'il est nécessaire. Toute action superflue est adharma (injuste). Lorsque nous négligeons d'accomplir une action nécessaire, c'est aussi adharma. Si on lui demandait de définir le dharma, Amma répondrait que cela consiste à accomplir nos actions au moment juste et de la manière appropriée.

Le brahmachari qui accompagnait Amma réfléchissait à tout cela, appréciant l'exemple donné par Amma. Pourtant, un doute surgit dans son esprit et il pensa : « Mais était-il vraiment nécessaire qu'Amma lave les feuilles d'une plante à cause d'un peu de salive tombée sur elles ? ».

Tout en marchant, Amma déclara, comme pour répondre à la question silencieuse du brahmachari : « Ces plantes, elles aussi, sont vivantes ! ».

Amma regarda un moment autour d'elle, puis entra dans le réfectoire. Quelques brahmacharinis épluchaient et coupaient des racines de manioc pour le dîner. Elle s'assit à côté d'elles pour participer au travail.

Les brahmacharis et les liens de famille

Un brahmachari entama la conversation : « Plusieurs lettres sont arrivées de chez moi. Je n'ai répondu à aucune. Dois-je écrire, Amma ? ».

Amma : « Fils, au début, il ne faut pas écrire de lettres à la famille. Si tu écris, ils vont répondre, tu devras de nouveau écrire. Si tu veux vraiment écrire, par exemple si tes parents sont malades, contente-toi d'envoyer quelques lignes pour les consoler. Confie ton père et ta mère au Paramatman et écris-leur avec cette attitude intérieure. Alors, cela ne te liera pas. Quand tu reçois une lettre de chez toi, ne la relis pas plusieurs fois. Une fois que tu en as saisi le contenu, tu peux la jeter. Les lettres t'apportent des nouvelles de ta famille et de tes amis, en les lisant, malgré toi, ton mental sera un peu entraîné vers eux. Mes enfants, n'oubliez jamais pourquoi vous êtes venus vivre ici.

Imaginez que vous rendiez visite à un malade qui se trouve au service des soins intensifs, et que vous lui racontiez en détail les souffrances de sa famille, quel sera le résultat ? Sa santé se dégradera encore plus et il en mourra peut-être. De même, vous êtes en ce moment sous traitement, et il vous faut faire très attention. Une fois que votre mental se sera développé de manière à ne pas faiblir ou succomber, quelles que soient les circonstances, il n'y aura plus de problème. Cependant, d'ici là, ces restrictions sont nécessaires. Maintenant, vous êtes comme de petits arbustes qui croissent à l'ombre d'un arbre. C'est pourquoi il vous faut observer certaines règles et limitations.

Si un membre de votre famille n'a personne pour prendre soin de lui et si son état de santé est très mauvais, alors il est juste d'aller lui apporter les soins et l'aide dont il a besoin. Voyez Dieu en lui et servez-le. Mais si tu entretiens ton attachement à ta famille, ni elle ni toi ne retireront aucun bienfait de ta présence à l'ashram. Si tu ne parviens pas à briser ce lien, il vaut mieux que tu restes à la maison et que tu t'occupes de tes parents.

Même si tu ne leur rends pas visite, à travers leurs lettres tu auras des nouvelles et tu seras au courant de leurs problèmes ; toutes tes pensées tourneront autour de cela. Les difficultés familiales engendreront des pensées qui s'enracineront automatiquement dans ton subconscient. Mais la sympathie que tu éprouves ne leur est d'aucune aide. Une fois que grâce aux pratiques spirituelles on parvient à un certain niveau, il est possible de faire un sankalpa (prendre une résolution) qui les aide. Mais au stade où tu en es, ce n'est pas possible. En te faisant du souci à leur sujet, tu ne fais que perdre la force que tu as acquise.

Si ta famille t'écrit, ne les encourage pas à le faire. Une noix de coco ne peut pas germer et devenir un arbre sans d'abord tomber de l'arbre-père. Ton attachement ne fait que t'éloigner de Dieu. Si tu essayes de faire une sadhana tout en conservant ton attachement à ta famille et à tes amis, tu n'avanceras pas. Si tu pratiques aujourd'hui ta sadhana dans la solitude, sans laisser le mental se fixer sur autre chose, tu peux développer la force de sauver non seulement ta famille, mais aussi le monde entier. »

Brahmachari : « Mais nous ne pouvons pas nous empêcher de nous faire du souci lorsque nous apprenons les problèmes que rencontre notre famille, n'est-ce pas ? »

Amma : « Fils, une fois que tu as choisi la voie spirituelle, tu devrais tout abandonner complètement au Divin et avancer. En remplissant un réservoir, nous alimentons en eau les tuyaux qui lui sont reliés. De même, en aimant Dieu, nous aimons le monde entier, parce qu'Il demeure en chacun.

Si votre famille vient en visite, accueillez-la avec un sourire, prosternez-vous avec respect[36] et dites quelques paroles gentilles. Cela ne pose pas de problème ; en fait, c'est même ce que vous devez faire, mais pas plus. Dieu veillera à combler tous leurs besoins, ayez cette foi. Cultivez cette attitude, abandonnant tout à Dieu. Après tout, êtes-vous celui qui, en réalité, les protège ? En avez-vous le pouvoir ? »

Brahmachari : « Pourquoi est-il si important de rompre les liens familiaux ? »

Amma : « Fils, de même que la Terre attire tout à elle, notre famille exerce sur le mental un fort pouvoir d'attraction. C'est la nature particulière des liens du sang. Un sadhak doit être capable de considérer tous les êtres de manière égale. Nous ne pouvons connaître notre vraie nature qu'en abandonnant tous nos attachements. Celui qui nous lie à « mon » père, « ma » mère, « mon » frère ou « ma » sœur est profondément gravé en nous. Si

---

[36] En Inde, la coutume veut que les jeunes se prosternent devant les anciens de la famille et leur touchent les pieds.

157

nous ne le détruisons pas, il nous sera impossible de grandir et de bénéficier de notre sadhana. Si vous ramez alors que le bateau est encore amarré au quai, vous n'atteindrez jamais l'autre rive. »

Brahmachari : « Amma, je n'écris à personne. Je voulais simplement savoir ce qu'il convient de faire. »

Amma : « Si les circonstances vous obligent à écrire, ne mettez pas plus de deux ou trois phrases. Prenez soin de parler de choses spirituelles. Au moins, en lisant votre lettre, leur mental sera un peu purifié. Quelqu'un qui se tourne vers la voie spirituelle peut avoir une grande influence sur les membres de sa famille et sur leur manière de penser. N'écrivez jamais que des choses positives. Certains parents de Ramakrishna sont maintenant favorables à sa présence ici. Les contacts qu'ils ont eu avec lui leur ont permis de s'ouvrir à l'idée que la spiritualité est nécessaire dans la vie. »

Brahmachari : « Tu dis que nous ne devrions même pas songer qu'il s'agit de notre famille. Mais comment pouvons-nous les servir sans avoir cette attitude ? N'est-il pas vrai que nous ne faisons une chose bien qu'avec le sentiment du « mien » ? »

Amma : « Lorsqu'un être spirituel sert, c'est aussi sa sadhana. Son but est de se libérer de tous les liens. Il aspire à une liberté totale. Il sert autrui afin de purifier son mental et de se détacher, pour atteindre le but ultime. En aimant Dieu et en s'abandonnant à Lui, il est possible d'accomplir toute action parfaitement bien, sans avoir le sens du moi ni du mien. Faire l'effort et accepter que le résultat soit selon Sa volonté, telle devrait être notre attitude. Si nous sommes attachés, même le fait de servir deviendra un lien.

Il faut servir autrui sans rien attendre en échange. Si quelqu'un nous lance des épines, nous devrions être capable de lui lancer des fleurs en retour. S'il nous sert du poison, servons-lui du payasam. Tel devrait être notre état d'esprit. C'est pour y parvenir que nous servons le monde. Lorsque nous servons quelqu'un, considérons que la personne est Dieu. Chacune de nos actions devrait être une manière d'adorer Dieu. Toute action deviendra alors un mantra divin. »

Brahmachari : « Qu'y a-t-il de mal à servir la famille de cette manière ? »

Amma : « Une fois que vous avez développé cette attitude mentale, ce n'est plus un problème. Mais vous êtes encore attachés à votre famille. Il vous sera donc difficile d'envisager ce que vous faites pour eux comme une manière de servir Dieu. Au début, il vous sera difficile d'avoir des contacts avec votre famille sans éprouver quelque attachement, comme vous êtes libres de le faire avec d'autres. Il est naturel d'être attaché à son foyer et à sa famille. Il faut beaucoup de pratique pour vaincre ce sentiment. C'est pourquoi il est recommandé qu'un chercheur se détache de sa famille. Lorsqu'il développe un amour réel pour Dieu et Lui est attaché, il ne peut plus entretenir de lien avec quoi que ce soit d'autre. Pour que la graine germe, il faut qu'elle rentre complètement dans le sol et que son enveloppe se brise. Un sadhak doit briser son identification avec le corps et abandonner l'idée qu'il s'agit de « mon père » et de « ma mère ». Il doit voir Dieu en tous. »

En se levant, Amma ramassa les épluchures de manioc et demanda à quelqu'un de les ajouter à la boisson destinée aux vaches. Bénis par le nectar de ses paroles, les brahmacharis se levèrent eux aussi pour aller travailler.

Dimanche 15 juin 1986

Amma était assise dans la hutte avec quelques dévots. Comme il avait plu toute la matinée, il n'y avait pas trop de monde.

Amma (riant) : « Les enfants de l'ashram disent que nous avons modifié le texte de la Bhagavad Gita. Le Seigneur dit : « Je suis là pour ceux qui prennent refuge en Moi, renonçant à tout. » Ils disent qu'ici, c'est juste le contraire et qu'Amma aime les dévots mariés plus que les renonçants. Mais une lampe allumée a-t-elle besoin de lumière ? Ceux qui sont dans les ténèbres, eux, en ont besoin. Qui a besoin d'eau fraîche, sinon celui qui entre, éprouvé par la canicule ? Amma dit aux enfants qui vivent ici : « Les chefs de famille souffrent dans la chaleur torride, intolérable, du désert de la vie dans le monde, tandis que vous, ici, goûtez constamment la fraîcheur. Amma étant proche, vous accourez à elle pour le moindre petit problème. Il n'en va pas de même pour eux. Au milieu de toutes leurs occupations, ils parviennent à trouver une journée pour venir voir Amma. Si elle ne leur accorde pas assez d'attention quand ils viennent, ils s'effondreront. Alors que vous avez renoncé à la vie dans le monde en venant ici pour réaliser le Soi, ils doivent s'occuper de leur foyer, de leurs enfants et assumer leur travail. Ils sont liés par leurs responsabilités et cependant, au milieu de tout cela, ils sont en quête de spiritualité. Il ne leur est pas possible de briser ces liens immédiatement. Seule une sadhana assidue leur permettra de développer le détachement nécessaire. Ils doivent marcher au milieu des flammes sans se brûler, telle est la vie d'un chef de famille. Dépourvus de chaussures, il leur faut marcher sur des épines sans se blesser. Les chaussures symbolisent la rupture des liens qui nous enchaînent à ce monde. Notre devoir est donc de les consoler. » Quand les enfants entendent ce discours, ils se taisent », conclut Amma en riant.

Un jeune homme nommé Sudhir était assis auprès d'Amma. Il avait passé une maîtrise de sciences cinq années auparavant, mais au lieu de prendre un emploi, il s'était occupé de sa vieille mère, parce qu'il n'y avait personne d'autre pour le faire. Il gagnait sa vie en donnant des leçons aux enfants du voisinage. À la mort de sa mère, il s'était tourné vers la vie spirituelle, consacrant son temps au service d'autrui et à la sadhana. Mais assez vite, il s'était rendu compte qu'il lui était impossible de continuer sans un guru pour le guider. Il commença même à développer une aversion envers les pratiques spirituelles. En même temps, son intérêt pour les choses de ce monde faiblissait aussi.

Sudhir était en proie à l'agitation intérieure et c'est dans cet état qu'il était arrivé à l'ashram pour sa première rencontre avec Amma, trois jours auparavant. Il lui avait demandé la permission de rester quelque temps à l'ashram et elle la lui avait accordée. Le deuxième jour, sa tristesse avait disparu. Il participa au travail de l'ashram avec beaucoup d'enthousiasme et de shraddha. En outre, il chantait bien et il avait déjà appris plusieurs kirtans.

Sudhir : « Amma, le service désintéressé n'est-il possible que pour celui qui croit en Dieu ? »

Amma : « Fils, seul celui qui a foi en Dieu peut réellement servir autrui de manière désintéressée. Mais si un non-croyant est capable de servir de manière véritablement désintéressée et de pardonner aux autres leurs erreurs et leurs imperfections, peu importe alors qu'il ait ou non la foi. Ceux qui sont capables de servir ainsi, sans avoir la foi, méritent notre respect le plus profond. »

Un dévot met Dévi à l'épreuve

La cloche du déjeuner sonna. Après avoir donné son darshan aux quelques dévots qui restaient, Amma se dirigea vers le réfectoire, accompagnée de ces derniers. Elle servit le déjeuner de ses propres mains et resta dans le réfectoire jusqu'à ce que presque tous eussent fini de manger. Elle sortit ensuite, mais fit soudain demi-tour au bout de quelques pas. Elle alla vers un homme encore assis devant son assiette, prit une boulette de riz qu'il avait mise de côté et se la mit dans la bouche. L'homme fut submergé par l'émotion. Il appelait « Kali, Kali, Kali. » tandis que des larmes roulaient sur ses joues. Amma s'assit à côté de lui et lui caressa doucement la tête et le dos. Puis elle se leva et remonta dans sa chambre.

Pour cet homme, le comportement inhabituel d'Amma avait une profonde signification. Il était venu de Calcutta à Cochin pour ses affaires, et c'est là qu'un ami lui avait parlé d'Amma. Comme beaucoup de Bengalis, il adorait la Mère Divine et la description que son ami lui avait donnée du Dévi Bhava avait éveillé sa curiosité. Il avait donc décidé de venir voir Amma avant de rentrer à Calcutta. Accompagné de son ami, il était arrivé à l'ashram le matin et avait reçu le darshan dans la hutte. Plus tard, pendant qu'Amma servait le déjeuner, il avait façonné une boulette de riz qu'il avait mise de côté sur son assiette, en pensant : « Si elle est vraiment Kali, Elle prendra la boulette de riz et la mangera. Si elle la mange, je resterai pour le Dévi bhava de ce soir. Sinon, je partirai après le déjeuner. » Quand Amma sortit du réfectoire après avoir servi le repas, son cœur se serra et il fut envahi par un sentiment de désespoir. Mais quand elle réapparut peu après et mangea la boulette qu'il avait préparée pour Kali, il perdit la maîtrise de lui-même. Les nuages accumulés en lui éclatèrent sous forme de larmes. Il resta pour le Dévi Bhava, alors que son ami quitta l'ashram dans l'après-midi.

Instructions destinées aux disciples

Il pleuvait cet après-midi-là. À quatre heures, Amma alla à la réserve et se mit à nettoyer avec l'aide de quelques brahmacharis. Dehors, sous la pluie, Nilakantan et Kunjumon construisaient une barricade au nord de l'ashram.

« Ne restez pas sous la pluie, les enfants ! » leur cria Amma.

« Pas de problème, Amma, le travail est presque terminé ! », répondirent-ils, et ils accélérèrent la cadence.

En les voyant faire, Amma déclara : « Comme vous faites ce travail pour Amma et que vous y mettez tant de joie, de sincérité et de dévouement, vous n'attraperez pas la fièvre. Mais il n'en va pas de même pour ceux qui travaillent sans enthousiasme pour quelqu'un d'autre ».

Quelques brahmacharis, qui étaient restés à l'abri, échangèrent des regards mêlés de honte.

La brahmacharini chargée d'approvisionner la cuisine en bois avait négligé son devoir. Une des résidentes vint se plaindre à Amma qu'il était difficile de cuisiner à cause du manque de bois.

Amma : « Amma a rappelé l'autre jour à cette fille qu'il nous fallait du bois, mais malgré cela, elle n'en a pas apporté. Où sont donc son respect et sa dévotion ? Amma ne veut pas dire que tout le monde devrait la respecter, la révérer. Mais pour construire une barque, il faut chauffer le bois et le courber. La barque ne prendra forme que si le bois se courbe. Ainsi, nous nous améliorons lorsque nous nous « courbons » par déférence mêlée de crainte et dévotion envers le guru. Sinon, seul l'ego grandit et nous ne faisons aucun progrès spirituel. L'humilité et l'obéissance sont essentiels au développement d'un sadhak. »

Lorsqu'Amma eut fini de réprimander la brahmacharini, une autre résidente se plaignit d'elle.

Amma : « Fille, cette enfant s'est montrée désobéissante, mais ne nous mettons pas en colère contre elle. Ne disputons, ne critiquons jamais une personne par hostilité, mais uniquement dans le but de l'aider à progresser. Si nous le faisons poussé par la colère ou la jalousie, nous commettons une erreur beaucoup plus grande que la sienne et cela ne fera que rendre notre mental encore plus impur. Un sadhak ne devrait jamais agir ainsi. Un aspect important de la sadhana consiste à ne voir chez autrui que le bien, car c'est seulement ainsi que tous nos traits négatifs disparaîtront.

Si nous critiquons quelqu'un avec amour, en ayant uniquement son progrès à l'esprit, cela l'aidera à sortir de l'erreur. Mais si nous dénigrons par amour de la critique, cela ne fera que polluer notre mental et renforcer l'hostilité de l'autre personne, l'encourageant ainsi à commettre d'autres fautes. Mes enfants, ne regardez pas les défauts d'autrui ! Si l'on vous parle des défauts d'un autre, mettez en relief ses qualités, sans vous attarder sur les imperfections. Dites à votre interlocuteur : « Tu vois ses défauts, mais n'a-t-il pas les qualités suivantes ? ». Il cessera alors automatiquement de critiquer et ne vous approchera plus pour dire du mal d'autrui. De cette manière nous pouvons nous améliorer et aider également le critique à se libérer de cette habitude. Les boucheries et les débits de boisson ne peuvent fonctionner que grâce à leurs clients, n'est-ce pas ? Les médisants changeront de nature s'il n'y a personne pour les écouter. »

C'était l'heure des bhajans. Amma alla au temple et les chants commencèrent. Pendant les bhajans, un orage éclata et il se mit à pleuvoir des cordes. Les coups de tonnerre semblaient des tambours accompagnant la danse tandava (la danse de destruction) du dieu Shiva.

Mercredi 18 juin 1986

La Mère qui veut voir ses enfants pleurer

Il était onze heures. Amma était dans la salle de méditation avec tous les brahmacharis. Elle les disputait parce qu'ils n'étaient pas assez attentifs à leur sadhana. Elle conclut en disant :

« Mes enfants chéris, appelez Dieu en pleurant ! Ce n'est pas par colère qu'Amma vous dispute. Son cœur est plein d'amour pour vous, mais si elle ne vous manifeste que de l'amour, vous ne grandirez pas. De plus, quand Amma vous réprimande, votre péché est transféré sur elle.

Mes enfants, ne vous attachez pas à l'amour extérieur. Ceux qui vivent dans le monde doivent manifester leur amour, car c'est seulement ainsi que les autres en auront connaissance. Dans le monde, la paix intérieure de chacun dépend de l'amour extérieur ; sans cet amour, il n'y a aucune paix, la discorde règne inévitablement. Dans la vie spirituelle, en revanche, nous trouvons la béatitude en nous-mêmes.

Si vous êtes attaché à l'idée de ne rechercher que l'amour extérieur, vous ne parviendrez pas à découvrir en vous-mêmes l'essence divine. Vous n'obtiendrez le véritable contentement qu'en trouvant Cela. Si vous possédez votre propre maison, vous êtes libre. Sinon, si vous ne payez pas votre loyer à terme, le propriétaire et ses gens viendront vous faire des ennuis. Le bonheur d'Amma est de vous voir trouver la béatitude en vous-mêmes. Amma est triste lorsqu'elle vous voit dépendre de ses marques d'amour et d'autres choses extérieures, parce que si vous dépendez de cela, vous souffrirez dans le futur.

Si Amma vous manifeste trop d'amour, cela posera un problème : au lieu de chercher à l'intérieur, vous ne vous concentrerez que sur cette Mère extérieure. Mais si Amma montre un peu de colère, vous regarderez à l'intérieur en pensant : « Ô Seigneur, qu'ai-je fait de mal ? Donne-moi la force d'agir en accord avec les désirs d'Amma. » Vous vous tournez ainsi vers votre propre Soi. Amma écoute des milliers de gens lui raconter leurs malheurs ; ils souffrent parce qu'ils ont été bernés par l'amour extérieur. Personne n'aime autrui plus que lui-même.

En outre, Amma a des millions d'enfants. Si vous ne dépendez que de son amour extérieur, vous serez jaloux chaque fois qu'elle montre de l'affection à quelqu'un d'autre. L'Amma extérieure que vous voyez maintenant est comme le reflet d'une fleur dans un récipient rempli d'eau. Il est impossible de se l'approprier, parce qu'il ne s'agit que d'un reflet. Pour réaliser la Vérité, il faut rechercher le Réel. Il ne suffit pas de prendre refuge en un reflet : prenez refuge en ce qui est vrai. Si vous aimez Amma, aimez-la en ayant conscience du Principe réel. Lorsque vous aurez intégralement saisi ce Principe, votre mental ne s'attachera à rien d'extérieur. Donc, mes enfants, tant que vous êtes sous la protection d'Amma, essayez de chercher à l'intérieur. C'est seulement ainsi que vous atteindrez la béatitude éternelle.

Amma est triste parce que ses enfants ne font pas assez d'efforts pour concentrer leur mental. Pleurez pour Dieu. C'est seulement en pleurant pour Lui que vous obtiendrez la concentration. Rien n'est possible sans dévotion pour Dieu. Un vrai dévot ne désire même pas la libération. La dévotion est supérieure à la libération. Un dévot est toujours plongé dans la béatitude que lui procure son amour pour Dieu. Quel besoin a-t-il alors de la libération ? Le dévot éprouve une béatitude constante en ce monde, pourquoi voudrait-il alors songer à un autre monde ? ».

Amma montra le bout d'un de ses doigts. « En comparaison de la bhakti, mukti (la libération) n'est rien de plus que cela ».

Un brahmachari avait posé un verre de café devant Amma. Elle en but une gorgée, prit le gobelet et en versa un peu dans la bouche de chacun. Tout en versant, elle murmurait à l'oreille de chacun : « Mon enfant, appelle Dieu en pleurant ! Pleure pour Dieu, mon enfant ! ».

Après avoir donné à chacun le café en prasad, Amma s'assit de nouveau et donna des instructions sur la manière de méditer. « Mes enfants, priez, le cœur douloureux. Liez le mental au Paramatman sans le laisser errer. Priez : « Ô suprême Soi, ôte la couche d'impureté qui ternit mon miroir intérieur ! Accorde-moi de voir clairement mon véritable visage ! » Quand le mental erre, ramenez-le et liez-le de nouveau aux pieds sacrés de votre divinité d'élection ».

Les brahmacharis se mirent à méditer. Les conseils d'Amma résonnaient encore dans leur esprit, rendant la méditation facile. Leur mental était tranquille, car ils n'avaient qu'à savourer avec leur œil intérieur la forme de l'Essence divine dont ils venaient de contempler l'incarnation avec leurs yeux de chair.

Mercredi 25 juin 1986

Détachement de courte durée

Un mois auparavant, un jeune homme était venu à l'ashram, poussé par le désir d'y vivre. Au début, Amma ne lui en avait pas donné la permission. Puis, comme il insistait, elle lui avait dit : « Fils, la vie spirituelle n'est pas si facile. Il est difficile de persévérer sans le discernement et le détachement nécessaires. Seuls peuvent réussir ceux qui ne perdent jamais de vue le But, quelles que soient les circonstances. Fils, au fond de ton cœur tu es encore attaché à ta famille, c'est pourquoi Amma ne sait pas combien de temps tu parviendras à rester ici. Mais si ton désir est si intense, essaie, fils, Amma n'y fait pas objection ».

Le jeune homme avait donc commencé à vivre à l'ashram. Tout le monde fut conquis par la manière dont il respectait les règles de l'ashram et par le détachement intense avec lequel il accomplissait sa sadhana. Un brahmachari mentionna un jour cette attitude à Amma, qui répliqua : « Lorsque nous plantons une bouture, quelques feuilles apparaissent. Il ne faut pas en conclure que l'arbre a pris racine, parce que ces feuilles-là tomberont très rapidement. Observe et vois si de nouvelles feuilles naissent ensuite. Si c'est le cas, tu peux alors considérer que la plante a commencé à croître. Ces feuilles ne surgissent qu'une fois que la plante a pris racine ».

Puis, un jour, le père et le frère du jeune homme étaient venus à l'ashram. Le père lui avait dit : « Fils, ta mère est très malheureuse de ne pas te voir. Elle ne se nourrit pas convenablement et parle sans cesse de toi ».

Les yeux du jeune homme s'étaient remplis de larmes et il avait demandé à Amma : « Puis-je rentrer chez moi, rien qu'une fois, pour voir ma mère ? ».

« Fais comme tu le souhaites », avait répondu Amma. Puis, comme un médecin donne un peu de médicament à un malade qui refuse de rester à l'hôpital, elle avait ajouté : « Fais aussi un peu de japa chez toi, fils ».

Aujourd'hui, une semaine plus tard, le jeune homme n'était toujours pas rentré. Un brahmachari assis à côté d'Amma lui demanda : « Pourquoi tant de gens perdent-ils leur détachement initial ? »

Amma : « La plupart des gens commencent dans un élan d'enthousiasme. Ils éprouvent au départ un certain détachement, mais le secret de la réussite est de le conserver. Une fois que l'enthousiasme initial s'est dissipé, les vasanas latentes, issues d'innombrables vies passées, une à une, commencent à lever la tête. L'attention du sadhak se tourne alors vers l'extérieur. Transcender les vasanas requiert un effort intense et un grand sacrifice. La plupart des gens se découragent lorsqu'ils rencontrent plus de difficultés qu'ils ne s'y attendaient. De plus, il est courant que le progrès dans la sadhana faiblisse ; ils sont alors déçus. Mais ceux qui possèdent lakshya bodha (la conscience du But) n'abandonnent jamais. Ils essaient de nouveau, sans se lasser, ignorant les obstacles et les échecs. Seuls ceux qui ont une forte conscience du But sont capables de conserver leur détachement. »

Amma se leva et se dirigea du côté de la cuisine ; elle remarqua un étranger qui essayait de laver ses vêtements. Comme il n'était pas habitué à laver à la main, il avait d'abord essayé de frotter un savon entier pour l'étaler sur la pierre à laver. Amma l'observa quelques instants avant d'aller vers lui et de lui montrer comment faire. Un brahmachari traduisait les conseils d'Amma en anglais. Le visiteur était bien sûr enchanté qu'Amma elle-même lui enseigne comment laver ses vêtements.

Amma se dirigea ensuite vers la hutte consacrée au darshan. En chemin, Elle remarqua un brahmachari qui portait des vêtements ocres.

Amma : « Fils, tu ne devrais pas porter cela. Tu n'es pas encore prêt. Montre du respect pour la couleur ocre chaque fois que tu la vois, mais ne la porte pas. L'ocre signifie que le corps a été brûlé dans le feu ![37]

Lorsque tu vois cette couleur, rappelle-toi la lignée des rishis. Quand nous honorons une personne habillée en ocre, c'est cette lignée que nous honorons. »

Un dévot occidental écoutait la conversation. Quand il apprit par un brahmachari qu'Amma parlait de vêtements ocres, il lui demanda s'il pouvait, lui aussi, être initié et porter cette couleur. Amma se contenta de répondre par un sourire. Mais il posa de nouveau la question, tout à fait sérieusement.

Amma : « Fils, ce n'est pas le genre de vêtements que l'on achète dans un magasin. Tu dois d'abord atteindre la maturité nécessaire. »

Mais le dévot n'était pas encore satisfait. « Si d'autres le portent, pourquoi pas moi ? »

Amma : « Fils, devient-on une femme rien qu'en portant des vêtements de femme ? Une femme se transforme-t-elle en homme si elle s'habille comme un homme ? Personne ne devient sannyasi en se drapant d'un morceau de tissu ocre. La première chose requise est de plonger ton mental dans la couleur ocre. Quand tu auras fait cela, Amma te donnera des vêtements ocres. »

Le dévot garda le silence, n'ayant rien à répondre.

Brahmachari : « Certaines personnes quittent leur foyer à la suite d'une dispute, et quand elles souffrent de la faim, elles

---

[37] Il s'agit de brûler la conscience du corps dans le feu de la connaissance.

mettent des vêtements ocres, rien que pour avoir de quoi manger. D'autres revêtent la couleur ocre par désespoir lorsque leur femme les quitte. Le sentiment de détachement est bon, mais il est nécessaire de comprendre son but réel ; sinon, il est inutile de porter des vêtements ocres. De nos jours, il est difficile de trouver de vrais sannyasis. Il faut se renseigner pour savoir s'ils ont été initiés dans une gurukula, selon les rites prescrits. Les véritables gurus ne la donnent pas à n'importe qui, ils examinent la maturité de la personne. »

S'attendre à réussir sans étudier

Amma entra dans la hutte et tous se prosternèrent avant de s'asseoir. Une famille de dévots était venue de Pattambi. Rajendran, le mari, était instituteur et Sarojam, sa femme, était couturière. Ils avaient deux enfants, un fils en classe de cinquième et une fille en CE1.

Rajendran : « Amma, notre fille n'apprend rien du tout ! »

Sarojam : « Elle dit qu'elle n'a pas besoin de travailler parce qu'Amma l'aidera à réussir son passage en classe supérieure ! »

Amma attira la petite fille à elle et la caressa affectueusement.

Amma : « Ma fille, si tu n'apprends rien, tout le monde ne va-t-il pas blâmer Amma ? Comment peux-tu passer en classe supérieure si tu n'étudies pas ? »

De sa voix mignonne et innocente, la petite fille dit : « Mais mon frère est passé sans avoir travaillé ! ».

Tout le monde se mit à rire.

Amma : « Qui te l'a dit ? »

La petite fille : « C'est lui qui me l'a dit. »

Sarojam : « Amma, c'est ce qu'elle répond chaque fois que nous lui disons d'étudier. Elle dit que lorsque son frère s'est assis pour passer ses examens, tu lui es apparue. Tu es venue, tu t'es assise auprès de lui et tu lui a donné les réponses. Quand il est rentré à la maison, il a déclaré : « Je n'ai rien étudié du tout. C'est Amma qui m'a tout dit ».

Rajendran : « Il dit vrai, Amma. Il ne travaille jamais ; il passe son temps à jouer. Mais il a eu d'excellentes notes aux examens. Les professeurs ont été étonnés de ses résultats. »

Sarojam : « Maintenant la petite dit qu'Amma la fera réussir, elle aussi. » Amma rit et donna à l'enfant un baiser affectueux. « Fille, si tu ne travailles pas, Amma ne te parlera plus. Promets que tu vas étudier ! »

Elle promit et Amma lui donna une pomme, tirée d'un paquet posé près d'elle. Le joli visage de l'enfant rayonnait de joie.

La spiritualité et le monde

Damodara Menon, un fidèle dévot, vint se prosterner devant Amma.

Amma : « Oh, qui donc est-ce là ? Mon fils Damu ? » Monsieur Menon sourit et posa la tête dans les mains d'Amma.

Amma : « Es-tu parti quelques jours, fils ? »

Damu : « J'étais en voyage, Amma. Je rentre tout juste de Bangalore. Je ne suis même pas passé à la maison, je suis descendu du train à Kayamkulam, désirant tout d'abord voir Amma. »

Amma : « Les petits vont bien, fils ? »

Damu : « Par la grâce d'Amma, il n'y a pas de problèmes à la maison. Mais je suis inquiet pour un de mes amis que je viens de revoir. »

Amma : « Pourquoi donc, fils ? »

Damu : « Je viens de le voir à Bangalore. Nous avons été collègues autrefois. Un jour, il est parti de chez lui, il a quitté son travail pour devenir sannyasi. Quand il est revenu, il y a cinq ans, il portait la robe ocre des sannyasis. »

Amma : « Où habite donc ce fils ? »

Damu : « Il était à Rishikesh, dans un ashram. Mais cette fois-ci, quand je l'ai revu il avait complètement changé. La robe ocre, les rudrakshas, les cheveux longs et la barbe, tout avait disparu. Il était bien mis. Il a abandonné l'état de sannyas il y a quatre ans. Il est tombé amoureux d'une fille qui venait souvent à l'ashram et il l'a épousée. Ils vivent maintenant à Bangalore. Il a un travail, mais d'après ce qu'il m'a dit, il est profondément déçu. »

Amma : « Celui qui quitte la vie spirituelle pour retourner dans le monde récolte la souffrance, intérieure et extérieure. Le mental qui s'est tourné vers des pensées spirituelles ne peut plus trouver le bonheur dans les objets du monde ; il se retrouve plongé dans l'agitation. Les pratiques spirituelles créent autour du corps une aura subtile ; celle-ci est un obstacle à la jouissance des plaisirs physiques. Par compassion, la divinité d'élection du sadhak et les dieux qui entourent cette divinité lui créent une double mesure de souffrances et d'obstacles, car ils veulent son retour à la vie spirituelle. Ces difficultés ne viennent pas du déplaisir de Dieu ; elles sont Sa bénédiction ! Si le sadhak obtient richesses et bonheur, son ego ne fera que croître et il commettra des erreurs. Il lui faudra renaître encore et encore. Pour empêcher cela, pour détourner son mental de ce monde, Dieu lui envoie de la souffrance.

Le mental qui a goûté ne serait-ce qu'un peu à la spiritualité ne peut plus trouver le bonheur dans les objets du monde. Si un homme épouse une autre que sa bien-aimée, il sera malheureux avec son épouse, parce que son mental ira vers celle qu'il aime. De même, le mental qui s'est tourné vers la spiritualité ne peut plus se satisfaire du royaume de la matière.

Puisque le mariage a déjà été célébré, ton ami devrait prendre soin de continuer sa sadhana. Celui qui suit correctement le dharma d'un chef de famille peut mener une vie pleine de sens. En effectuant les pratiques spirituelles avec constance, il est possible de goûter dès cette vie la béatitude spirituelle. Lorsque naît le véritable amour pour Dieu, le mental se retire des plaisirs physiques ; les désirs diminuent, ce qui engendre automatiquement la paix intérieure. Le désir est synonyme de souffrance et de douleur. Il n'y a pas de fumée sans feu, pas de désir sans souffrance. Mais il est impossible de vivre sans désirs. Tournons donc tous nos désirs vers Dieu.

En accomplissant une sadhana régulière, il est possible de mener de concert l'aspect spirituel et l'aspect profane de la vie, en parfaite harmonie. Le moyen d'y parvenir est d'accomplir toute action en se rappelant que le but de la vie est d'obtenir la libération. C'est ainsi que l'on est sauvé.

Sannyasa possède cependant une grandeur spéciale. Un sannyasi peut contempler Dieu et savourer la béatitude sans avoir à porter le fardeau de préoccupations liées au monde. Même s'il accomplit des actions sous forme de service, il n'éprouvera pas cela comme un poids, parce qu'il n'est pas attaché à l'action.

Un jour, un sannyasi marchait sur une route quand un homme le rattrapa pour lui demander : « Swami, qu'est-ce que sannyas ? ». Le sannyasi ne se retourna même pas pour le regarder, mais l'homme répéta plusieurs fois sa question. Le sannyasi s'arrêta soudain, posa le ballot qu'il portait et continua sa route. Il n'avait pas fait dix pas que l'homme lui demanda à nouveau : « Qu'est-ce que sannyasa ? » Le swami se tourna vers lui et dit : « N'as-tu pas vu que j'ai posé mon ballot ? Sannyasa signifie abandonner la notion de « moi » et de « mien », se défaire de tout ce que l'on possède ».

Le sannyasi reprit son chemin, mais l'homme le suivit de nouveau en demandant : « Que fait-on ensuite ? » Le sannyasi fit demi-tour et retourna vers le ballot. Il le reprit sur son épaule et avança. L'homme ne comprit pas non plus le sens de ce geste, il répéta donc sa question. Tout en marchant, le sannyasi dit :

« Vois-tu cela ? C'est ainsi que l'on porte le fardeau du monde. Mais c'est seulement en renonçant à tout que l'on peut mettre le monde sur son épaule ».

Si tu gardes un animal sauvage, il faut le surveiller étroitement pour être sûr qu'il ne s'échappe pas. Si tu le laisses en liberté, tu dois le suivre partout car sinon, il pourrait s'enfuir. Quand tu le nourris, tu es obligé de rester avec lui jusqu'à ce qu'il ait fini son repas. Tu n'as jamais un instant de repos. Mais le gardien d'un jardin, lui, n'a qu'à rester à l'entrée et s'assurer que personne ne vole les fleurs. Il profite aussi du parfum des fleurs. De même, si vous courez après les plaisirs du monde, votre mental vous créera sans cesse des ennuis. Il ne sera jamais tranquille. La spiritualité, par contre, vous permet de goûter la beauté et le parfum de la vie. Il n'y a pas d'agitation, pas d'ennuis. Même si votre prarabdha vous amène de la souffrance, grâce à l'abandon que vous avez fait de vous-mêmes, vous ne la ressentirez pas comme telle. Cette souffrance elle-même est une forme de grâce divine ; Dieu étend la main pour vous élever vers un état de paix. »

Captivés, tous écoutaient avec attention la description détaillée qu'Amma donnait de la nature de la vie spirituelle et de la vie laïque. Quand ils se levèrent, les visages rayonnaient d'une compréhension nouvelle de la manière de mener leur vie.

Samedi 28 juin 1986

Krishna était-Il un voleur ?

Amma se trouvait dans l'une des huttes et discutait avec un des brahmacharis, un dévot de Krishna.

Amma : « Ton Krishna est un grand voleur ! N'est-ce pas parce qu'Il a volé du beurre que le vol a fait son apparition dans ce monde ? Pense à tout ce qu'Il a commis ! »

Le brahmachari ne put supporter les paroles d'Amma. Les larmes roulaient le long de ses joues pendant qu'il protestait : « Krishna n'est pas du tout ainsi, Amma ! »

Il continuait à pleurer comme un petit enfant. Amma essuya ses larmes en disant : « Quel bébé ! Amma voulait juste mettre à l'épreuve ton attachement à Dieu. Krishna n'était pas un voleur. Il était l'incarnation de l'honnêteté. S'Il volait du beurre et se livrait à des espiègleries, c'était pour apporter la joie aux autres. En volant le beurre, Il dérobait leur cœur. Lui seul, le Seigneur Krishna, en était capable. Jamais Il n'a agi dans son propre intérêt. Il n'a pas volé le beurre pour Lui-même, mais pour les pauvres petits pâtres, ses compagnons de jeu. Et ainsi, Il est parvenu à lier le cœur des gopis à Dieu.

Auparavant, le mental des gopis était attaché à leur travail. Elles se consacraient à gagner leur vie en vendant du lait, du beurre et du yaourt. En volant ces produits, le Seigneur libéra leur mental de cet attachement et leur permit de se concentrer sur Lui. Il dérobait le beurre, mais Il ne le mangeait pas Lui-même. Il le donnait aux petits pâtres quand ils avaient faim en gardant les vaches. Ils faisait ainsi d'une pierre deux coups : Il nourrissait ses compagnons affamés et Il libérait les gopis de leurs attachements.

Le Seigneur était un véritable révolutionnaire. Les révolutionnaires de l'époque moderne veulent prendre aux riches pour donner aux pauvres. Mais pour y parvenir, ils veulent éliminer un groupe social. C'est la manière matérialiste. La manière spirituelle est différente. Krishna a montré comment sauver tout le monde, riches ou pauvres, bons ou mauvais. Les gens disent aujourd'hui qu'il faut tuer les chiens enragés. Mais le Seigneur nous conseille de transformer le mental enragé. C'est son modèle de révolution. La solution ne consiste pas à tuer, mais à transformer et à élever le mental de la personne. Un changement doit se produire chez l'individu pour que le mental limité et égoïste devienne vaste, jusqu'à embrasser la totalité, rempli d'amour et de compassion. C'est ce que Krishna nous a enseigné.

Même le mariage de Krishna ne fut pas de son choix. Il accepta de se marier pour rendre heureux ceux qui Lui étaient chers. Son but était de faire goûter à tous la béatitude du Soi et pour y parvenir, Il employa bien des méthodes différentes. Un mental ordinaire est totalement incapable de comprendre cela. Seul un mental subtil, en état de contemplation, peut saisir une parcelle du sens profond de sa vie.

Maintenant, chante un kirtan, fils ! »

Un sourire éclaira le visage du brahmachari, et comme il chantait, l'amour niché dans son cœur déploya ses ailes.

Nilanjana miri nirada varna

Ô Toi qui as le teint des nuages de pluie,
Toi aux yeux bleu soulignés de collyre,
Tu es mon seul refuge, de toute éternité.
Ceci est la vérité, Ô Kanna,
Car il n'y a nul autre que Toi pour me protéger.

Ô beau Krishna au teint sombre,
Espiègle comme un enfant qui dérobe nos cœurs,
Toi qu'attire le son de la tambura du sage Narada,
Ô Krishna éternellement radieux,
Toi qui danses sur la musique des chants dévotionnels,
Toi qui détruis toute avidité,
Toi le témoin éternel,
Accorde-moi de Te voir clairement.

Ô Toi qui donnes la libération,
Toi qui nous enchantes de Ta maya,
Toi dont l'humanité sert les pieds de lotus,
Ô Seigneur Krishna

Délivre-moi de l'existence liée à ce monde.

Pendant qu'il chantait, d'autres brahmacharis arrivèrent avec un harmonium, une ganjira, des kaimanis et d'autres instruments musicaux. La hutte fut bientôt pleine, d'autres personnes s'assirent à l'extérieur ; tous reprenaient en chœur les paroles du kirtan.

Amma ne parvint pas à finir le chant. Ses larmes coulaient ; peu à peu, elle ferma ses yeux remplis de larmes et demeura immobile, une main formant un mudra. Il émanait d'elle des vagues d'une puissance incommensurable, manifestation de l'état divin dans lequel elle était plongée. Ces vagues venaient éveiller les cœurs des personnes présentes. Au bout d'un moment, elle ouvrit les yeux, puis les ferma de nouveau. Elle semblait lutter pour sortir de son extase et redescendre vers notre plan de conscience. Il était déjà arrivé une fois qu'Amma parte en samadhi pendant les bhajans et ne revienne à la conscience ordinaire qu'au bout de plusieurs heures. Elle avait alors déclaré : « Si cela se produit, les enfants, chantez des kirtans ; sinon, Amma pourrait bien demeurer ainsi pendant des mois, ou bien elle pourrait devenir un avadhut (un être éveillé mais qui ne guide pas les humains et ne se met pas à leur niveau. Ces êtres semblent fous au reste de la société) ».

En se rappelant cet incident, les brahmacharis continuèrent à chanter des kirtans jusqu'à ce qu'Amma sorte de son bhava. Il lui fallut longtemps pour reprendre complètement conscience de ce qui l'entourait.

Bhava darshan

Ce soir-là un dévot de Madras, Subrahmanian, était assis à côté d'Amma. Il lui demanda d'expliquer le sens du Bhava darshan.

Amma : « Fils, les gens vivent dans un monde de noms et de formes. C'est pour les guider vers la Vérité qu'Amma joue ce rôle. Sans le mental, il n'y a pas de monde. Tant que vous avez un

mental, les noms et les formes existent. Une fois le mental dissout, il n'y a rien. Ceux qui ont atteint cet état n'ont pas besoin de prier ou de faire japa. Dans cet état, il n'existe ni sommeil ni éveil : on ne perçoit aucune existence objective, rien qu'une tranquillité, une béatitude et une paix parfaites. Mais pour y parvenir, il faut avancer, et des méthodes telles que le Bhava darshan sont donc nécessaires. »

Subrahmanian : « Certains critiquent Amma parce qu'elle étreint ses enfants. »

Amma : « Fils, demande-leur : « À ton âge, as-tu le cran d'embrasser la mère qui t'a mis au monde ? Et même si tu en es capable à la maison, le ferais-tu en pleine rue ? »[38] En réalité, ils en sont incapables à cause de leurs inhibitions. Mais de tels sentiments n'existent pas chez Amma.

Une mère éprouve beaucoup d'amour, de tendresse et d'affection pour son bébé, elle ne ressent aucun désir physique. Amma perçoit chacun comme son bébé. C'est peut-être une forme de folie, et vous pouvez enfermer Amma si vous le désirez, mais c'est sa manière d'être. Si vous demandez pourquoi Amma embrasse les gens, voici la réponse : le flot de compassion qui l'habite déborde ainsi vers l'extérieur. Cette compassion s'écoule spontanément lorsqu'on s'approche d'elle, comme le feuillage des arbres s'agite sous la brise. Comme un fruit est naturellement sucré, ce flot de compassion est la nature propre d'Amma. Qu'y peut-elle ? Pour elle, cela est très réel. Une vache peut être noire, blanche ou rouge, mais le lait est toujours blanc. De même, il n'y a qu'un seul Soi, non plusieurs. La pluralité n'existe qu'aux yeux de ceux qui s'identifient à une âme individuelle. C'est tout. Amma ne ressent pas cette différence, c'est pourquoi elle ne distingue pas entre hommes et femmes.

---

[38] En Inde, les gens s'étreignent rarement en public.

Ce qui manque le plus en ce monde aujourd'hui est l'amour désintéressé. La femme n'a pas le temps d'écouter les soucis de son mari ou de le consoler, et le mari ne console pas sa femme, il ne l'écoute pas quand elle a besoin de lui confier ses ennuis. Les gens ne s'aiment que pour leur propre bonheur. Nul ne va au-delà et n'aime autrui au point de sacrifier son propre bien-être. Personne n'est prêt à se sacrifier pour autrui. Au lieu de l'attitude « Je suis là pour toi » il n'y a que l'inverse : « Tu es là pour moi ». Mais Amma ne peut pas avoir cette attitude.

Les gens qui examinent cela à leur niveau de conscience trouvent peut-être cela étrange. Mais ce n'est pas la faute d'Amma. Ils ont sans doute leur propre forme de folie, telle est la folie d'Amma. Un bouvier considère l'herbe comme de la nourriture pour le bétail ; un guérisseur qui se promène y reconnaît une plante médicinale. Chacun voit les choses en accord avec son samskara.

Un guru et un disciple partirent un jour en pèlerinage. En chemin, il leur fallut traverser une rivière. Sur la berge, une jeune fille pleurait. Elle devait traverser la rivière, mais l'eau était trop profonde pour elle. Le guru n'hésita pas. Il prit la fille sur ses épaules, franchit la rivière et déposa la fille sur l'autre rive. Le guru et le disciple continuèrent leur voyage. Quand ils s'assirent pour dîner, ce soir-là, le disciple semblait troublé. Le guru remarqua l'expression de son visage et l'interrogea : « Que t'est-il arrivé ? ».

Le disciple dit : « J'ai un doute. Était-il convenable que tu portes ainsi une jeune fille sur ton épaule ? ».

Le guru rit et répliqua : « Voyons, je l'ai déposée sur la berge de la rivière. Est-ce que tu la portes encore ? ».

Subrahmanian : « Je pratique une sadhana depuis plusieurs années, et pourtant je n'ai eu aucune expérience particulière. Pourquoi ? »

Amma : « Si tu mélanges dix plats différents, peux-tu savourer le goût d'un seul d'entre eux ? Avance en ne nourrissant qu'un seul désir, le désir de voir Dieu. Alors tu auras des expériences. »

Quelques jeunes gens étaient venus pour le darshan. Amma resta un moment avec eux, leur parlant de sujets spirituels. Ils finirent par se prosterner devant elle, avant de se lever. Au moment de partir, un des jeunes dit : « Amma, donne-moi ta bénédiction, afin que ma foi en toi grandisse ! »

Amma : « La foi ne doit pas être aveugle, fils. Avant de décider en qui tu la places, tu dois examiner les choses attentivement. Vous êtes tous jeunes. Ne vous mettez pas à croire instantanément. Ce que vous voyez n'est pas la nature réelle d'Amma. Amma est folle. Ne croyez pas aveuglément qu'elle est une bonne personne ! »

Le jeune homme : « Est-ce à l'enfant de décider si sa mère est bonne ! »

Ses paroles soulevèrent des vagues de rire. Il venait juste de rencontrer Amma, et pourtant il se sentait si proche d'elle ! Mais qui peut échapper aux vagues d'affection qui s'élèvent d'Amma, océan d'amour ? »

Mardi 1er juillet 1986

Les pécheurs sont aussi ses enfants

Amma et les brahmacharis étaient allés à Ernakulam. Ils rentrèrent à l'ashram vers midi. Parmi les dévots qui l'attendaient, beaucoup se prosternèrent à son arrivée. Sans monter dans sa chambre pour se reposer, Amma alla s'asseoir devant l'école de Védanta et se mit à donner darshan aux dévots.

Lors d'une réception qui avait eu lieu la veille à Ernakulam, les organisateurs avaient empêché un homme de mettre une guirlande au cou d'Amma. Un brahmachari, faisant référence à cet incident, rapporta : « Cet homme était ravagé de chagrin hier. Quand Amma l'a appelé et lui a donné un peu de prasad, il s'est senti un peu mieux. Il se serait effondré si elle ne l'avait pas fait. Les organisateurs craignaient que les gens critiquent Amma, si un homme à la réputation aussi mauvaise était autorisé à s'approcher d'elle. »

Amma : « Ce fils a peut-être commis bien des fautes, mais hier il est venu voir Amma pour la première fois. Comment va-t-il se comporter à partir de maintenant ? Voilà tout ce que nous devrions considérer. La lumière n'a pas besoin d'éclairage ; ce sont les ténèbres qui en ont besoin. Si Amma rejette cet enfant, quel sera son sort ? Par ignorance, il a commis de graves fautes, mais pour Amma, il est toujours l'un de ses fils. Y a-t-il quelqu'un ici qui n'ai jamais commis d'erreur ? La plus grave des fautes est de faire le mal en sachant où est le bien. Nous nous tournons vers les pratiques spirituelles pour apprendre à pardonner aux autres leurs erreurs et à les aimer, non à les rejeter. Il est à la portée de tout le monde de rejeter autrui, mais accepter tout un chacun, voilà ce qui est difficile. L'amour seul permet de tirer les gens de leur erreur et de les guider vers une vie juste. Si nous désavouons quelqu'un à cause de ses erreurs, il continuera à les commettre.

Le sage Valmiki était un brigand qui dévalisait et assassinait les voyageurs traversant la forêt. Un jour, il s'apprêtait à dépouiller et à tuer des sages. Ils réagirent en lui pardonnant et en le traitant avec beaucoup d'amour. S'ils n'avaient pas fait montre de compassion envers lui, il n'y aurait pas eu de Valmiki et en conséquence, pas de Ramayana, cette œuvre qui a éclairé tant de gens.[39]

---

[39] Ratnadasan, tel était le nom du voleur, devint ensuite le grand sage Valmiki, incarnation de l'amour et de la compassion. Il composa le Ramayana, le premier poème épique en sanscrit. Cette œuvre exerce de nos jours encore une profonde influence sur la culture de l'Inde.

C'est la compassion de ces sages qui a engendré Valmiki et le Ramayana. Donc, mes enfants, il faut pardonner les fautes d'autrui et, avec amour, leur montrer le droit chemin. Ne parlez pas sans arrêt des fautes que quelqu'un a pu commettre dans le passé, car cela incitera la personne à refaire les mêmes erreurs. Hier, ce fils a confié à Amma : « Jusqu'à ce que je te rencontre, je ne pouvais penser à rien d'autre qu'au suicide. Mais aujourd'hui tout cela est terminé. J'ai tout à coup envie de vivre. Et même, j'ai bien dormi la nuit dernière ! Je pensais que ma famille me soutiendrait toujours, quoi qu'il arrive ; mais quand j'ai connu des moments difficiles, ils m'ont tous abandonné, un par un. Certains m'ont même renié. Maintenant je sais que Dieu seul est vrai et éternel. Si je m'étais tourné vers Dieu dès le début, je n'aurais pas autant souffert. »

Mes enfants, prenons refuge en Dieu. N'importe qui, même un homme d'affaires à l'emploi du temps chargé, peut passer une heure par jour à concentrer son mental sur Dieu. Dieu prend soin de ceux qui Lui font confiance. Dans les moments difficiles, notre divinité d'élection viendra à notre secours. Dieu change même le mental de nos ennemis en notre faveur. Mais qui, de nos jours, a besoin de Dieu ? »

Un dévot : « J'ai entendu dire que le monde entier finirait par devenir hindou. »

Amma : « Cela semble peu probable, mais la majorité des gens assimileront les principes du Sanatana Dharma (la religion éternelle). »

Un autre dévot : « Cela ne manquera pas de se produire, car les Occidentaux, qui n'acceptent rien sans l'avoir d'abord mis à l'épreuve, ne pourront pas faire autrement qu'embrasser le Sanatana Dharma, qui est fondé sur les principes les plus logiques. »

Amma : « Mais les essais ont leurs limites. Affirmer que nous ne croirons quelque chose qu'après l'avoir mis à l'épreuve n'a pas de sens. La foi et l'expérience sont les exigences fondamentales. »

Le dévot : « De nos jours, les gens n'ont guère de respect pour les mahatmas. Leur foi est limitée aux temples. »

Amma : « C'est qu'ils ne mesurent pas la valeur des Écritures ou des principes spirituels. Ce sont les hommes qui construisent le temple, sculptent et installent l'image de la divinité, c'est encore l'homme qui adore et se prosterne. La puissance des temples est générée par les dévots qui viennent y adorer Dieu. Et lorsque c'est un mahatma qui insuffle la vie à un temple, il possède un pouvoir supérieur, infiniment supérieur, car le mahatma a pleinement réalisé le Divin en lui. Et pourtant, les gens n'ont pas foi en la puissance divine qui réside en l'être humain. Quel pouvoir peut bien avoir un temple si un mahatma ne lui insuffle pas la vie ou si les gens ne viennent pas y adorer Dieu ? »

Comme la foule grandissait, Amma entra dans la hutte réservée au darshan. Un dévot apporta des noix de coco fraîches. Il les posa dans la hutte, entra et se prosterna devant Amma.

Le dévot : « Ce sont les premiers fruits de notre jeune cocotier. Dès le début, j'avais l'intention de les apporter à Amma. »

Amma : « Les gens ne se sont-ils pas moqué de toi, en te voyant transporter ces noix de coco dans le bus ? »

Le dévot : « Qu'importe ! Pour Ammachi, je suis prêt à endurer toutes les moqueries ! Puis-je ouvrir une de ces noix de coco pour toi, Amma ? »

Amma accepta. Le dévot alla à la cuisine avec la noix de coco et Amma poursuivit sa conversation.

Le foyer doit devenir un ashram

Un dévot : « Est-il possible de réaliser Dieu tout en restant un grihasthasrami[40] ? »

Amma : « Oui, c'est possible. Mais il faut alors être un véritable grihasthasrami et concevoir son foyer comme un ashram. Combien de grihasthasramis trouve-t-on de nos jours ? Un véritable grihasthasrami a donné sa vie à Dieu et n'est attaché à rien. Il n'est attaché à aucune de ses actions. Le dharma est pour lui l'essentiel. Bien qu'il vive avec sa famille, son mental est toujours fixé sur Dieu. Il ne néglige jamais de prendre soin de sa femme et de ses enfants, ni de servir le monde car il considère cela comme un devoir confié par Dieu. Et il s'en acquitte avec beaucoup de soin. Mais il n'est pas attaché à ses actions comme c'est le cas aujourd'hui de la plupart des gens.

Si vous comprenez les principes de la spiritualité, vous pouvez constamment pratiquer une sadhana, tout en restant dans votre foyer. Ce n'est toutefois pas aussi facile que vous pourriez le croire. Si la télévision est allumée pendant que nous essayons de travailler, nous finirons par regarder l'écran. Pour résister et vaincre cette vasana, il faut un détachement d'une force exceptionnelle. Il est magnifique de parvenir à appeler Dieu tout en assumant le prarabdha[41] d'une famille. Bien des enfants d'Amma, des chefs de famille, méditent et pratiquent le japa régulièrement chez eux. Beaucoup d'entre eux ont fait le vœu de ne pas manger ou de ne pas se coucher avant d'avoir fait l'archana. Lorsqu'Amma songe à eux, son cœur déborde d'amour. »

---

[40] Un *grihasthasrami* est un chef de famille qui vit dans le monde et assume ses responsabilités, tout en menant une vie authentiquement spirituelle.
[41] Résultat d'actions commises dans le passé et que la personne récolte dans cette vie, souffrance ou bonheur.

Amma s'adressa ensuite aux brahmacharis : « Vous, les brahmacharis, vous êtes ici pour vous consacrer totalement au service du monde. Votre mental doit être entièrement fixé sur Dieu. Ne laissez place à aucune autre pensée. Le fait de penser à votre famille et à vos amis ne fera que créer plus de vasanas. Il suffit de s'asseoir dans une pièce pleine de charbon pour avoir le corps couvert de particules de charbon. Ainsi, l'affection et l'attachement qu'un sadhak éprouve pour sa famille tireront son mental vers le bas. »

Om

C'était une nuit de Dévi Bhava. Les brahmacharis étaient assis dans le kalari mandapam et chantaient des bhajans. La nature elle-même semblait avoir renoncé au sommeil, captivée par les chants. Le flot des dévots n'avait pas ralenti depuis le début du darshan, il y avait de cela plusieurs heures.

Les hommes entraient dans le kalari du côté droit, les femmes du côté gauche de la porte. Chacun se prosternait aux pieds d'Amma, assise sur un pitham (un petit tabouret de bois), et déposait son fardeau de chagrins à ses pieds. Chaque personne s'agenouillait devant Amma, posait la tête dans son giron maternel et recevait son étreinte. Elle leur donnait du prasad et de l'eau bénite, et ils quittaient le temple avec au cœur un sentiment de plénitude. Amma acceptait à ses pieds les montagnes du prarabdha de ses dévots. Comme la rivière sacrée du Gange qui purifie ceux qui ont chuté, elle lavait leurs péchés dans le flot de son Amour. Comme le dieu du feu Agni, qui dévore tout, elle les nettoyait dans son feu sacré, brûlant leurs vasanas.

Comme d'habitude, Amma n'était pas le moins du monde impressionnée par la taille de la foule. En fait, plus la foule des dévots était importante, plus son visage semblait radieux. La présence invisible du Divin, qui protège les univers innombrables, brillait à travers elle ; et en même temps, elle riait avec l'innocence d'une enfant, entraînant les autres à rire avec elle.

Un dévot, accompagné de son fils de quatre ans, entra dans le kalari. Le père se prosterna devant Amma. Juste à ce moment-là, l'enfant se mit à faire des bêtises, frappant le dos de son père et tirant sa chemise. Comme le papa restait humblement agenouillé devant Amma, le petit garçon prit cela pour une invitation à grimper sur le dos de son père et à le chevaucher comme un éléphant !

Amma appréciait beaucoup les facéties du garçon. Elle le taquina en lui versant de l'eau bénite sur le visage et sur le corps. L'enfant fit un bon en arrière pour éviter l'eau. Amma fit semblant de reposer le pot d'eau, et le petit s'avança de nouveau. Alors elle l'aspergea encore et il recula. Le jeu continua un moment, au grand plaisir de tous. Quand il sortit du temple avec son père, le petit espiègle était complètement trempé.

Chacun selon son samskara

Le Dévi Bhava se termina à une heure du matin. La plupart des dévots allèrent se coucher, mais Amma, les brahmacharis et quelques dévots veillèrent pour transporter les briques qui allaient être utilisées le lendemain pour la construction du bâtiment principal. Comme c'était la saison des pluies, la lagune qui entourait l'ashram débordait et la cour de l'ashram était remplie d'eau. Parmi les dévots qui aidaient à la tâche se trouvait une jeune femme de Delhi. Elle était arrivée la veille avec sa mère ; c'était la première fois qu'elle rencontrait Amma. Elle se mit à parler aux brahmacharis et ne s'arrêta plus. Cela les mit mal à l'aise. Elle finit enfin par s'en aller. Le travail terminé, Amma s'assit à un endroit sec avec quelques-uns de ses enfants, du côté sud du kalari. Les brahmacharis lui parlèrent de la familiarité excessive de la jeune femme.

Brahmachari : « Elle parle trop et elle ne sait pas ce qu'il faut dire. Elle a déclaré qu'en me voyant, elle avait pensé à son mari. J'ai eu envie de la gifler quand elle a dit cela ! »

Amma : « Fils, cette faiblesse en elle est due à l'ignorance. Mais tu aurais dû avoir la force de la sagesse. Dans une telle situation, regarde à l'intérieur. Si tu vois la moindre faiblesse dans ton mental, éloigne-toi. Celui qui a développé une véritable maturité est capable de donner aux gens les conseils nécessaires. Il ne sert à rien de se mettre en colère. Cette femme exprimait simplement son samskara. Elle ignore tout de la spiritualité. Vous, en revanche, devriez avoir le samskara de lui indiquer la manière juste de se comporter, puisqu'elle en a besoin. Avant de punir quelqu'un, il faut considérer sa culture et le milieu dans lequel il a grandi. En lui montrant gentiment le droit chemin, nous pouvons remédier à son ignorance. »

Contact avec les femmes

Un dévot : « Sri Ramakrishna n'a-t-il pas dit qu'un sadhak ne doit pas parler aux femmes ni même regarder leur image ? »

Amma : « Celui qui a un guru n'a rien à craindre. Il lui suffit de suivre les instructions du guru. Le propre disciple de Ramakrishna, Vivekananda, ne s'est-il pas rendu aux États-Unis et n'a-t-il pas accepté des femmes comme disciples ? Mais au début, un sadhak doit s'éloigner autant que possible de l'autre sexe. Il ne doit pas même regarder l'image d'une femme ; et les femmes sadhaks doivent garder la même distance vis-à-vis des hommes. Ce degré de vigilance est nécessaire. Pendant la période de sadhana, il vaut mieux renoncer totalement aux sens et demeurer dans la solitude. Ensuite, le disciple devra faire face à différentes situations, alors qu'il est auprès du guru. Il doit considérer que ces situations font partie de sa sadhana et surmonter ces obstacles. Il est par exemple impossible de parvenir au But sans transcender l'attirance entre les sexes. Un sadhak qui s'est abandonné au guru en sera capable ; mais celui qui n'a pas de maître doit observer une stricte discipline extérieure, sinon, il peut chuter à tout moment.

Un sadhak doit se montrer vigilant lorsqu'il a des contacts avec les femmes. Mais il ne sert à rien de les éviter par peur. Après tout, il faut dépasser la peur. Comment pourrez-vous trouver Dieu sans développer la force mentale de tout transcender ? Personne ne réalise le Soi sans d'abord apprendre à voir le Soi suprême en tout être. Mais pendant la période de sadhana, le chercheur doit s'abstenir d'avoir des contacts étroits avec les femmes. Il doit garder une certaine distance et éviter de rester seul à converser avec une femme, que ce soit dans une pièce ou dans un lieu solitaire. Sans que vous vous en aperceviez, le mental y prendra plaisir et si vous n'avez pas une force suffisante, vous succomberez. S'il est nécessaire que vous parliez à une personne du sexe opposé, invitez quelqu'un à se joindre à vous. Si une tierce personne est présente, vous serez plus vigilant.

L'association entre homme est femme est comme celle entre le pétrole et le feu ; le pétrole s'enflamme s'il est proche du feu. Soyez toujours vigilants. Si vous décelez en vous la moindre faiblesse, réfléchissez et demandez-vous : « Qu'y a-t-il de si attirant dans un corps plein d'urine et d'excréments ? ». Il faut cependant dépasser également cette aversion et considérer toute chose comme une forme de la Mère de l'univers. Essayez de développer de la force mentale en voyant en tout être la Conscience universelle. Mais tant que vous n'en avez pas la capacité, soyez très prudents. Le sexe opposé est comme un tourbillon qui vous entraîne vers le bas. Il est difficile de dépasser ces circonstances délicates sans une sadhana constante, lakshya bodha, et par-dessus tout, une attitude d'abandon au guru. »

Un dévot : « Les brahmacharis ne sont-ils pas épuisés à force de porter des briques, de faire d'autres travaux et de voyager ? »

Amma : « Même les nuits de Bhava darshan, les enfants portent des briques après la fin du darshan. Ils sont peut-être allés se coucher après avoir chanté des bhajans pendant tout le darshan, et puis on les appelle pour transporter des briques. Amma veut voir combien d'entre eux sont capables de travailler dans un esprit désintéressé, elle veut voir s'ils ne vivent que pour le confort du corps. C'est dans ces moments-là qu'on voit si leur méditation porte ou non ses fruits. Nous devons être prêts à aider les autres lorsqu'ils ont des difficultés. À quoi bon, sinon, se livrer à des austérités ? »

Le dévot : « Amma, viendra-t-il un jour où tous les êtres en ce monde seront bons ? »

Amma : « Fils, là où le bien existe, le mal est présent. Imagine qu'une mère ait dix enfants. Neufs d'entre eux sont bons comme de l'or, et un seul est mauvais. Ce mauvais rejeton suffit à causer la perte de tous les autres. Mais à cause de lui, ils seront contraints d'appeler Dieu. Le monde ne peut pas exister sans les paires d'opposés. »

Il était tard maintenant. Tous étaient captivés par les paroles d'Amma, personne n'avait remarqué le passage du temps.

Amma : « Mes enfants, il est très tard. Allez dormir maintenant. Amma vous verra demain. »

Amma se leva ; les dévots se prosternèrent devant elle avant de se lever aussi. Amma accompagna chaque visiteur pour lui montrer où il devait dormir. En la voyant patauger dans l'eau qui recouvrait le terrain, les dévots dirent : « Tu n'as pas besoin de venir, Amma. Nous trouverons bien nos chambres. »

Amma : « Il y a tant d'eau qu'il vous sera difficile de trouver le chemin, les enfants. Amma vient avec vous. »

Lorsqu'elle remonta enfin dans sa chambre après avoir accompagné les dévots, il était trois heures du matin. Les dévots s'allongèrent pour un repos de courte durée, jusqu'à l'aube.

Jeudi 10 juillet 1986

C'était un jour de Bhava darshan. Toute la matinée, les dévots n'avaient cessé d'affluer. Vers deux heures de l'après-midi, Amma se prosterna devant Mère Terre et s'apprêtait à sortir de la hutte, quand d'autres arrivèrent encore. Ils étaient venus de Nagercoil dans un bus de location, espérant voir Amma cette après-midi-là et repartir ensuite aussitôt.

Avec un sourire, Amma s'assit de nouveau sur le petit divan de bois. Les nouveaux arrivants approchèrent et vinrent se prosterner devant Amma. Ceux qui étaient depuis un moment dans la hutte se levèrent pour leur céder la place. Trois petits enfants étaient venus avec ce bus, et comme ils chantaient fort bien, Amma réclama un bhajan. Ils entonnèrent :

Pachai mamalai

Ô peuple de Srirangam,
Que j'aime la douceur d'Achuta,
Dont le corps est comme une verte montagne luxuriante,
Dont la bouche est comme du corail
Et les yeux comme des lotus.
Le petit Pâtre,
Que les grandes âmes se languissent de voir,
J'aime sa douceur plus que le goût du paradis.

Vers trois heures de l'après-midi, après avoir donné le darshan à tous les dévots de Nagercoil et enjoint à un brahmachari de leur servir à déjeuner, Amma monta enfin dans sa chambre. Un brahmachari l'y attendait. Amma s'assit par terre et Gayatri lui servit

191

à déjeuner. À côté d'Amma se trouvait une pile de lettres, une partie du courrier du jour. Elle tenait les lettres de la main gauche et les lisait tout en mangeant. Soudain, sans entrée en matière, elle se mit à parler au brahmachari, répondant à sa question ; elle savait ce qui le préoccupait, sans qu'il ait eu besoin de le lui dire.

La méditation doit être pratiquée avec concentration

Amma : « Fils, quand tu t'assieds pour méditer, garde ton mental parfaitement fixé sur Dieu et veille à ce qu'il ne dérive pas vers d'autres objets. Tu ne dois avoir à l'esprit que ta divinité d'élection. Tu dois parvenir à ce degré de détachement.

Un jour, alors qu'un sannyasi était en méditation, un homme passa juste devant lui, courant à toute vitesse. Le sannyasi n'aima pas cela. Un peu plus tard, le même homme revint, tenant un enfant à la main. Le sannyasi, en colère, lui demanda : « Pourquoi n'as-tu pas montré le moindre respect ? Ne voyais-tu pas que j'étais ici, en train de méditer ? ». Avec beaucoup de déférence, l'homme lui dit : « Je suis désolé, je n'avais pas la moindre idée que vous étiez assis ici ». « Et comment est-ce possible ? Es-tu aveugle ? », demanda le sannyasi. L'homme répondit : « Mon fils était parti jouer avec un ami, mais il n'était pas rentré après une assez longue absence. Je craignais qu'il ne soit tombé dans l'étang voisin, je suis donc parti en courant voir où il était. C'est pourquoi je n'ai pas remarqué votre présence ».

L'homme eut beau demander humblement pardon, le sannyasi était encore en colère. « Il est extrêmement impoli de ta part de me déranger alors que je médite sur le Seigneur ! » dit-il. L'homme répliqua alors : « Vous qui méditiez sur Dieu, vous m'avez vu passer en courant, mais je ne vous ai pas vu, assis juste devant moi, alors que je courais chercher mon fils. Votre relation avec Dieu semble incomparablement moins forte que celle que j'ai avec mon enfant. Quelle sorte de méditation est-ce là ? Et si vous n'avez ni patience, ni humilité, à quoi sert-il donc de méditer ? ».

Notre méditation ne devrait pas ressembler à celle du sannyasi de l'histoire. Lorsque nous nous asseyons pour méditer, nous devrions pouvoir concentrer le mental totalement sur notre divinité d'élection. Quoi qu'il arrive autour de nous, le mental ne devrait pas se laisser distraire. Et si cela se produit, à nous de veiller à le ramener immédiatement et à le lier à l'objet de notre méditation. Si nous pratiquons cela constamment, il ne s'en ira pas vagabonder ailleurs.

Quand tu t'assieds pour méditer, prends la ferme décision de ne pas ouvrir les yeux ni bouger les membres pendant un certain nombre d'heures. Quoi qu'il arrive, reste fidèle à ta décision. C'est cela, le véritable détachement (vairagya).

Brahmachari : « Amma, bien des pensées se glissent dans le mental et y créent beaucoup d'agitation. Il me semble parfois que mon seul désir est de voir Dieu et de L'aimer de tout mon cœur. D'autres fois je veux connaître les secrets de l'univers ; je veux les démêler grâce à la sadhana. Parfois encore, je ne veux rien de tout cela. Je désire simplement connaître la Puissance qui œuvre en moi. Ces différentes pensées engendrent une certaine instabilité dans ma sadhana. »

Amma : « Quand tu connaîtras le Soi, ne crois-tu pas que tu comprendras spontanément tous ces secrets ? Et si, en cherchant à découvrir les secrets de l'univers, tu demeurais plongé en eux ? Quand tu voyages en bus, tu vois défiler puis disparaître tous les paysages. De même, tout ce que tu vois aujourd'hui disparaîtra. Ne prête donc pas attention à ces fameux secrets et ne développe pas d'attachement pour eux. Bien des savants s'efforcent de percer les mystères de l'univers et pourtant, jusqu'à présent, ils n'y sont pas parvenus. Mais si tu réalises Dieu, tu comprendras l'univers entier. Emploie donc tout le temps dont tu disposes à réaliser Dieu. Il est inutile de songer à quoi que ce soit d'autre. »

Adorer une forme

Brahmachari : « Amma, Dieu est-Il à l'intérieur ou à l'extérieur ? »

Amma : « Tu raisonnes en termes d'intérieur et d'extérieur parce que tu es lié à la conscience du corps. En réalité, il n'y a ni intérieur, ni extérieur. N'est-ce pas le sentiment du « moi » qui te fait croire que « je » et « toi » sont séparés ? Mais tant que la sensation « je » subsiste, il est impossible de déclarer que cette situation est dépourvue de réalité. Dieu est la puissance de vie qui demeure en tout. Lorsque vous visualisez Dieu à l'extérieur, sachez que vous visualisez ce qui en réalité se trouve en vous. C'est grâce à de telles techniques que le mental est purifié. »

Brahmachari : « Une Puissance particulière guide l'univers, mais il est difficile de croire qu'il s'agit d'un dieu ayant une certaine forme. »

Amma : « Toutes les formes de puissance ne sont autres que Dieu. Il est le Tout-puissant, Il maîtrise tout. Si tu acceptes l'idée que Dieu est la Puissance universelle, pourquoi cette Puissance, à laquelle tout est soumis, ne pourrait-elle pas assumer une forme que le dévot aime ? Pourquoi est-ce difficile à croire ? ». D'une voix très ferme, Amma ajouta : « Il existe dans cet univers une Puissance primordiale. Je considère cette Puissance comme ma Mère, et même si je choisis de renaître une centaine de fois, Elle sera toujours ma Mère et je serai Son enfant. Je ne peux donc pas déclarer que Dieu n'a pas de forme.

La plupart des gens ne parviennent pas à calmer leur mental s'ils n'ont pas une divinité d'élection. Il faut essayer de passer sur l'autre rive en se servant de la divinité d'élection comme d'un pont. Tu ne peux pas t'en passer et traverser à la nage. Qu'arrivera-t-il si tu t'essouffles au milieu de la traversée ? Tu as besoin d'un pont. Le guru sera à tes côtés pour te montrer le chemin dans les moments difficiles, les moments de crise, tu dois avoir foi en cela et t'abandonner à Lui. Pourquoi donc te débattre inutilement ? Mais ne reste pas oisif sous prétexte qu'il y a quelqu'un pour te guider et te mener vers l'autre rive. Tu dois travailler dur.

Quand le bateau coule, il ne suffit pas de prier Dieu pour que la fuite soit colmatée. Tout en priant, essaye de boucher le trou. Accomplis l'effort nécessaire et prie en même temps pour obtenir la grâce de Dieu. »

Brahmachari : « Combien de temps me faudra-t-il pour réaliser le Soi ? »

Amma : « Fils, il n'est pas si facile de parvenir à la Réalisation, parce que tu as accumulé un grand nombre de tendances négatives. Que se passe-t-il lorsque nous lavons nos vêtements après un long voyage ? Nous ne sommes pas descendus en route, nous ne nous sommes assis à aucun endroit malpropre et pourtant, nous voyons lors du lavage à quel point nos vêtements sont sales ! De même, la saleté s'accumule dans notre mental sans même que nous nous en apercevions. Tu es venu ici en portant ce que tu as accumulé non seulement dans cette vie, mais aussi dans tes vies passées. Tu ne peux pas réaliser le Soi en restant assis les yeux fermés pendant un ou deux ans. Cela ne suffira pas à te purifier intérieurement.

Avant de planter l'arbre de ton choix, il d'abord déboiser et débroussailler. Si ton mental n'est pas pur, comment pourrais-tu voir le Soi ? Il est impossible de passer une couche de produit sur une plaque de verre sale et d'en faire un miroir. Il faut d'abord nettoyer le mental. Et tout en faisant cet effort, abandonne tout à Dieu. »

Le brahmachari se prosterna devant Amma et se leva. Amma termina son repas, lut encore quelques lettres, puis descendit pour les bhajans qui précédaient toujours le Bhava darshan. Au crépuscule, il se mit à pleuvoir doucement. Plus la nuit avançait, plus la pluie était forte et quand le Dévi Bhava se termina, à deux heures du matin, elle était torrentielle. Les dévots se réfugièrent dans l'école de Védanta et devant le kalari. Les gens dormaient où ils pouvaient. Lorsqu'Amma sortit du kalari après le Dévi Bhava, elle remarqua que beaucoup de dévots n'avaient pas trouvé d'endroit où dormir. Elle les conduisit jusqu'aux huttes des brahmacharis, pendant que Gayatri s'efforçait de la protéger en l'abritant sous un parapluie. Amma installa trois ou quatre personnes dans chaque hutte. Indiquant à chaque dévot sa place, elle lui séchait la tête avec une serviette. Devant le flot de son amour maternel, tous redevenaient de petits enfants.

Un dévot lui demanda : « Amma, où vont dormir les brahmacharis ? Est-ce que nous ne leur causons pas beaucoup d'ennuis ? »

Amma : « Ils sont ici pour vous servir. Ces enfants sont venus ici pour apprendre le sacrifice de soi. Ils seront heureux d'endurer ce petit inconfort pour vous. »

Les brahmacharis allèrent attendre l'aube au kalari mandapam. L'abri étant ouvert sur trois côtés, les rafales de pluie s'y engouffraient, si bien qu'il était impossible de dormir. Au moins, il ne leur restait plus longtemps à attendre avant l'aube.

Amma découvrit alors quatre dévots âgés qui n'avaient pas encore trouvé où dormir. Elle les emmena à une chambre située au nord du temple. La porte était fermée. Elle frappa et deux brahmacharis tout ensommeillés ouvrirent. Ils étaient allés se coucher avant la fin du darshan et comme ils dormaient profondément, ils ne s'étaient pas aperçu de ce qui se passait.

« Mes enfants, laissez ces personnes dormir ici. » Sur ce, Amma confia les dévots aux deux brahmacharis et monta dans sa chambre. Les brahmacharis cédèrent leur natte aux dévots, puis allèrent s'installer devant la salle de méditation, près de la porte, là où ils n'étaient pas exposés à la pluie, qui s'était un peu calmée.

Les brahmacharis étaient venus vivre en présence de l'incarnation du sacrifice de soi. Ils lui avaient voué leur vie. Et maintenant, à chaque instant, elle leur enseignait comment vivre.

Jeudi 7 août 1986

Vairagya

Vers deux heures trente de l'après-midi, Amma sortit de la hutte et monta dans sa chambre, où elle trouva la brahmacharini Saumya (Swamini Krishnamritaprana) qui l'attendait.

Depuis plusieurs jours, Saumya, d'origine australienne, désirait lui parler. Amma lui avait demandé de venir ce jour-là. Elle s'assit par terre et Saumya lui servit le déjeuner.

Saumya : « Il y a un moment que je désire poser quelques questions à Amma. Puis-je les formuler maintenant ? »

Amma : « D'accord, pose tes questions. »

Saumya : « Si je sens que je suis attachée à quelque chose, je décide de ne pas l'acheter ou de ne pas l'accepter. Est-ce du détachement (vairagya) ? »

Amma : « Si cet attachement doit te mener vers ce qui est irréel, alors il s'agit bien de vairagya.

Il faut reconnaître la véritable nature de chaque objet et comprendre que les choses matérielles ne nous apporteront jamais le vrai bonheur. Elles nous procureront peut-être une satisfaction passagère, mais le résultat final sera toujours la souffrance. Si nous comprenons réellement cette vérité, notre passion pour les objets des sens diminuera automatiquement. Il sera facile d'en détourner le mental.

Un homme qui adorait le payasam (dessert à base de riz sucré et de lait), fut un jour invité par un ami qui fêtait son anniversaire. Le payasam constituant le plat principal du festin, notre homme était très heureux. Il en prit un bol entier et le goûta : il était excellent, les proportions de riz, de lait et de sucre étaient parfaites, et le cuisinier avait ajouté de la cardamome, des raisins secs et des noix de cajou. Au moment où il allait en prendre une autre cuillerée, un lézard (gekko) tomba du plafond, droit dans son bol ! Il avait beau adorer le paysam, il jeta le contenu du bol. Au moment où il vit que le lézard était tombé dedans et l'avait donc rendu impropre à la consommation, il ne s'y intéressa plus. Ainsi, une fois que nous comprenons que la souffrance est inéluctable si nous recherchons le bonheur dans les objets des sens, il est facile d'éviter ce qui revêt d'ordinaire pour nous un grand attrait et de contrôler le mental. Ce sentiment de détachement est vairagya. En voyant un cobra, un enfant, ignorant à quel point il est venimeux, essayera peut-être de l'attraper. Mais jamais nous n'agirions ainsi, n'est-ce pas ?

Ma fille, il vaut mieux développer le détachement en apprenant à connaître les bonnes et les mauvaises qualités des choses plutôt que de chercher à en détourner le mental par la force. La maîtrise du mental viendra alors naturellement. »

Saumya : « Il me semble que le véritable bonheur vient du détachement, il ne peut venir des objets que l'on accumule ou dont on jouit. »

Amma : « Crois-tu que le bonheur vient du détachement ? Non, ce n'est pas vrai. Le bonheur vient de l'amour suprême. Ce qu'il te faut pour réaliser le Soi, Dieu, c'est l'amour. Seul l'amour te mènera au détachement absolu. »

Saumya : « Il est donc inutile de renoncer à quoi que ce soit ? »

Amma : « Tyaga (le renoncement) ne suffit pas. Connais-tu la paix intérieure si tu es en colère contre quelqu'un ? Et n'est-il pas vrai que tu n'es vraiment en paix que quand tu aimes ? Tu es heureuse lorsque tu respires le doux parfum d'une fleur. Éprouverais-tu la même joie si tu te bouchais le nez ? Et ne savoures-tu pas mieux le goût du sucre quand tu le laisses fondre dans la bouche ? Ce bonheur vient-il du détachement (vairagya) envers le sucre ? Non, il provient de l'amour.

Lorsque tu vois des excréments, tu te bouches le nez. C'est de la répulsion. Il n'y a là aucun amour et donc, pas de bonheur. Si tu renonces aux objets de ce monde en pensant : « La joie que je retire des objets extérieurs est transitoire et m'apportera plus tard de la souffrance. Le bonheur que me procurent les objets de ce monde n'est pas permanent, il est momentané et donc irréel », tu peux qualifier cela de vairagya. Mais pour connaître le vrai bonheur, il ne suffit pas de renoncer aux objets du monde avec vairagya ; il faut encore atteindre la Réalité, grâce à l'amour. Telle est la voie qui mène à la béatitude éternelle.

Tu n'as pas besoin de haïr le monde de l'illusion. À travers lui, tu peux apprendre comment parvenir au monde réel, éternel. Nous aspirons au monde éternel, et c'est seulement grâce à l'amour que nous grandirons assez pour atteindre cet état. Quand la Lune se lève, les eaux des lacs et des océans de la Terre montent vers elle, par amour ; la fleur s'épanouit pour goûter la caresse du vent, et cela aussi, c'est par amour ; qu'est-ce qui nous apporte donc la béatitude ? Non pas le détachement, mais l'amour. »

Saumya (un peu mal à l'aise) : « Je ne veux pas du bonheur que donne le fait d'aimer quelque chose. »

Amma : « Un sadhak n'aime pas un objet séparé de lui-même. Il aime son propre Soi, présent en tout ce qui l'entoure. À mesure que grandit son amour pour l'Éternel, son désir de Le connaître gagne lui aussi en intensité. Ainsi, lorsque nous aimons l'Éternel, le détachement (vairagya) réel se développe en nous.

Imagine la situation suivante : nous apprenons qu'un ami qui vit au loin est en route pour nous rendre visite et qu'il peut arriver à tout instant. Dès que nous sommes au courant, nous l'attendons, sans même manger ni dormir. N'est-ce pas notre amour pour lui qui nous permet de l'attendre sans nous soucier de manger ni de dormir ? »

Saumya : « Qu'est-ce qui doit venir en premier, l'austérité ou l'amour ? »

Amma : « La véritable austérité naît de l'amour. Sans amour, il ne peut y avoir d'austérité. L'ascèse sans amour ne dure jamais bien longtemps, parce que le mental se fatigue et retourne à son état premier. Dès que nous avons appris la venue de notre ami, nous avons renoncé à la nourriture et au sommeil, tant notre désir de le voir était fort. Il a jailli de notre amour pour lui. Notre ascèse est venue naturellement et grâce à l'amour, cela ne nous a pas paru être un sacrifice ou une épreuve. Mais sans amour, nous éprouverions une telle austérité comme une terrible épreuve. Si nous sautons un repas parce que nous nous sommes imposé ce tapas, nous ne penserons qu'à la nourriture.

Pour se détacher d'une chose, il faut en aimer une autre. Fille, si tu es capable de vivre ici avec patience et en acceptant ce qui se présente, c'est uniquement parce que tu as de l'amour pour le But, pour la réalisation du Soi. Les gens nourrissent des désirs, de la colère, de la jalousie et de l'orgueil. Comment alors est-il possible à quelques personnes de contrôler ces émotions négatives et de vivre ici dans un esprit de pardon et d'endurance ? Tu ne le fais que par amour pour la réalisation du Soi. Sinon, tous ces traits de caractère se manifesteraient en toi. Mais grâce à l'amour, ils ne peuvent pas vivre et s'épanouir dans ton mental. Ton amour pour le But les restreint. »

Saumya : « S'il en est ainsi, pourquoi es-tu aussi stricte lorsqu'il s'agit du respect des règles de l'ashram ? Le détachement ne devrait-il pas se produire spontanément ? »

Amma : « Amma ne dit pas que tu n'as pas besoin de vairagya. Il faut pratiquer vairagya, mais ce détachement ne sera complet que grâce à l'amour. Au début, les restrictions sont absolument essentielles. Il y a maintenant ici environ trente renonçants. Tous désirent réaliser le Soi, mais leur mental est l'esclave de leur corps. Ils veulent connaître le Soi, mais trouvent difficile de renoncer au bien-être physique. Il est donc nécessaire d'imposer quelques règles.

Si quelqu'un doit partir de bon matin mais n'arrive pas à se réveiller, c'est à nous de le tirer du sommeil, n'est-ce pas ? Si un enfant désire voir le lever du soleil, mais ne parvient pas à se lever parce qu'il est sous la coupe du corps, sa mère le réveille.

Il te faut rester debout et vigilante, prête à vivre l'aube du Divin. Le temps n'attend pas. Mais mes enfants ne font pas leur devoir. S'ils ne sont pas vigilants, Amma doit les réveiller. Sinon, elle les induirait gravement en erreur. Amma trouve que sa sévérité dans ce domaine est son plus grand acte d'amour envers ses enfants de l'ashram. »

Les règles sont importantes dans un ashram

Saumya : « Les règles de l'ashram semblent parfois bien sévères. »

Amma : « Les règles sont indispensables dans un ashram où vivent de nombreuses personnes et qui est fréquenté par un très grand nombre de visiteurs. Par exemple, hommes et femmes ne doivent pas se parler trop librement. Les résidents de l'ashram doivent donner l'exemple aux autres. En outre, tous les résidents n'ont pas la même nature. Ceux qui viennent d'arriver n'ont pas encore beaucoup de maîtrise d'eux-mêmes.

Mais les enfants qui sont ici depuis le début ont acquis un certain contrôle de leur mental. Les nouveaux venus peuvent leur confier leurs doutes, il n'y a pas de mal à cela. Mais il doit y avoir une limite, c'est ce que dit Amma. Parlez lorsque c'est nécessaire, pas plus. »

Saumya : « Nous sommes bien éveillés les jours où c'est toi qui nous réveilles, Amma ! »

Amma : « Les enfants qui aiment Amma et aspirent à réaliser le Soi se lèvent sans attendre que quiconque les réveille. Quand Amma monte dans sa chambre la nuit, elle a beaucoup de lettres à lire. Ensuite, elle ne peut pas se coucher sans se renseigner pour savoir s'il y a assez de légumes, de riz, d'argent, etc., pour le lendemain. S'il manque quelque chose, elle doit donner des instructions, dire ce qu'il faut acheter ou ce qu'il faut faire. Il lui faut aussi s'occuper des visiteurs, comme de la discipline des enfants qui vivent ici et de leurs besoins. Avec tout cela, comment pouvez-vous attendre d'elle qu'elle passe dans chaque chambre pour vous réveiller ?

Si vous aimez Amma, il suffit de suivre attentivement ses instructions. Aimer Amma, c'est lui obéir. Il faut avoir soif. L'amour qu'il éprouve envers le guru et son institution, sa relation avec le guru, aident celui qui a un maître à tout oublier et à croître pour devenir l'Infini. Pour devenir un arbre, une graine doit s'enfoncer dans le sol. »

Saumya : « Amma, en général, tu ne me grondes pas. Pourquoi ? »

Amma : « Vraiment ? Est-ce que je ne te dispute pas dans le kalari pendant le Dévi bhava[42] ?

Saumya : « Juste un peu. »

---

[42] Au cours du *Dévi Bhava*, c'est en général Swamini Krishnamrita qui est au service d'Amma.

Amma (en riant) : « Amma ne te trouve qu'un seul défaut : tu ne te lèves pas de bonne heure le matin. Tu te couches après avoir travaillé dur une partie de la nuit. Et ne restes-tu pas debout dans le kalari pendant tout le Dévi bhava ? Tu essayes en outre sincèrement d'atteindre le But de la réalisation. Tu désires suivre régulièrement la discipline de l'ashram et tu ne tentes jamais d'y échapper en te cachant ou en t'esquivant. Il n'y a donc aucune raison de te réprimander. »

Comment éliminer les défauts

Saumya : « Il y a ici des hommes et des femmes ; ne souhaites-tu pas que nous manifestions de l'amour envers tous ? »

Amma : « Il n'est pas nécessaire d'aller au-devant de chacun et de lui montrer ton amour ; il suffit de ne nourrir aucun sentiment négatif, aucun, quel qu'il soit. L'amour vrai est l'absence de sentiments négatifs envers qui que ce soit. En les éliminant, tu permets à l'amour toujours présent en toi de briller ; alors les distinctions, les différences, n'existent plus. As-tu observé comment ceux qui s'aimaient hier se méprisent aujourd'hui ? Leur amour n'a donc jamais été réel. L'attachement induit la colère ; notre but est de ne nourrir ni attachement, ni colère. C'est là le véritable amour. En outre, nous servons autrui de manière désintéressée, et c'est la plus noble forme d'amour. »

Saumya : « Je m'efforce de ne pas avoir de sentiments négatifs envers qui que ce soit. »

Amma : « L'attachement et l'aversion ne sont pas des objets qu'il nous est loisible de prendre et de rejeter. Les bulles à la surface de l'eau éclatent si nous essayons de les saisir ; il est impossible de les attraper. De même, nous ne pouvons pas expulser de notre mental pensées et émotions. Si nous tentons de les refouler, elles ne feront que redoubler de force et nous créer des problèmes.

Seule la contemplation nous permettra d'éliminer nos émotions négatives. Examinons nos tendances négatives et efforçons-nous de les remplacer par de bonnes pensées. Il est impossible de les éliminer par la force.

Si nous versons de l'eau pure dans un gobelet d'eau salée et continuons quand il est plein, la teneur en sel s'affaiblira et nous obtiendrons finalement un verre d'eau pure. De même, c'est en cultivant de bonnes pensées que nous pouvons éliminer les mauvaises.

Il est impossible d'extirper des émotions telles que la colère et le désir, mais nous pouvons prendre garde à ne leur laisser aucun espace dans notre mental. Reconnaissons que nous sommes les instruments de Dieu et développons l'attitude d'un serviteur.

En vérité, nous devrions penser que nous sommes des mendiants. Un mendiant arrive dans une maison pour demander bhiksha (une aumône de nourriture). Il est peut-être mal accueilli : « Il n'y a pas de bhiksha ici. Va-t-en ! Pourquoi es-tu venu ? ». Mais quelles que soient les invectives qu'il reçoit, il n'ouvre pas la bouche. Il pense : « Je ne suis qu'un mendiant. Je n'ai personne sur cette terre à qui confier mes tourments. Dieu seul connaît mon cœur ».

S'il tentait d'expliquer cela à cette famille, on ne le comprendrait pas, il le sait. Si quelqu'un se met en colère contre lui, il se contente de partir sans rien dire et frappe à la porte suivante. Si là encore on l'accueille avec colère, il tente sa chance chez le voisin, sans se plaindre. Telle devrait être notre attitude. Dès que nous assumons le rôle d'un mendiant, l'ego s'écroule en grande partie. Nous avons alors le sentiment que Dieu est notre seul refuge et les vasanas négatives tombent d'elles-mêmes. On ne devient plus grand que le plus grand qu'en se faisant plus petit que le plus petit. C'est en servant tous les êtres que l'on devient le maître de l'univers. Seul celui qui se prosterne même devant un cadavre (shava) devient Shiva. »

Saumya : « Si nous possédons quelque chose dont quelqu'un ici a besoin, est-ce une erreur de le leur donner ? »

Amma : « Ne fais pas cela, ma fille. Tu es une brahmacharini. Tu es venue ici pour faire une sadhana. Si tu souhaites donner quelque chose à quelqu'un, donne-le au bureau ou donne-le à Amma et elle le transmettra à la personne qui en a besoin. Si tu donnes directement, tu auras le sentiment : « Je donne » et tu développeras de l'attachement envers cette personne. Ne donne donc pas toi-même. Au niveau du guru, il n'y a plus de problème car aucune pensée concernant la personne qui reçoit ne surgit plus dans le mental ; mais au stade où tu en es, il n'est pas nécessaire de manifester ton amour à l'extérieur ; il doit se développer à l'intérieur de toi. Quand il n'y a plus d'aversion ni d'hostilité, c'est l'amour. Quand la moindre trace d'aversion disparaît du mental, le mental devient Amour. Il devient comme du sucre : tout le monde peut en prendre et en savourer la douceur, sans que vous-même ayez rien à donner.

Si une mouche tombe dans le sirop, elle meurt. Au stade où tu en es, ceux qui viennent te trouver pour te demander quelque chose y sont poussés par un motif impur que tu ne perçois pas ; ils sont comme des mouches. Ils ne retireront aucun bienfait de ta générosité. Ils se font du mal et cela t'est également nuisible.

Un insecte qui s'approche de la lampe cherche de la nourriture. La fonction de la lampe est de nous éclairer, mais les insectes viennent pour la manger. Ils périssent dans leur tentative et il arrive que la lampe s'éteigne. Il ne faut donc pas donner à autrui l'occasion de se détruire et de nous détruire. Nous sommes remplis de compassion, mais ceux qui sont en face de nous sont peut-être différents. Si à l'avenir tu occupes un poste de responsable dans un ashram ou une gurukula, certains viendront peut-être à toi avec des intentions impures. Si tu as suffisamment progressé, ton amour détruira leurs pensées impures. Si un éléphant tombe dans un incendie de forêt, le feu n'est pas en danger[43].

Mais au stade où tu en es, ton amour ne fera qu'encourager la faiblesse d'autrui. »

Saumya : « Il faut donc avoir beaucoup d'amour à l'intérieur, mais ne pas le montrer. »

Amma : « Il ne s'agit pas de ne pas le montrer, mais de se comporter en accord avec le dharma d'un ashram ; voilà ce que veut dire Amma. Tu dois toujours prendre en compte les circonstances. Si des visiteurs voient des brahmacharis et des brahmacharinis discuter, ils en feront autant. Ils ne savent pas à quel point votre cœur est pur. En outre, il est inutile que vous parliez ; ce n'est pas ce qu'aimer veut dire. Aimer signifie ne nourrir aucun sentiment négatif, quel qu'il soit. »

Saumya : « Quand nous discutons, il s'agit de sujets spirituels, de questions que nous nous posons au sujet des enseignements. »

Amma : « Mais les gens l'ignorent, ma fille. Les témoins ne voient qu'une chose : un brahmachari et une brahmacharini ont ensemble une conversation, et ils imiteront ce comportement. Quand les gens voient un homme et une femme se parler, ils l'interprètent mal. Tel est le monde d'aujourd'hui. »

Saumya avait tant de compassion qu'elle donnait tout ce qu'on lui demandait ; quelques visiteurs avaient commencé à lui demander chaque fois l'argent nécessaire pour payer leur voyage de retour en bus. Amma avait interdit à Saumya de continuer à donner ainsi, parce que certains avaient tenté d'exploiter sa compassion. Il était de plus contraire aux règles de l'ashram de demander de l'argent aux résidents. Saumya avait d'abord été

---

[43] Le feu symbolise ici le *sadhak* avancé, tandis que l'éléphant représente les pensées impures d'autrui.

contrariée, mais elle était maintenant satisfaite des explications données par Amma.

Comment discerner entre le bien et le mal

Saumya posa d'autres questions : « J'ai accompli des actions en croyant qu'elles étaient justes, mais il s'est avéré qu'elles étaient erronées. Je n'en avais à l'époque aucune idée.

Comment discerner entre ce qui est juste et ce qui ne l'est pas, de manière à agir correctement ? »

Amma : « Pour l'instant, suis les instructions d'Amma. Écris tes sentiments, par exemple : « J'ai eu cette mauvaise pensée » ou bien : « Je me suis mise en colère contre un tel ». Puis demande à Amma de t'aider, et corrige-toi.

Au début, les brahmacharis et les brahmacharinis ne doivent pas se parler, telles sont les injonctions d'Amma à ses enfants qui vivent ici. Au bout d'un certain temps de sadhana, ce n'est plus un problème. Amma n'est pas aussi stricte avec ses enfants occidentaux parce qu'ils viennent d'un contexte culturel différent. Dans leur pays, il n'y a pas la même différence entre hommes et femmes. »

Saumya : « Lorsque nous obtenons le résultat escompté, est-ce dû à une attitude intérieure juste ou bien est-ce simplement le fruit de l'action extérieure ? »

Amma : « C'est le fruit d'une attitude mentale pure. Mais il faut en outre être attentif à l'action elle-même et observer le résultat ; il faut de l'entraînement pour agir avec une attitude mentale pure. »

Saumya : « Dieu nous pardonnera-t-Il nos fautes ? »

Amma : « Il pardonne jusqu'à un certain point, mais pas au-delà. Il nous pardonne les fautes que nous commettons sans le savoir, parce qu'après tout, nous étions ignorants ; mais si nous faisons consciemment le mal, Il ne le tolérera pas au-delà d'une certaine limite. Alors Il nous punira. Le petit bébé appelle son père « da, da ». Le père sait que son bambin l'appelle et cela le fait rire. Mais si l'enfant continue plus tard, quand il est assez grand pour parler correctement, son père ne rira plus ; il lui donnera une fessée. De même, si nous commettons des erreurs en sachant très bien que nous agissons mal, Dieu nous punira certainement. Mais cela même est une forme de grâce ; Dieu peut très bien punir un dévot pour une faute légère, afin qu'il ne recommence pas. Cette punition vient de la compassion infinie de Dieu envers le dévot et a pour but de le sauver. C'est comme une lumière dans les ténèbres.

Un garçon avait l'habitude de sauter par-dessus un fossé rempli de fils de fer barbelés pour aller chez le voisin. Sa mère lui dit : « Fils, ne saute pas par-dessus le fossé car si tu glisses, tu vas te blesser. Prends le chemin normal, même s'il est un peu plus long » ; le garçon protesta : « Mais maman, il ne m'est encore jamais rien arrivé ! », et il continua à prendre le raccourci. Mais un jour, en sautant par-dessus le fossé, il tomba et se coupa le pied. Il alla trouver sa mère en pleurant. Elle le consola avec beaucoup d'amour, pansa sa blessure et lui enjoignit encore de prendre le chemin normal. Mais le garçon désobéit ; il glissa une deuxième fois, tomba sur les barbelés et se coupa. Il alla de nouveau trouver sa mère en pleurant, mais cette fois, avant de soigner ses blessures, elle lui donna une fessée.

Si le garçon avait vraiment souffert la première fois, il n'aurait pas recommencé. Ce n'est pas par colère, mais par amour que sa mère lui a donné une fessée la deuxième fois. De même, les punitions que Dieu nous envoie dans Sa compassion sont destinées à nous éviter de continuer à mal agir.

Certains crayons ont au bout une gomme, avec laquelle nous pouvons tout de suite effacer nos erreurs. Mais si nous nous trompons toujours au même endroit, à force d'effacer, nous allons déchirer le papier. »

Amma finit de manger. Elle se lava les mains et se rassit.

Saumya : « Quand je pense à quelque chose, cela semble juste sur le moment, puis peu après je me dis qu'après tout, c'est peut-être une erreur. Je n'arrive pas à décider quoi que ce soit ; j'ai toujours des doutes au sujet de ce qui est juste et de ce qui ne l'est pas. »

Amma : « Si nous ne sommes pas capables de distinguer entre le bien et le mal, demandons l'avis d'un guru ou d'un sage. Nous verrons alors clairement le droit chemin. Il est difficile de progresser sans s'abandonner à une personne capable de nous guider jusqu'au But, sans avoir foi en elle. Lorsque nous rencontrons une telle âme, capable de nous guider, il faut suivre ses conseils et développer une attitude d'abandon total de soi-même. Il est impossible de progresser si on critique le guru lorsqu'il nous montre nos erreurs ou nous réprimande. »

Saumya : « Comment les désirs deviennent-ils des obstacles aux pratiques spirituelles ? »

Amma : « Imagine que le tuyau relié à un robinet soit plein de trous. Il ne sortira du robinet qu'un filet d'eau. Ainsi, si le mental nourrit des désirs égoïstes, nous ne parviendrons pas à nous concentrer totalement sur Dieu et ne pourrons pas nous approcher de Lui. Comment celui qui ne peut franchir une petite rivière pourrait-il traverser l'océan ? Il est impossible d'atteindre l'état suprême sans renoncer à tout égoïsme. »

Saumya : « Le japa, la méditation ou la prière, laquelle de ces pratiques est la plus efficace pour détruire les vasanas ? »

Amma : « Toutes ces méthodes nous aident à vaincre les vasanas. Si nous prions avec une concentration totale, cela suffit. Mais peu de gens prient tout le temps et leur concentration n'est pas totale. C'est pourquoi nous utilisons des méthodes comme le japa, la méditation et le chant dévotionnel. De cette manière, nous pouvons garder constamment à l'esprit la pensée de Dieu. Si nous plantons des graines, il faut mettre de l'engrais, les arroser régulièrement, les protéger des animaux et détruire les vers et les insectes qui les attaquent. Tout cela sert à améliorer la récolte. De même, les différentes pratiques spirituelles que nous effectuons servent toutes à accélérer notre progression vers le But. »

Saumya : « Amma m'a demandé de psalmodier Om Namah Shivaya de sept heures à huit heures du soir. Je ne peux donc pas participer aux bhajans. »

Amma : « Ne t'inquiète pas, ma fille, Amma va demander à quelqu'un d'autre de prendre le relais. »

Amma regarda la pendule accrochée au mur. Il était cinq heures moins le quart. Elle dit : « C'est bientôt l'heure des bhajans. Amma va prendre sa douche, maintenant. Ma fille, si jamais tu as des problèmes, tu dois venir en parler à Amma. »

Saumya se prosterna devant Amma, le visage radieux, toute à la joie d'avoir pu s'entretenir aussi longuement avec Amma et d'avoir obtenu des réponses aux questions qu'elle se posait.

Peu après, Amma se rendit dans le kalari et les bhajans qui précèdent toujours le Dévi bhava commencèrent. La même Mère qui, sous l'aspect du guru, avait consacré tant de temps à répondre avec patience aux questions de sa disciple, apparaissait maintenant comme une fidèle ouvrant son cœur pour exprimer sa soif ardente de Dieu en chantant. Elle chantait de tout son être, oubliant tout dans l'extase de la dévotion.

Mercredi 20 août 1986

Maîtrisez la colère

Tout le monde avait travaillé sans arrêt depuis le matin. C'était la fin de l'après-midi. Il s'agissait de nettoyer le terrain de l'ashram et de transporter des matériaux de construction utilisés pour faire du béton et construire le nouveau bâtiment. Amma aidait à porter de longues barres d'acier. Son sari blanc était tout taché de vert par la mousse qui recouvrait les barres humides.

Un dévot travaillant dans le Rajasthan était arrivé la veille au soir. Il avait mauvais caractère et avait prié Amma de l'aider à dominer la colère. Amma, qui demeure dans le cœur de chaque être, le savait ; s'adressant à lui avec un sourire, elle dit : « Mon fils, Amma a le sentiment que tu as en toi un peu trop de colère. Si tu te mets de nouveau en colère, prends une photo d'Amma, pose-la devant toi et dispute Amma. Dis-lui : « Est-ce là tout ce que j'obtiens en t'adorant, la colère ? Tu dois me l'enlever immédiatement ! Sinon, je vais. » Puis prends un coussin et donne des coups de poings dedans en imaginant qu'il s'agit d'Amma. Si tu le souhaites, tu peux même lancer du sable sur Amma. Mais ne te mets pas en colère contre les autres, fils. »

L'homme fut ému jusqu'aux larmes par l'amour d'Amma.

Au crépuscule, le travail était presque terminé. Amma portait maintenant des pierres. Ses enfants protestèrent en la voyant soulever la plus grosse pierre et se la mettre sur la tête. Ils essayèrent de la dissuader et insistèrent pour qu'elle prenne des pierres plus petites. Mais elle souffrait de voir ses enfants soulever les pierres les plus lourdes. Elle leur dit : « Aucune douleur physique n'est aussi terrible que la souffrance mentale. »

Le dur labeur se transformait en adoration. Chacun essayait de porter des charges plus lourdes que ce qu'il pouvait soulever.

Les gouttes de sueur tombaient comme des fleurs d'adoration aux pieds de la Mère de l'univers, des fleurs contenant les graines dorées d'une ère nouvelle.

Samedi 23 août 1986

Amma se trouvait dans le kalari mandapam avec quelques dévots.

Parmi eux se trouvait Vijayalakshmi, mariée depuis un an environ. Un de ses amis lui avait récemment fait connaître Amma. D'emblée, elle avait adoré Amma et avait eu en elle une foi totale. Elle venait depuis régulièrement en visite, mais son mari n'avait pas grande foi en Amma. Il ne s'intéressait guère à la spiritualité, sans toutefois s'opposer aux visites de sa femme à l'ashram. Après sa rencontre avec Amma, Vijayalakshmi cessa de s'intéresser à son apparence extérieure. Elle rangea ses bijoux et ses saris de prix pour ne plus porter que du blanc. Son mari exprima cependant son désaccord ; ingénieur ayant réussi, il était doté d'un large cercle d'amis.

Amma : « Ma fille, si tu ne portes que du blanc, cela plaira-t-il à mon fils ? »

Vijayalakshmi : « Peu importe, Amma. J'ai rangé tous mes autres saris et les hauts assortis. Je veux les donner à des gens qui en ont besoin. J'ai tant de vêtements superflus ! »

Amma : « Ne fais pas cela maintenant, ma fille ! Ne fais rien qui puisse blesser ton mari. Tu as un certain dharma, ne le néglige pas. D'ailleurs, mon fils ne fait pas d'objection à tes visites. N'est-ce pas déjà merveilleux ? »

Vijayalakshmi : « Amma, il a le temps de faire des centaines de choses, mais il n'a pas le temps de venir te voir, pas même une seule fois. Pendant des années je me suis habillée et je l'ai accompagné partout, mais c'est fini. Je suis fatiguée de cette pompe et de cet apparat. Ce sari et ce haut en coton me conviennent parfaitement. »

Amma : « Ne parle pas ainsi, ma fille. Il est vrai qu'il ne vient pas voir Amma ; néanmoins, il a beaucoup de dévotion. »

Vijayalakshmi : « Que veux-tu dire ? Il refuse d'aller au temple. Lorsque je lui ai demandé de m'accompagner au temple de Guruvayur, il a répondu : « J'ai décidé quand j'étais étudiant de ne jamais mettre le pied dans un temple. Mais à cause de toi, il m'a fallu rompre ce vœu. C'est parce que ta famille est si pieuse que j'ai dû briser mon serment ». Amma, je dois supporter qu'il se plaigne encore du fait que nous avons été mariés au temple. »

Amma rit et répondit : « Ma fille, il ne vient peut-être pas ici et ne va pas au temple, mais il a le cœur bon. Il a de la compassion envers ceux qui souffrent et cela suffit. Ne fais rien qui le contrarie. »

La déception se lisait sur le visage de Vijayalakshmi.

Amma : « Ne t'inquiète pas. N'est-ce pas Amma qui te donne ce conseil ? Si tu ne portes que du blanc, il sera fâché. Que dira-t-il à ses amis ? Porte donc du blanc pour venir ici, mais à la maison ou quand tu voyages avec lui, porte tes vêtements et tes bijoux, comme d'habitude. Sinon les gens blâmeront Amma, n'est-ce pas ? Ton mari est aussi l'enfant d'Amma. Ne t'inquiète pas, ma fille. »

Vijayalakshmi ne trouva rien à répondre ; l'expression de son visage montrait qu'elle avait accepté les paroles d'Amma.

Agir

Un autre dévot, Ramachandran, posa alors une question : « De nombreux livres rapportent que dans les anciennes gurukulas on accordait encore plus d'importance aux actions qu'à la sadhana. Les Upanishads affirment que le karma yoga seul ne suffit pas pour obtenir la réalisation du Soi ; les gurus confiaient cependant aux nouveaux disciples la tâche de soigner le bétail ou de couper le bois pendant les dix ou douze premières années. Pourquoi ? ».

Amma : « Il est impossible de purifier le mental sans accomplir des actions désintéressées. C'est la première qualité nécessaire à un être spirituel, le désintéressement. Certaines tâches étaient confiées au disciple pour prendre la mesure de son absence d'égoïsme. S'il accomplissait le travail dans un esprit de désintéressement et de sacrifice, il prouvait ainsi la fermeté de sa résolution d'atteindre le But. Si le disciple observe la moindre parole du guru, il devient le Roi des rois ; cette attitude d'abandon de soi fait de lui le souverain des trois mondes.

Avant d'accepter un aspirant comme disciple au vrai sens du terme, il faut le mettre à l'épreuve, sans rien omettre. Un maître authentique n'acceptera un nouveau disciple qu'après de tels tests.

Finalement, un marchand de cacahuètes prend la direction d'un magasin de diamants. S'il perdait une cacahuète, cela importait peu, mais un diamant est infiniment plus précieux. Un être spirituel est censé apporter au monde la paix et la joie. Le devoir du guru est de le mettre à l'épreuve et de voir s'il possède la shraddha et la maturité nécessaires ; sinon, le disciple nuira au monde.

Un jeune homme arriva un jour dans un ashram, espérant y résider. Le guru tenta de l'en dissuader, en lui disant que le temps n'était pas encore venu pour lui d'y vivre. Mais le jeune homme refusa de rentrer chez lui. Le guru finit par céder. Il confia au disciple la tâche de garder un verger, non loin de l'ashram.

Quand le jeune homme rentra le soir à l'ashram après avoir rempli sa mission, le guru lui demanda : « Qu'as-tu mangé aujourd'hui ? » Le disciple répondit : « J'ai mangé quelques pommes, cueillies dans les arbres. » Le maître le réprimanda : « Qui t'en a donné la permission ! ». Le disciple ne répondit rien.

Le lendemain, il retourna travailler. Cette fois, il ne cueillit aucun fruit, il se contenta de ramasser ce qui était tombé au pied des arbres. Le soir, le guru le gronda de nouveau. Le jour suivant, il ne mangea pas de fruits. Quand la faim se fit trop forte, il mangea les baies d'une plante sauvage ; mais il s'avéra qu'elles étaient vénéneuses. Il s'effondra dans le verger, incapable de se relever.

Il implora à voix haute le pardon de son guru. En l'entendant appeler, quelques-uns des disciples accoururent. Ils lui offrirent un peu d'eau, mais il refusa, disant qu'il n'accepterait rien à boire ni à manger sans la permission de son maître. Dieu lui apparut alors et lui dit : « Je vais te rendre ta vigueur et te conduire à ton guru. ». Le disciple répliqua : « Seigneur, non ! Je ne veux retrouver mes forces qu'avec l'accord de mon guru. » Le disciple étant parvenu à un tel degré d'abandon, le maître lui-même vint à lui et le bénit. Le disciple recouvra aussitôt ses forces. Il se prosterna devant le guru et se leva.

Voilà le genre d'épreuves auxquelles les gurus d'autrefois soumettaient ceux qui aspiraient à devenir leurs disciples.

La patience

Ramachandran : « Amma, en observant la manière dont tu te comportes avec tes enfants, on a le sentiment que tes réprimandes les aident mieux à grandir que tes louanges. »

Amma : « Afin de développer le sens de la discipline et l'humilité dont il a besoin, le disciple doit éprouver envers le guru à la fois de la dévotion et un respect mêlé de crainte. Au départ, les petits enfants apprennent leurs leçons par crainte du maître. Lorsqu'ils abordent les études supérieures, ils ont un but dans la vie et il est inutile de les pousser à travailler.

La patience est la qualité indispensable du début à la fin de la vie spirituelle. Avant que l'arbre puisse se développer, il faut que l'enveloppe qui entoure la graine se brise. De même, avant de connaître la Réalité, vous devez vous débarrasser de votre ego.

Le guru soumet le disciple à des épreuves variées pour voir si celui-ci est venu dans un élan momentané d'enthousiasme ou par amour véritable pour le But. Comme les interrogations surprises à l'école, le guru envoie ses épreuves sans prévenir. Le devoir du guru est de voir l'étendue de la patience, du désintéressement et de la compassion du disciple. Il observe s'il se trouve désemparé devant certaines situations ou bien s'il a la force de survivre face à différentes épreuves. Le disciple est destiné à guider le monde dans le futur. Des milliers de gens placeront leur confiance en lui. Pour qu'ils ne soient pas déçus, il doit posséder force, maturité et compassion. Si le disciple va dans le monde dépourvu de ces qualités, il commet une sérieuse tromperie.

Le maître soumet l'élève à de nombreuses épreuves pour le modeler. Un guru donna un jour à son disciple une grosse pierre et lui demanda d'en faire une idole. En peu de temps, renonçant même à manger et à dormir, celui-ci sculpta une statue. Il la déposa aux pieds du maître, se prosterna les mains jointes et attendit sur le côté.

Le guru jeta un regard sur la statue et la lança par terre, où elle se brisa. « Est-ce ainsi que l'on fait une statue ? » demanda-t-il en colère. Le disciple regarda la statue cassée et pensa : « J'ai travaillé pendant des jours pour sculpter cette idole, sans même m'interrompre pour manger ni dormir, et pourtant, il n'a pas fait un seul éloge. » Connaissant ses pensées, le maître lui donna une autre pierre et lui demanda d'essayer de nouveau.

Le disciple travailla avec grand soin et sculpta une idole encore plus belle que la précédente ; il l'apporta au guru, certain qu'il serait cette fois satisfait. Mais le visage du maître devint rouge de colère à l'instant où il vit la statue : « Est-ce que tu te moques de moi ? Celle-ci est encore pire que la première ! ». Il flanqua la statue par terre et elle se brisa. Le guru étudia le visage du disciple ; celui-ci se tenait tête baissée, en signe d'humilité. Il n'était pas en colère, il était triste. Le guru lui confia une autre pierre et lui dit de recommencer.

Le disciple obéit et se mit à l'œuvre avec grand soin. Le résultat fut splendide. De nouveau, il déposa l'idole aux pieds du guru. Mais à l'instant même où il l'offrait, le guru s'en saisit et la lança contre un mur, réprimandant rudement le disciple. Cette fois, celui-ci n'éprouva ni ressentiment, ni tristesse devant la réaction du guru, parce qu'il avait développé une attitude d'abandon total de lui-même. Il pensa : « Si telle est la volonté de mon guru, qu'il en soit ainsi ; toute action de mon guru est pour mon bien. » Le guru lui donna une autre pierre et le disciple la reçut avec joie. Il revint avec une autre magnifique statue, et le guru la réduisit en morceaux. Mais cette fois, il n'y eut aucune émotion chez le disciple. Le maître fut satisfait. Il embrassa le disciple, posa les mains sur sa tête et le bénit, lui accordant la béatitude éternelle.

Une tierce personne, observant les actions du guru, se serait étonné de sa cruauté ou aurait pensé qu'il était fou. Seuls le guru et le disciple s'abandonnant à lui pouvaient savoir ce qui se passait réellement. Chaque fois qu'il brisait une statue, le guru sculptait en réalité une image authentique de Dieu dans le cœur du disciple. Ce qu'il brisait, c'était son ego. Seul un satguru en est capable et seul un disciple authentique peut connaître la joie qui en découle.

L'élève doit comprendre que le guru sait mieux que lui ce qui est bon ou mauvais pour lui, et ce qui est bien ou mal en général. Il ne faut jamais approcher un maître par désir de gloire, mais dans le but d'abandonner son individualité. Si nous éprouvons de la colère envers le guru parce qu'il ne fait pas notre éloge, reconnaissons que nous ne sommes pas encore mûrs pour être des disciples et prions pour qu'il détruise cette colère. Comprenons que chacune de ses actions est pour notre bien.

Si le disciple de l'histoire avait quitté le guru, ayant le sentiment qu'il ne recevait pas les louanges qu'il méritait, les portes de la béatitude éternelle lui seraient restées fermées. Les maîtres donnent à leurs disciples certains travaux à exécuter car ils savent que la méditation à elle seule ne leur permettra pas de développer la patience et la maturité requises. Les qualités que l'on obtient par la méditation doivent se manifester à travers nos actions. Si nous ne sommes en paix que lorsque nous méditons, et pas le reste du temps, cela ne dénote pas un état réellement spirituel. Nous devrions pouvoir considérer toute action comme une forme de méditation. Alors l'action (karma) devient véritablement une méditation (dhyana). »

Vijayalakshmi : « Amma, un de mes amis vient de recevoir l'initiation à un mantra (mantra diksha) à l'ashram de Sri Ramakrishna. Amma, quel est le but de mantra diksha ? »

Amma : « Le lait ne se transforme pas tout seul en yaourt. Pour que le processus commence, il faut ajouter un peu de ferment, sinon nous n'obtiendrons jamais de yaourt. De même, le mantra donné par un guru éveille chez le disciple la puissance spirituelle latente.

En vérité, comme le fils reçoit la vie de son père, le disciple vit grâce au prana du guru. Le prana que le guru insuffle au moment de l'initiation aide le disciple à atteindre la perfection. Au cours de l'initiation, le guru relie le disciple au fil qui est à l'intérieur de lui.

Vijayalakshmi : « Accepterais-tu de me donner un mantra, Amma ? »

Amma : « Lors de ta prochaine visite, viens le demander, ma fille. » (C'est en général pendant les Dévi bhava qu'Amma donne les mantras.)

Un groupe de dévots vint se joindre à l'auditoire. L'un d'entre eux mentionna un sannyasi qui venait d'atteindre mahasamadhi (il avait quitté son corps).

Le dévot : « Je suis allé voir sa mise au tombeau ; on a construit une cellule remplie de sel, de camphre et de cendres sacrées, dans laquelle on a déposé le corps. »

Ramachandran : « Les vers ne mangeront-ils pas le cadavre, même s'il est mis dans le sel et le camphre ? »

Un autre dévot : « J'ai entendu dire que Jnanadeva apparut en songe à un dévot bien des années après sa mort. Dans le rêve, Jnanadeva lui demandait d'ouvrir la tombe où reposait sa dépouille. Il obéit et on découvrit que les racines d'un arbre enserraient le corps, qui ne montrait aucune trace de décomposition. On ôta les racines et on referma la tombe. »

Amma : « Une fois que la vie a quitté le corps, quelle différence cela fait-il ? Sommes-nous affectés si des vers se développent dans les excréments que notre corps a rejeté ? C'est la nature du corps ; il est périssable. L'âme seule est éternelle. »

Un dévot parla ensuite à Amma de ce qu'il avait lu dans les journaux concernant l'ashram. Il s'agissait du cas de Shakti prasad, un jeune homme venu à l'ashram pour devenir brahmachari. Son père, musulman, essayait de le forcer à réintégrer le foyer paternel et lui avait intenté un procès en justice pour l'empêcher de venir résider à l'ashram[44].

Amma murmura « Shiva ! » puis resta un moment silencieuse. Elle déclara enfin en riant : « Parlons-en à l'Ancien. Mais Il est en profonde méditation et rien de tout cela ne L'affecte. Il a un œil de plus que tout le monde, mais Il ne semble pas regarder ce qui se passe ; Il ne descend pas jusqu'à nous, c'est donc à nous de nous débattre dans les difficultés. »

Le dévot : « Amma, que veux-Tu dire ? »

---

[44] Le père de Shakti prasad perdit le procès. Le jugement de la cour suprême fit jurisprudence en Inde, accordant à l'individu le droit de choisir librement sa religion.

Amma : « Le troisième œil de Shiva est l'œil de la connaissance. Il est en jnana bhava. Rien ne L'affecte. Amma, par contre, est la Mère. Elle considère tous les êtres comme ses propres enfants et elle est mue par la compassion. »

Pendant qu'Amma parlait, un brahmachari assis près d'elle pleurait. Il était désemparé parce qu'il avait appris qu'Amma allait partir en tournée aux États-Unis. Il n'était pas malheureux qu'Amma se rende dans un autre pays ; simplement, il ne pouvait pas supporter l'idée d'être séparé d'elle pendant trois mois. La nouvelle du voyage d'Amma à l'étranger avait semé la tristesse dans tout l'ashram. C'était la première fois qu'elle partait aussi longtemps. Il restait encore plusieurs mois avant le tour, mais bien des résidents fondaient en larmes rien qu'en y pensant.

Amma se tourna vers lui et essuya doucement ses larmes. Elle lui dit : « Mon fils, c'est dans de tels moments qu'Amma voit qui parmi vous est méritant. Elle veut savoir si vous serez capables ou non de maintenir votre conscience du But (lakshya bodha) et votre discipline, même en son absence. »

En cet instant, l'amour maternel d'Amma cédait le pas à son devoir en tant que guru qui enseigne à ses disciples. Et pourtant le fleuve divin de son amour semblait prêt à déborder, parce que son cœur fondait toujours en voyant ses enfants pleurer. Même son rôle de guru était grandement adouci par son affection maternelle.

Lundi 25 août 1986

Kuttan Nair, de Cheppad, est un chef de famille dévot d'Amma. Au début, lorsqu'il rencontra Amma, il crut comme beaucoup d'autres que pendant le Dévi bhava la Mère divine habitait le corps d'Amma. Mais en observant le comportement d'Amma après chaque Dévi bhava, il fut peu à peu convaincu que la présence de la Mère divine brillait toujours à travers elle. Quand son fils aîné

Srikumar vint demeurer en permanence à l'ashram, Amma rendit de fréquentes visites à la famille Nair. C'était toujours une fête pour les enfants de la famille. On réserva une pièce pour Amma au sud-ouest de la maison, où elle méditait souvent. Quand elle venait, elle chantait des bhajans avec les brahmacharis dans la salle de puja de la maison. Elle y célébrait aussi parfois des rituels (pujas).

Amma avait accepté de passer ce matin-là chez les Nair en se rendant à Kodungallur. Il était déjà presque midi ; Amma et ses enfants n'étaient toujours pas là. Personne n'avait mangé, attendant l'arrivée d'Amma. Maintenant, la matinée était presque terminée, ils en conclurent qu'Amma avait décidé de ne pas leur rendre visite. Qu'allaient-ils faire de toute la nourriture qui avait été préparée pour elle et ses enfants ?

Kuttan Nair se rendit dans la salle de puja et ferma la porte. Il entendit bien vaguement crier au-dehors, mais il ignora le bruit. Il regarda la photo d'Amma et se plaignit mentalement : « Pourquoi nous as-Tu laissé en vain espérer ta venue ? »

C'est alors qu'il entendit la voix d'Amma, comme le clair carillon d'une cloche.

« Comment aurions-nous pu arriver plus tôt ? Voyez comme il est difficile pour une famille qui n'a que deux enfants de partir en voyage ! Il y avait tant de choses à régler à l'ashram, surtout que nous partons pour deux jours. Bien des choses réclamaient de l'attention. Il y a des ouvriers et il fallait tamiser le sable. Il fallait aussi consoler les enfants qui ne venaient pas. Il y avait tant à faire… »

Un brahmachari expliqua : « Amma est sortie de sa chambre à sept heures ce matin et a donné darshan de bonne heure aux dévots. Puis elle est venue nous aider à vider deux bateaux chargés de sable et à le transporter à l'ashram. Il était onze heures, et nous aurions dû partir pour Kodungallur tôt le matin. Nous sommes partis en coup de vent, sans rien manger. »

Ils n'avaient pas non plus le temps maintenant. Amma se dirigea tout droit vers la salle de puja, chanta quelques kirtans et fit une puja. Quand elle sortit, les enfants l'entourèrent.

Elle se contenta de leur dire : « Amma reviendra une autre fois. Elle n'a pas le temps. » Les enfants avaient l'air déçu. Ils n'avaient plus beaucoup l'occasion de jouer avec Amma, comme autrefois. Amma les caressa et les consola un par un ; elle leur distribua des bonbons. On empaqueta de quoi petit déjeuner. Amma donna darshan à tout le monde, puis monta dans le véhicule accompagnée de ses disciples ; ils comptaient se restaurer en route.

Le brahmachari Balu attendait Amma à l'entrée d'Ernakulam. Il y était venu la veille pour les affaires de l'ashram. Il dit alors à Amma qu'un dévot d'Ernakulam l'attendait, espérant sa visite.

Amma : « Comment pourrions-nous y aller ? Les enfants de Kodungallur voulaient qu'elle vienne vendredi et samedi dernier, nous avons repoussé la visite à aujourd'hui parce qu'un de mes enfants repartait en Europe dimanche. Demain nous devons aller à Ankamali, alors la visite de deux jours a été réduite à une journée. Si nous n'arrivons pas à Kodungallur aussi vite que possible, nous faisons du tort aux gens de là-bas ; il est impossible d'aller ailleurs. Nous avons emporté des provisions afin de pouvoir manger en route, au lieu de nous arrêter. »

Le minibus repartit ; les brahmacharis ne perdirent pas de temps et posèrent aussitôt des questions.

Brahmachari : « Amma, est-il possible d'atteindre le But grâce à la sadhana et au satsang, sans l'aide d'un guru ? »

Amma : « Tu n'apprendras pas à réparer une machine en lisant un livre. Il faut aller dans un garage et apprendre sous la direction d'un mécanicien qui connaît le travail, de quelqu'un d'expérimenté. De même, tu as besoin d'un guru qui puisse t'indiquer les obstacles que tu vas rencontrer au cours de ta sadhana et la manière de les surmonter pour parvenir au But. »

Brahmachari : « Les Écritures parlent en abondance de ces obstacles. Est-ce qu'il ne suffit pas de les lire et de pratiquer une sadhana en suivant leurs indications ? »

Amma : « L'étiquette d'un médicament indique peut-être les doses à prendre, mais il faut prendre le remède sous surveillance médicale. L'étiquette donne des indications générales, mais un docteur décide quel médicament vous convient, quelle quantité vous devez ingurgiter et de quelle manière, selon votre constitution et votre état de santé. Si vous ne prenez pas le remède correctement, il vous fera plus de mal que de bien. De même, les satsangs et les livres vous apporteront une certaine connaissance de la spiritualité, mais il peut s'avérer dangereux de faire une sadhana intense sans l'aide d'un guru. Il est impossible d'atteindre le But sans un satguru. »

Brahmachari : « Ne suffit-il pas d'avoir un maître ? Est-il nécessaire de vivre en sa présence ? »

Amma : « Fils, lorsque nous transplantons un arbuste, nous emmenons un peu de la terre où il a poussé pour l'aider à s'acclimater à ses nouvelles conditions de vie ; sinon il aura peut-être du mal à prendre racine dans le sol nouveau. La présence du guru est comme la terre du sol d'origine qui aide le jeune arbre à s'adapter. Au début, le sadhak aura des difficultés à pratiquer sa sadhana sans interruption. La présence du maître lui donne la force de vaincre tous les obstacles et de rester fermement sur la voie spirituelle.

Les pommiers ne poussent que dans certaines conditions climatiques. Il faut les arroser, mettre de l'engrais et détruire les parasites qui attaquent les arbres. De même, dans une gurukula, un sadhak se trouve dans le milieu le plus propice aux pratiques spirituelles et le guru l'aide à déblayer les obstacles qui entravent sa route. »

Brahmachari : « Ne suffit-il pas de faire le type de sadhana que nous préférons ? »

Amma : « Le guru prescrit le type de sadhana qui convient le mieux au disciple. C'est lui qui décide si le disciple doit méditer ou servir de manière désintéressée, ou bien si le japa et la prière suffisent. Certains n'ont pas une constitution convenant aux pratiques yogiques, d'autres ne peuvent pas méditer très longtemps. Si cent cinquante personnes grimpent dans un bus fait pour en transporter vingt-cinq, qu'arrivera-t-il ? Nous ne pouvons pas utiliser un petit mixeur de la même manière qu'un broyeur industriel. Si nous le laissons tourner sans arrêt pendant longtemps, il risque de chauffer et de casser. Le guru indique les pratiques spirituelles qui conviennent à la constitution physique, mentale et intellectuelle de chacun. »

Brahmachari : « Mais n'est-il pas bon pour tout le monde de méditer ? »

Amma : « Le guru connaît l'état de notre corps et de notre mental mieux que nous. Les instructions qu'il donne sont en accord avec la qualification de l'aspirant. Si vous ne saisissez pas cette vérité et vous mettez à pratiquer une sadhana à partir de renseignements glanés ici ou là, il peut arriver que vous perdiez votre équilibre mental. Trop de méditation échauffe la tête et peut aussi provoquer l'insomnie. Le maître donne des instructions au disciple suivant sa nature, il lui indique sur quelle partie du corps il doit se concentrer pendant la méditation et combien de temps il doit méditer.

Si nous voyageons avec un compagnon qui habite le lieu de notre destination et connaît donc le chemin, le voyage sera facile. Sinon, un trajet d'une heure peut prendre jusqu'à dix heures (nous sommes en Inde, ne l'oubliez pas ! n.d.t.) Même si nous avons une carte, nous pouvons nous égarer ou bien être attaqués par des voleurs. Mais si nous avons un compagnon qui connaît la route, nous n'avons rien à craindre. C'est un rôle similaire que joue le guru lorsqu'il nous guide dans notre pratique spirituelle. À n'importe quel stade de la sadhana, un obstacle peut surgir, et il nous sera difficile de continuer sans un guru. La présence d'un satguru est le véritable satsang. »

En écoutant Amma parler de sujets spirituels, ses enfants avaient à peine conscience du temps qui passait. Mais Amma savait mieux qu'eux à quel point ils avaient faim. « Quelle heure est-il, les enfants ? », demanda-t-elle.

« Trois heures, Amma. »

« Arrêtez le minibus quand vous verrez un endroit ombragé. »

Ils s'arrêtèrent pour déjeuner au bord de la route, à l'ombre d'un arbre. Les brahmacharis récitèrent le quinzième chapitre de la Bhagavad Gita. Même en voyage, Amma insistait pour que l'on observe la coutume de réciter la Gita avant de manger. Puis elle servit le déjeuner à chacun. Le repas était constitué de riz et de chamandi (sauce à la noix de coco). On alla chercher de l'eau dans une maison voisine.

Pendant le repas, un couple en moto passa à grande allure. Désignant le couple, Amma demanda : « Avez-vous le désir de voyager ainsi avec une femme ? Ces désirs surgiront peut-être, mais s'ils apparaissent, délivrez-vous en immédiatement grâce à la contemplation. Vous pouvez imaginer que vous jetez la femme de vos rêves dans un fossé profond et continuez votre route. Alors, elle ne reviendra pas dans vos pensées ! ». Amma éclata de rire.

Darshan au bord de la route

Vu le mauvais état de la chaussée, quelques brahmacharis suggérèrent de prendre une autre route, passant par la ville d'Alwaye. Mais Amma n'étant pas d'accord, ils gardèrent l'itinéraire qu'elle avait choisi. Un peu plus tard, ils rencontrèrent un petit groupe qui attendait Amma au bord de la route. C'était peut-être pour eux qu'Amma avait refusé de changer de chemin.

« Amma, arrête-toi un peu ici avant de repartir ! », lui demandèrent-ils.

« Oh ! Mes enfants chéris, nous n'avons pas le temps ! Mais la prochaine fois ! », répondit Amma avec beaucoup de tendresse, et ils cédèrent à ses paroles. Mais au moment où le véhicule allait partir, une femme arriva en courant, les implorant d'attendre.

La femme : « Amma, j'ai fait du café pour les brahmacharis à dix heures ce matin et j'ai attendu tout ce temps ici ; j'ai dû aller une minute à la maison. Amma, je t'en prie, entre une minute chez moi avant de repartir ! »

Amma répondit qu'il était déjà très tard et qu'elle ne pouvait donc pas s'arrêter.

La femme : « Il le faut, Amma ! Je t'en prie ! Tu peux venir rien qu'un petit moment ! »

Amma : « Nous avons promis d'être à Kodungallur à trois heures et il est déjà quatre heures. Une autre fois, ma fille. Amma retournera à Kodungallur. »

La femme : « Alors je t'en prie attend rien qu'une minute. J'ai préparé du lait pour toi dans un thermos et je vais envoyer mon fils le chercher. Bois au moins cela avant de partir ! »

Amma céda à cette requête, exprimée avec tant de dévotion, et la femme envoya son fils chercher le lait en courant. Pendant ce temps, une vieille femme mit une guirlande au cou d'Amma, qui la bénit en lui prenant les mains. Des larmes de dévotion vinrent aux yeux de la vieille femme.

Entre-temps, le garçon était de retour avec le lait. Sa mère le versa dans un verre et le tendit à Amma. C'est alors qu'elle se souvint des bananes qu'elle avait fait cuire pour les brahmacharis. De nouveau, elle envoya son garçon les chercher en courant.

Elle ne laissa Amma partir qu'une fois les bananes mises dans le véhicule. Dévi est en vérité l'esclave de ses dévots !

Ils arrivèrent à Kodungallur à cinq heures et les bhajans commencèrent à sept heures. Comme toujours, la douce voix d'Amma créa des vagues puissantes de dévotion.

Mardi 2 septembre 1986

Amma était dans la hutte de darshan et recevait des visiteurs ; un médecin était venu de Kundara, accompagné de sa famille. La jeune fille du médecin était assise à côté d'Amma et méditait.

Amma parlait du tapage qu'un des voisins avait soulevé la veille contre les brahmacharis.

Amma : « Hier, les enfants ont pu entendre quelques authentiques mantras védiques ! Notre voisin n'a pas mâché ses mots. Comme les enfants ne voulaient pas entendre, ils ont mis une cassette de bhajans à plein volume. Ils ne pouvaient pas répondre, n'est-ce pas ? Après tout, ils doivent faire honneur aux vêtements qu'ils portent. »

Amma s'adressa alors aux brahmacharis : « Nous sommes des mendiants, mes enfants ! Les mendiants supportent tout. Cultivons cette attitude. Si nous perdons notre discernement en entendant quelques paroles prononcées par le voisin, et que nous faisons alors nous-mêmes du bruit, nous perdrons notre paix intérieure. Le pouvoir que nous avons obtenu en consacrant notre temps à la sadhana doit-il être gaspillé pour quelque chose d'aussi trivial ? Si nous ne prêtons aucune attention au voisin, ses paroles n'affecteront que lui ; elles ne peuvent nous atteindre que si nous les prenons au sérieux. À travers ses paroles, Dieu nous met à l'épreuve en nous donnant une chance de voir à quel point nous avons assimilé ce que nous avons appris : nous ne sommes ni le corps, ni le mental, ni l'intellect. Que peuvent donc nous faire les paroles de cet homme ? La paix et la tranquillité de notre mental dépendent-elles d'autres personnes ?

Se comporterait-il de cette manière envers un bandit ? S'il a osé traiter ces enfants ainsi, c'est parce qu'ils sont doux comme de petits enfants. Savez-vous ce qu'ils ont dit ? « Amma, il a eu beau faire un scandale et nous insulter, nous n'avions pas envie de lui répondre. Il nous semblait qu'une personne dérangée parlait, et qui prendrait au sérieux les paroles d'un fou ? »

Le docteur dit : « La famille qui habite à côté de notre hôpital ne nous donne pas la moindre goutte d'eau potable. Même si nous leur promettons de tirer nous-mêmes l'eau du puits, avec un seau et une corde, ils ne nous y autorisent pas. Ils disent que nous allons remuer la boue au fond du puits en faisant cela. Ils ne donnent même pas d'eau aux malades de l'hôpital. Comme il est triste que le mental de certaines personnes soit si mauvais ! ».

Amma : « Prions pour que ces êtres deviennent bons. »

Le médecin : « Dieu transforme pour nous la pluie de l'océan en eau. Il est malheureux que certains prétendent être propriétaires de cette eau. »

Amma (regardant la fille du médecin) : « Ma fille médite depuis qu'elle s'est assise. Que lui est-il arrivé ? »

Le médecin : « Amma, la première fois qu'elle t'a vue, tu lui as dit : « Tu dois méditer ; Dieu te rendra alors si intelligente que tu réussiras très bien dans tes études. » Depuis, elle médite chaque jour. » Amma sourit et regarda la jeune fille avec amour.

Une femme se prosterna et se leva. Amma lui demanda : « Ma fille, es-tu venue parce que mon fils Satish t'a parlé d'Amma ? »

Étonnée, la femme écarquilla les yeux. Puis elle fondit en larmes. Amma essuya ses larmes. Quand elle fut un peu plus calme, elle expliqua : « Oui, Amma. je viens de Delhi. Je suis allée à Sivagiri et j'y ai rencontré Satish. C'est lui qui m'a parlé d'Amma et qui m'a indiqué comment venir ici. En me prosternant devant toi, je me demandais intérieurement si tu serais capable de me dire son nom, et dès que je me suis levée, c'est ce que tu as fait ! »

Amma rit innocemment, et la femme prit place auprès du petit divan de bois d'Amma.

Méditation au bord de la lagune

Quelques brahmacharis étaient allés à Ernakulam faire des achats. Il était très tard et ils n'étaient pas encore rentrés. Amma s'assit au bord de la lagune pour les attendre, et les brahmacharis s'installèrent autour d'elle. Si un résident de l'ashram partait quelque part et ne rentrait pas au moment prévu, Amma allait en général l'attendre à la jetée, quelle que soit l'heure, et ne montait se coucher qu'à son retour.

Un bateau à moteur passa sur la lagune, soulevant des vagues qui vinrent éclabousser la rive ; le bruit s'éloigna.

Amma : « Ils rentreront peut-être très tard, ne restez donc pas sans rien faire, mes enfants. Méditez. » Tout le monde se serra autour d'Amma.

Amma : « Chantons tout d'abord Aum quelques fois. Quand vous chantez Aum, imaginez que le son s'élève du muladhara vers le sahasrara pour se répandre ensuite dans tout le corps, et se dissoudre enfin dans le silence. »

Amma chanta Aum trois fois. Elle marqua chaque fois une pause, afin que tous pussent reprendre en chœur après elle. La syllabe sacrée résonnait comme le son d'une conque dans le calme de la nuit ; elle se fondit enfin dans le silence. Ils entrèrent en méditation. Tout était tranquille, excepté le grondement de l'océan et le bruit du vent dans les cocotiers.

Deux heures passèrent. Ils chantèrent de nouveau Aum ensemble. Amma chanta un kirtan, que tous reprirent en chœur.

Adbhuta charitre

Ô Toi que les êtres célestes adorent,
Toi dont la légende est merveilleuse,
Accorde-moi la force d'éprouver
de la dévotion pour Tes pieds !

Je T'offre toutes les actions que j'ai accomplies
Dans les ténèbres de l'ignorance.
Ô Toi qui protèges les désespérés, pardonne-moi
Toutes les fautes commises par ignorance.

Ô Impératrice de l'univers
Ô Mère, je T'en prie brille dans mon cœur
Comme le soleil qui se lève à l'aube.
Aide-moi à considérer tous les êtres de manière égale,
Délivre-moi du sens des différences.

Ô grande Déesse,
Cause de toutes les actions, vertueuses ou mauvaises,
Toi qui libères de tous les liens,
Donne-moi Tes sandales
Qui protègent les vertus fondamentales
Sur la voie de la libération, sur le chemin du dharma.

Le chant était à peine terminé qu'ils entendirent un klaxon sur l'autre rive et virent les phares d'un véhicule.

Amma se leva aussitôt. « Les enfants, est-ce notre bus ? » demanda-t-elle ? Peu après, le bateau transportant les brahma-charis fendait l'eau et arrivait sur la berge de l'ashram. Ils furent transportés de joie en voyant Amma qui les attendait. Sautant sur la rive, ils vinrent se prosterner devant elle comme s'ils ne l'avaient pas vue depuis des semaines.

Pendant qu'ils déchargeaient le bateau, Amma demanda : « Mon fils Ramakrishna n'est-il pas rentré avec vous ? ».

« Il sera bientôt là. Il a dû conduire un homme à l'hôpital. En rentrant, nous avons été arrêtés par un groupe de gens ; ils ont amené un homme qui avait reçu un coup de poignard lors d'un affrontement. Ils voulaient que nous le transportions à l'hôpital. Nous avons d'abord répondu que nous devions te demander ; mais comme il n'y avait pas d'autre véhicule disponible, Ramakrishna l'a emmené.

Amma : « Dans de telles circonstances, il est inutile de demander à Amma. Si quelqu'un est malade ou blessé, vous devez le conduire à l'hôpital le plus vite possible. Ne cherchons pas à savoir s'il s'agit d'un ami ou d'un ennemi. Si nous ne pouvons pas aider les gens dans une telle situation, quand le pourrons-nous ? »

Il était deux heures trente du matin quand Ramakrishna rentra enfin à l'ashram. Alors seulement, Amma monta dans sa chambre.

Dimanche 14 septembre 1986

La construction du nouveau bâtiment semait la pagaille sur le terrain de l'ashram. Des briques et des pierres étaient éparpillées partout. Même si les résidents essayaient de mettre de l'ordre dans ce chaos, le lendemain, tout était à recommencer. Amma n'aimait pas voir l'ashram en désordre, alors dès qu'elle sortait de sa chambre, elle se mettait à ranger.

Ce jour-là, Amma descendit de bonne heure et demanda aux brahmacharis d'apporter des pelles et des paniers. Ils se mirent à déplacer un gros tas de sable qui était dans un coin de la cour et le transportèrent assez loin de là. Amma se noua une serviette autour de la tête et commença à remplir les paniers. Elle travaillait avec vigueur et son enthousiasme était communicatif.

Amma remarqua qu'un brahmachari ne cessait de parler en travaillant. Amma dit : « Mes enfants, ne parlez pas en travaillant. Répétez votre mantra ! Ceci n'est pas un travail ordinaire, c'est une sadhana. Quel que soit le travail que vous effectuez, efforcez-vous de psalmodier mentalement le mantra. Sinon, ce n'est pas du karma yoga. Il ne suffit pas de lire des livres sur la vie spirituelle, d'en entendre parler ou de discourir à ce propos ; il faut mettre les enseignements en pratique. C'est pourquoi nous avons besoin de faire ce genre de travail. Le mental ne doit pas s'éloigner de Dieu une seule minute. »

Amma se mit à chanter, et tous reprirent le bhajan en chœur

Nanda Kumara Gopala

Ô Fils de Nanda, Protecteur des vaches
Bel enfant de Vrindavan
Toi qui enchantes Radha
Ô Gopala au teint sombre
Ô Gopala, Toi qui as soulevé la montagne Govardhana
Et qui joues dans le mental des gopis

Le tas de sable disparut en quelques minutes. Ensuite, il fallut encore laver les graviers et tamiser le sable. Cela se déroulait en deux endroits différents.

Un dévot était venu avec sa famille et voulait qu'Amma donne la première nourriture solide (anna prasana) à son petit garçon.

Quand Amma eut fini de travailler, elle se rendit au kalari avec cette famille. Tout était prêt pour la cérémonie. Amma prit le bébé sur les genoux. Elle lui mit de la pâte de santal sur le front et quelques pétales sur la tête, puis elle fit brûler un peu de camphre et offrit l'arati au bébé. Elle tenait le petit garçon, le caressait et lui donna du riz à manger. La scène évoquait Yashoda nourrissant le bébé Krishna et jouant avec Lui. Pour Amma, ce n'était pas un bébé ordinaire ; elle voyait en lui l'Enfant chéri d'Ambadi.

Quand Amma sortit de sa chambre pendant la méditation ce soir-là, deux brahmacharis étaient plongés dans un ardent débat devant la salle de méditation. Amma les écouta. Dans l'échauffement de la dispute, ils ne remarquèrent pas sa présence.

Brahmachari : « La vérité ultime est la non-dualité (advaïta). Il n'existe rien d'autre que Brahman. »

Second brahmachari : « S'il n'existe rien en-dehors de Brahman, alors quel est le fondement de l'univers que nous percevons ? »

Premier brahmachari : « L'ignorance. L'univers est un produit du mental. »

Second brahmachari : « S'il n'existe pas deux entités, alors qui est affecté par l'ignorance ? Brahman ? »

« Mes enfants ! », appela Amma. Ils se retournèrent vivement et se turent en voyant Amma.

Amma : « Les enfants, c'est bien de parler du Védanta, mais pour en faire l'expérience il faut faire une sadhana. À quoi bon se faire le gardien de la fortune d'un autre ? Au lieu de perdre votre temps à débattre, vous devriez être en train de méditer à cette heure-ci. C'est la seule richesse qui vous appartient. Faites japa constamment. C'est le seul moyen de parvenir à un résultat, d'évincer l'imposteur (l'ego individuel) qui a usurpé votre demeure intérieure.

L'abeille cherche le miel partout où elle va. Rien d'autre ne l'attire. Mais une mouche préfère les excréments, même au milieu d'un jardin de roses. Aujourd'hui, notre mental ressemble encore à une mouche ; cela doit changer. Il doit développer la faculté de chercher uniquement le bien en toute chose, comme l'abeille ne cherche que le miel partout où elle va. Les débats ne nous aident pas à y parvenir, les enfants ! Essayons de mettre en pratique ce que nous avons appris.

La non-dualité est la vérité, mais elle doit devenir une expérience. Il s'agit pour nous de rester ancrés dans cette réalité quelle que soit la situation. »

Amma console un jeune aveugle

Amma se rendit à la maison réservée aux visiteurs, où logeait un jeune aveugle, et entra dans sa chambre. Aussitôt qu'il perçut la présence d'Amma, il se prosterna à ses pieds. Il était à l'ashram depuis quelques jours et en ce moment, il était très contrarié.

Dès le jour de son arrivée, les brahmacharis s'étaient occupé de lui. Ils l'accompagnaient au réfectoire et l'aidaient quotidiennement pour tous ses besoins personnels. Ce jour-là, beaucoup de dévots étaient venus pour le déjeuner et le riz préparé avait été vite épuisé. On avait mis à cuire d'autres marmites de riz. Vu la foule, le brahmachari supposé aider le jeune aveugle n'avait pas pu venir le chercher pour l'accompagner au réfectoire lorsque la cloche du déjeuner avait sonné. Quand il alla enfin le chercher, il vit le jeune homme qui descendait les marches avec l'aide d'un dévot. « Je vous en prie, pardonnez-moi », dit le brahmachari, « dans le feu de l'action, j'ai oublié de venir vous chercher plus tôt. Il y a une telle foule aujourd'hui et il n'y a plus de riz. On en a mis sur le feu et il sera bientôt prêt. »

Mais le jeune homme ne parvint pas à pardonner au brahmachari. « J'ai de l'argent. Pourquoi devrais-je avoir des problèmes pour obtenir du riz puisque je peux payer ? » Sur ces mots, il remonta dans sa chambre. Le brahmachari attribua la dureté de ses paroles à la faim. Il alla chercher des fruits et les lui apporta. « Le riz sera bientôt prêt et je vais vous l'apporter, » dit le brahmachari. « En attendant, je vous en prie, mangez ces fruits. » Mais le jeune homme se mit à crier et refusa les fruits.

Quand elle apprit ce qui était arrivé, Amma vint lui rendre visite. Elle dit d'un ton sévère au brahmachari : « Que tu es négligent ! Pourquoi ne lui as-tu pas apporté sa nourriture à l'heure ? Ne comprends-tu pas qu'il ne voit pas et ne peut pas venir tout seul au réfectoire ? Si cet enfant n'était pas aveugle, il serait venu manger dès que la cloche a sonné. Si tu n'avais pas le temps de venir le chercher, parce que tu étais trop occupé, tu aurais pu lui apporter sa nourriture dans sa chambre. Si tu ne montres pas de compassion envers des gens comme lui, qui donc en recevra jamais de toi ?

Mes enfants, ne perdez pas une occasion de servir les dévots. Ils ne voudront peut-être pas toujours votre aide au moment où cela vous convient. Servir dans ces circonstances, c'est la véritable adoration. »

Amma caressa doucement le dos du jeune homme. « Es-tu très fâché, fils ? C'est uniquement parce qu'il avait trop de travail qu'il n'a pas pu venir te chercher lorsque la cloche a sonné. Le brahmachari qui te conduit d'habitude au réfectoire n'est pas là aujourd'hui et cet autre fils, auquel il en avait confié la responsabilité, est allé aider ceux qui servaient le déjeuner parce que la foule était trop importante. Il a oublié, pris par son travail. C'est pourquoi personne n'est venu à l'heure pour toi ; ne crois pas que c'était délibéré, fils.

Où que tu sois, tu dois t'adapter aux circonstances. La patience est indispensable pour tout. Ici à l'ashram, nous avons l'occasion d'apprendre à vivre dans un esprit de sacrifice. C'est seulement ainsi que nous recevrons la grâce de Dieu. Fils, comprends que c'est ici un ashram. Si quelqu'un commet une faute, pardonne ; c'est une manière de manifester ton lien véritable avec Amma et avec l'ashram. »

Le jeune homme fondit en larmes. Avec beaucoup de tendresse, Amma essuya ses larmes et lui demanda : « As-tu mangé quelque chose, fils ? » Il fit non de la tête. Amma demanda à un brahmachari d'apporter de la nourriture, le repas étant maintenant prêt. Puis elle s'assit par terre, prit la main du jeune homme et le fit asseoir à côté d'elle. Le brahmachari apporta une assiette remplie de riz et de légumes. Amma fit des boulettes de riz et nourrit le jeune homme de ses propres mains. Baignant dans la douceur de son amour, il devint comme un petit enfant. Elle lui fit manger toute l'assiette, puis le conduisit au robinet et l'aida à se laver les mains. Enfin, elle le ramena dans sa chambre.

Chaque battement de son cœur devait déclarer : « J'ai beau être aveugle, aujourd'hui, avec les yeux de mon cœur, j'ai vu la Mère divine ! ».

La fête d'Onam à l'ashram

La fête d'Onam est un jour de grandes réjouissances pour les gens du Kérala. C'est traditionnellement une fête de famille. De toute l'Inde, les enfants d'Amma étaient venus passer Onam avec elle. Beaucoup de petits enfants étaient venus avec leurs parents. Amma jouait avec eux. Les garçons et les filles formaient un cercle autour d'Amma, la tenant prisonnière. Normalement, on installait plusieurs jours à l'avance une balançoire et Amma se balançait avec eux pendant Onam. À cause de la construction du nouveau bâtiment, cette année, il n'y avait pas d'endroit où l'édifier. Mais maintenant, voyant tous les enfants réunis, Amma voulait une balançoire pour eux. Alors les brahmacharis Nedumudi et Kunju-mon attachèrent une poutre entre deux piliers de la construction et y fixèrent une balançoire. Les enfants firent asseoir Amma et la poussèrent, au ravissement général.

Amma participa aussi à la préparation de la fête d'Onam pour ses enfants en coupant des légumes, en aidant à allumer les feux à la cuisine et en assurant la direction générale des opérations. À midi, elle fit asseoir les petits enfants au nord-ouest dans le réfectoire et assise au milieu d'eux, elle leur fit chanter Aum. Elle entonnait Aum et ils répétaient. Tout, alentour, vibrait de la syllabe sacrée. Montant des cœurs purs des enfants, le son remplit l'atmosphère d'une rafraîchissante douceur.

Puis Amma réclama des feuilles de bananier, disposées devant les enfants pour servir d'assiettes. Le repas était prêt mais n'avait pas encore été transféré dans les récipients de service et les pappadams n'étaient pas frits. Amma était cependant pressée de servir les petits enfants, elle mit donc les différents mets dans de petits récipients et les servit. Mais cela n'était pas encore suffisant à ses yeux. En se baissant, elle façonna pour chaque enfant des boulettes de riz et le nourrit de ses propres mains.

Quand Amma eut fini de nourrir les petits enfants, ses enfants adultes (chefs de famille et brahmacharis) étaient déjà assis dans les deux pièces adjacentes. Amma les servit alors eux aussi. C'était pour ce moment que les dévots avaient quitté leur famille pour venir la voir ; en les servant de ses propres mains, Annapurneshwari[45] les remplissait de bonheur.

En mangeant, quelqu'un s'exclama : « Ayyo (Oh non !) » Peut-être avait-il mordu dans un piment. Amma commenta : « Quoi qu'il arrive, les petits enfants ne disent jamais « ayyo ». Ils crient toujours « Amma ! ». Cet « ayyo » s'introduit lorsque nous grandissons. Quel que soit votre âge, en toutes circonstances, votre langue devrait prononcer le nom du Seigneur avant toute autre parole. Pour cela, le mental a besoin d'entraînement, c'est pourquoi on nous dit de répéter le mantra constamment. Les enfants, votre mental doit prendre l'habitude de s'exclamer « Krishna ! » ou « Shiva » quand vous vous cognez le doigt de pied ou qu'il vous arrive quoi que ce soit d'autre. »

Une dévote : « On dit qu'en criant « Ayyo » nous appelons le dieu de la mort. »

Amma : « C'est exact, car dès que nous ne prononçons pas le nom de Dieu, nous nous rapprochons de la mort. Dire autre chose que le nom de Dieu, c'est inviter la mort. Donc, si nous

---

[45] Mère divine sous l'aspect de Celle qui donne la nourriture.

ne voulons pas mourir, il suffit de chanter continuellement le nom du Seigneur. »

Amma rit.

Après avoir servi le payasam à ses enfants, elle leur distribua des quartiers de citron, saisissant l'occasion pour semer en eux les graines de la spiritualité. « Les enfants, le payasam et le citron sont comme la dévotion et la connaissance. Le citron vous aide à digérer le payasam. De même, la connaissance vous aide à assimiler la dévotion en comprenant correctement les principes sur lesquels elle se fonde. Pour goûter pleinement la saveur de la dévotion, la sagesse est indispensable. Mais la connaissance sans dévotion est amère, elle n'a aucune douceur. Ceux qui disent : « Je suis tout » montrent rarement de la compassion ; la dévotion inclut la compassion. »

Amma n'oublia pas de demander individuellement à chacun s'il avait mangé. Comme si elle était la Mère d'une grande tribu, Elle faisait attention à chaque détail concernant ses enfants. Une famille qui, d'ordinaire, arrivait tôt pour la fête d'Onam, était venue tard cette année. Amma leur demanda la cause de ce retard et s'enquit des études des enfants.

Après le repas, les brahmacharis et les dévots se mirent tous à nettoyer l'ashram. Le terrain était très encombré à cause du travail de construction et le travail de nettoyage se poursuivit jusque dans la soirée. Après les bhajans, Amma se joignit à l'équipe de nettoyage. Ils remplirent les trous et les fossés qui se trouvaient devant le nouveau bâtiment avec de la terre et recouvrirent le tout de sable propre et blanc. Il s'agissait de préparer ainsi l'anniversaire d'Amma, qui tombait une semaine plus tard. On attendait des milliers de dévots pour cette journée-là.

Après le dîner, d'autres personnes arrivèrent et se rassemblèrent autour d'Amma. Elle leur parla un moment, puis s'allongea sur le sable, la tête dans le giron d'une des femmes. Amma regarda Markus, un jeune Allemand, et rit : « Regardez sa tête ! » dit-elle.

Markus était presque chauve. Seule une mince couronne de cheveux blonds entourait le grand espace désert de son crâne. « Travail, travail, il travaille tout le temps, pluie ou soleil, nuit et jour. », dit Amma en désignant Markus.

Markus : « Tout le terrain est utilisé pour les fêtes de l'anniversaire d'Amma. Il n'y a pas un bout de terrain libre. C'est donc là que nous allons cultiver », dit-il en se touchant le crâne. Tout le monde rit de la plaisanterie.

Un dévot : « Est-ce parce qu'il y a beaucoup de saleté là-dedans ? ». Amma s'esclaffa et tout le monde rit avec elle, y compris Markus.

Un autre dévot : « C'est ce qu'on appelle Chertala[46] ! »

Un brahmachari rentrait de chez ses parents. Il se prosterna et s'assit près d'Amma.

Amma : « Fils, Amma n'a-t-elle pas promis qu'elle te servirait du payasam si tu rentrais aujourd'hui ? »

Brahmachari : « Mais il n'y a sûrement plus de payasam, Amma. Tout ce qui a été préparé pour ce midi a dû être consommé. »

Amma : « Dieu va en envoyer. Permettrait-Il qu'Amma dise une parole fausse ? »

Au même moment, une famille qui venait d'arriver de Kollam offrit à Amma un récipient de payasam qu'ils avaient apporté. Amma en servit au brahmachari et à tous les autres. Elle-même ne mangea que quelques noix de cajou qu'un enfant retirait pour elle du payasam.

Amma : « Amma n'aime pas tant que ça les noix de cajou. Il y en a beaucoup dans sa chambre, apportées par les enfants. Amma

---

[46] Chertala est une ville côtière située au nord de l'ashram. Le mot signifie littéralement en malayalam « Tête remplie de saleté » *cher* : saleté et *tala* : tête.

n'en mange pas d'habitude, mais elle aime goûter celles qui sont dans le payasam ou dans certains plats de légumes. »

Amma grappilla un raisin, une graine de cardamome, un morceau de noix de cajou et les mit dans la paume de sa main. Elle déclara : « Ceci donne du goût au payasam, comme la spiritualité donne de la douceur à la vie. »

Visite au foyer familial et renoncement

Amma dit au brahmachari qui était allé voir sa famille : « Mon fils, tu déclares que tu n'as ni parents, ni biens, etc., et cependant tu rentres chez toi. En revanche, ceux qui proclament qu'ils te sont très attachés viennent très rarement ici. Examine tes actions avec grand soin. Onam est une fête spirituelle. Si nous décidons de jouer un certain rôle en ce monde, jouons le bien. Nous nous tournons vers la vie spirituelle pour nous délivrer du sens du « moi ». « Mes parents, mon frère et ma sœur, ma famille », tout cela est inclus dans ce « je ». Quand le « je » disparaît, ils disparaissent eux aussi. Il ne reste alors que « Toi », c'est-à-dire Dieu. Nous devons tout abandonner à Sa volonté et vivre selon ce principe. Pour que nous récoltions les bienfaits de la vie spirituelle, il faut que cette condition soit remplie.

Chaque fois que tu quittes l'ashram, tu perds un peu de ton temps de sadhana. Chaque instant de ta vie est précieux. Si ton père et ta mère désirent tant prendre le repas d'Onam avec leur fils, ils peuvent venir ici. Nous avons tout préparé pour qu'ils viennent. Si tu continues à rentrer chez toi, tu perdras le samskara que tu as développé ici, et seuls persisteront tes attachements.

Au début, les sadhaks doivent rester éloignés de leur famille, sinon, l'attachement qu'ils éprouvent pour elle les empêchera de progresser dans leur sadhana. Si tu restes attaché à ta famille, c'est comme si tu stockais un produit aigre dans un récipient en aluminium : des trous se formeront dans le récipient et tu ne pourras plus rien y mettre. L'attachement à toute autre chose qu'à Dieu amenuise notre force spirituelle. L'attachement est l'ennemi d'un sadhak. Il doit considérer les choses ainsi et se garder de telles relations. Si tu rames dans un bateau amarré au rivage, tu n'iras nulle part.

Nous sommes les enfants du Soi. Nous devrions avoir avec notre famille la même relation qu'avec les autres personnes. Si nos parents sont âgés et malades, il n'y a pas de mal à aller s'occuper d'eux. Mais même dans ce cas, si nous avons le sentiment qu'il s'agit de « mon » père ou de « ma » mère, tout est perdu. Éprouvons de la compassion pour ceux qui souffrent et voyons Dieu en eux ; cette attitude est valable envers les membres de notre famille. Si ceux qui parlent de « mon » fils et de « ma » fille avaient pour vous un amour véritable, ne viendraient-ils pas vous voir ici ? Si vous venez à l'ashram en tant que chercheur spirituel, menez la vie d'un sadhak. Sinon, ni votre famille ni le monde n'en retireront le moindre bienfait. Et cela ne va pas, mes enfants !

Nous arrosons les racines de l'arbre et non son feuillage, car c'est ainsi que l'eau profite à toutes les parties de l'arbre. De même, si nous aimons vraiment Dieu, nous aimerons tous les êtres vivants de l'univers parce que Dieu demeure dans le cœur de tous les êtres. Dieu est le fondement de tout. Voyons donc Dieu en toutes les formes, aimons-Le et adorons-Le en elles. »

Dieu est dans le temple

Un des dévots parla de Dayananda Sarasvati (le fondateur d'Arya Samaj, le mouvement réformateur hindou. Il s'efforça de faire revivre les pratiques védiques ; c'était un adversaire de l'adoration des idoles.) Il décrivit la lutte de Dayananda contre le culte des idoles et raconta comment il avait adopté ce point de vue.

« Dayananda vit un jour une souris emporter une sucrerie placée en offrande devant l'image de Dévi. Il songea : « Quel pouvoir a donc cette image si elle ne peut empêcher une souris de voler la nourriture qui lui a été offerte ? Comment pouvons-nous alors espérer qu'une simple icône résolve nos problèmes ? ». Et à partir de ce jour, il s'opposa fermement au culte des idoles. »

Amma, qui avait écouté tranquillement, répliqua : « Quand un fils regarde un portrait de son père, songe-t-il à l'artiste qui a peint le tableau ou bien se rappelle-t-il son père ? Les symboles de Dieu nous aident à nous concentrer sur Lui. Nous montrons à un enfant l'image d'un perroquet et lui disons que c'est un perroquet. Quand l'enfant grandit, il est capable de reconnaître un perroquet sans l'aide de l'image. Si Dieu est partout et si tout est Dieu, n'est-Il pas aussi dans l'idole de pierre ? Comment pouvons-nous donc nier le pouvoir de l'image ? Et si la petite souris a pris ce qui avait été offert à Dévi, nous pouvons l'interpréter en ce sens : la petite créature avait faim et elle a pris ce qui avait été offert à sa propre Mère. Après tout, Dévi n'est-elle pas la Mère de tous les êtres ? »

Le dévot : « De nombreux brahmanes ont pratiqué le japa et effectué des pujas pendant des années, sans pour autant réaliser le Soi. »

Amma : « Ce qui importe, c'est le détachement et la soif ardente de réaliser la Vérité. Il est impossible de trouver Dieu uniquement à travers les austérités (tapas). Pour atteindre Dieu, il faut avoir le cœur pur et il faut aimer. »

Le dévot : « La Bhagavad Gita dit que le corps est un temple (kshetra). »

Amma : « Nous faisons des déclarations du style : « Dieu est en nous et non à l'extérieur » parce que nous distinguons encore entre l'intérieur et l'extérieur. Nous devrions considérer tous les corps comme des temples et tous les objets comme notre propre corps. »

Les différences de castes n'ont pas de sens

Le dévot : « Aujourd'hui encore, certaines personnes observent la coutume de l'ayitham[47], qui se fonde sur le système des castes. Il y a même des gurus érudits qui la respectent. »

Amma : « Connaissez-vous l'histoire du balayeur de basse caste qui s'approcha de Shankaracharya ? Shankaracharya lui dit : « Ôte-toi de mon chemin. » Le balayeur demanda : « Que dois-je bouger, mon corps ou mon âme ? Si tu veux que je bouge mon âme, où dois-je la mettre ? La même âme est partout présente. Si c'est mon corps que je dois bouger, quelle est la différence entre mon corps et ton corps ? Ils sont constitués des mêmes matériaux. La seule différence est la couleur de la peau. »

Un dévot chanta un couplet satirique : « Certains sont si fiers d'être des brahmanes que le Seigneur Brahma lui-même n'est pas leur égal ! » Amma rit.

Amma : « Un authentique brahmane est celui qui a la connaissance de Brahman, Celui qui a fait monter la kundalini jusqu'au sommet de la tête, jusqu'au sahashrara (le pétale aux mille lotus). Si l'on priait les personnes ayant un samskara extrêmement élevé d'éviter de se mêler à ceux dont le samskara manque de raffinement, c'est pour que la pureté de leur samskara ne soit pas affectée. Mais où donc trouve-t-on aujourd'hui un vrai brahmane ? Les

---

[47] Le terme malayalam *ayitham*, qui vient du sanscrit *asuddham* (impur), désigne le respect de la croyance selon laquelle une personne de haute caste est souillée par l'approche ou le contact de personnes issues de certaines basses castes.

Écritures disent que pendant le Kali yuga, les brahmanes deviendront des sudras[48] et inversement.

À l'époque actuelle, les instructions concernant les différentes castes n'ont donc aucun sens.

Dans les temps védiques, on donnait aux gens le travail qui correspondait le mieux à leur samskara. Mais ce n'est pas le cas de nos jours. Autrefois, on confiait le culte dans les temples à des brahmanes éminents. Aujourd'hui, il est impossible de mettre l'étiquette « brahmane » sur un fils de brahmane ou « kshatriya » sur un fils de kshatriya. Bien des gens issus de la caste de pêcheurs de la région ont reçu une éducation et ont de très bons emplois. Ils ne connaissent rien au travail traditionnel de leur communauté. »

Un jeune homme posa la question : « Le Seigneur ne dit-Il pas dans la Bhagavad Gita : « J'ai Moi-même établi les quatre castes (varnas) » ? Dans ce cas, n'est-Il pas responsable de toutes les injustices commises de nos jours au nom des castes et de la religion ? »

Un autre dévot répliqua : « Pourquoi ne pas citer aussi le vers suivant ? Il dit : « En accord avec les gunas. » Cela signifie que l'on est brahmane ou hors-caste (chandala)[49] par ses actions et sa conduite, non de naissance. »

Amma : « Nul n'est brahmane avant la cérémonie du cordon sacré (upanayana), de même que l'on n'est pas chrétien avant le baptême. Les musulmans ont d'autres rituels qui jouent le même rôle. Jusqu'à ce que l'enfant soit initié par cette cérémonie, qu'est-il réellement ? Vous voyez, ce sont les hommes qui ont instauré les castes, pas Dieu. Il est inutile de blâmer Dieu pour les injustices commises au nom des castes et de la religion. »

---

[48] Les *sudras* sont la caste la plus basse parmi les quatre castes de l'antique système hindou, tandis que les brahmanes sont la caste supérieure.

[49] Un *chandala* appartient à la classe la plus basse, plus basse même que les *sudras*.

Les paroles d'Amma mirent fin au débat. Il était bien tard, mais même les petits enfants n'étaient pas couchés. Un groupe s'était assemblé non loin de là, autour de la balançoire. Quelques adultes essayaient de persuader une petite fille de chanter un chant en l'honneur d'Onam. Timide, elle se fit un peu prier, puis elle chanta de sa voix innocente :

Maveli[50] nadu vaneedum kalam

Quand Maveli gouvernait le pays
Tous les hommes étaient égaux
Il n'y avait ni voleur ni escroc,
Pas une seule parole mensongère

Heureux ceux qui entouraient Amma et contemplaient les nuages d'automne défilant rapidement au ciel, jouant avec le clair de lune ; ils songeaient que si Onam commémorait l'époque ancienne où le monde était beau parce que l'égalité y régnait, ici, en présence d'Amma, c'était chaque jour Onam, parce que des gens de toutes races, de toutes castes, de toutes croyances vivaient ensemble, enfants de la même Mère aimante.

Mercredi 17 septembre 1986

Les brahmacharis étaient en cours. Amma descendit de sa chambre et se dirigea vers l'étable. Le réservoir qui avait été construit pour recueillir les excréments des vaches était plein. Amma prit un seau, le remplit dans le réservoir et alla le vider sous les cocotiers. Peu après, les brahmacharis arrivèrent, le cours étant terminé. Ils prirent le seau et continuèrent le travail qu'elle avait commencé. Ils insistèrent tant qu'elle arrêta et partit.

---

[50] Maveli ou Mahabali était un démon roi, réputé pour la droiture et la justice de son gouvernement. La tradition du Kérala raconte que lors de la fête d'Onam, il visite la Terre pour voir comment vont ses anciens sujets.

Ses pieds, ses mains, ses vêtements étaient maculés, éclaboussés de bouse de vache. Une dévote ouvrit le robinet et voulut laver les pieds et les mains d'Amma, mais elle ne le lui permit pas. « Non, ma fille, Amma le fera elle-même. Pourquoi te salir les mains ? »

La dévote : « Pourquoi fais-tu ce genre de travail ? Tes enfants ne sont-ils pas là pour le faire ? »

Amma : « Fille, si Amma regarde sans participer au travail, ils l'imiteront et deviendront paresseux ; ils seront un fardeau pour le monde. Cela ne doit pas arriver. Amma est très heureuse de travailler. Elle est simplement désolée pour Gayatri. Quand Amma fait ce genre de travaux, ses vêtements sont très sales et c'est Gayatri qui les lave. Même si Amma essaye de faire la lessive, Gayatri ne la laisse pas faire ; mais parfois, Amma ruse et fait quand même le lavage ! ». Amma rit de bon cœur.

Une autre femme avança pour se prosterner devant Amma.

Amma : « Non, ne te prosterne pas maintenant, ma fille ! Les vêtements d'Amma sont pleins de bouse de vache. Amma va d'abord prendre une douche ; elle revient. »

Amma monta dans sa chambre et quelques minutes plus tard, elle était de retour. Les dévots, qui attendaient auprès du kalari, l'entourèrent. Les brahmacharis étaient également présents.

Le satsang est important, la sadhana indispensable

Un brahmachari demanda : « Amma, pourquoi accordes-tu tant d'importance au satsang ? »

Amma : « Le satsang nous enseigne à vivre correctement. Si nous voyageons vers une destination lointaine, une carte nous permet de ne pas nous perdre et d'arriver au moment prévu. Ainsi, le satsang nous permet d'aiguiller notre vie sur la bonne voie, en évitant tous les dangers. Si tu apprends à cuisiner, tu peux ensuite facilement préparer un repas. Si tu étudies l'agriculture, tu peux sans difficulté devenir fermier. Si tu comprends quel est le but réel de la vie et que tu œuvres de la bonne manière à le réaliser, ta vie sera remplie de joie. Voilà l'aide que nous apporte le satsang.

Nous pouvons utiliser le feu pour incendier notre maison ou bien pour cuire notre nourriture. Avec une aiguille, on peut se percer un œil ou bien coudre ses vêtements. Il est donc essentiel de déterminer l'usage correct de chaque chose. Le satsang nous aide à saisir le véritable sens de la vie et à mener notre vie en accord avec cette compréhension. Ce que nous obtenons grâce au satsang est un trésor qui nous accompagne dans toutes nos vies. »

Brahmachari : « Le satsang en lui-même est-il suffisant pour réaliser Dieu ? »

Amma : « Il ne suffit pas d'écouter un discours théorique sur l'art de la cuisine pour être rassasié. Il faut ensuite cuisiner et manger. Pour faire pousser des fruits, on ne peut pas se contenter d'étudier l'arboriculture, il est indispensable de planter les arbres fruitiers et d'en prendre soin.

Vous avez beau savoir qu'il y a de l'eau à un certain endroit, à moins de creuser un puits, vous n'aurez pas d'eau. Il est impossible d'étancher sa soif en regardant l'image d'un puits. Il faut puiser l'eau dans un vrai puits et la boire. Et suffit-il de regarder la carte dans une voiture à l'arrêt ? Pour arriver à destination, il faut parcourir la route indiquée sur la carte. De même, il ne suffit pas de participer à des satsangs ou de lire les Écritures. Pour connaître la Vérité, il est nécessaire de mener sa vie selon les principes exposés ; libérons-nous donc de tout désir et adorons Dieu, sans rien attendre ni désirer en retour.

La sadhana seule nous permet d'éviter d'être esclaves des circonstances et d'intégrer dans notre vie ce que nous avons appris. Apprenons d'abord les principes spirituels en écoutant les satsangs, puis vivons selon ces principes.

Même si les Écritures nous révèlent : « Je suis Brahman », « Tu es Cela » etc., avant que la connaissance de la réalité puisse briller en nous, l'ignorance qui nous habite doit disparaître. Si nous répétons « Je suis Brahman » sans faire la moindre sadhana, cela revient à nommer un enfant aveugle Prakash (Lumière).

Un homme donna un jour un discours dans lequel il tint le raisonnement suivant : « Nous sommes Brahman, n'est-ce pas ? Alors pourquoi faire une sadhana ? ». Après son exposé, on lui servit à dîner. Le garçon déposa devant lui une assiette avec des morceaux de papier sur lesquels étaient écrits les mots « riz », « sambar », et « payasam ». L'assiette ne contenait aucune nourriture. L'orateur se fâcha. « À quoi jouez-vous ? Cherchez-vous à m'insulter ? »

Le garçon répondit : « J'ai écouté votre discours tout à l'heure. Je vous ai entendu déclarer que vous étiez Brahman et que cette pensée suffisait, qu'il n'y avait pas besoin de sadhana. J'ai donc pensé que vous seriez certainement d'accord pour vous contenter de penser à la nourriture ; cela doit suffire à apaiser votre faim ; visiblement, il est superflu de manger. »

Il ne suffit pas de parler, les enfants ! Il faut agir. Seule la sadhana nous permettra de réaliser la Vérité. Si quelqu'un ne fait pas d'efforts, le satsang a pour lui la même valeur qu'une noix de coco pour un chacal : il restera sur sa faim. Un tonique améliore notre santé à condition que nous suivions les instructions marquées sur la bouteille et que nous prenions la bonne dose. Le satsang revient à lire les instructions, la sadhana à prendre le tonique. Le satsang nous apprend à distinguer entre l'éternel et l'éphémère, mais seule la sadhana nous permettra de faire l'expérience et de réaliser ce dont on nous parle.

Si on assemble correctement les différentes parties d'une radio et branche le tout, on peut entendre le programme émis par une station de radio éloignée, sans quitter son foyer. Entraînons correctement notre mental grâce à la sadhana, vivons en accord avec les enseignements des mahatmas et nous pourrons goûter la béatitude éternelle tandis que nous sommes encore dans ce corps. Consacrons-nous à la sadhana et au service désintéressé, cela suffit.

Nous aurons beau étudier le Védanta toute une vie, sans sadhana, nous ne ferons jamais l'expérience de la Réalité. Ce que nous cherchons est en nous, mais pour le trouver, nous avons besoin des pratiques spirituelles. Pour que la graine devienne un arbre, il faut la planter, l'arroser et mettre de l'engrais. Il ne suffit pas de la garder dans la main. »

Tous étaient captivés par les paroles d'ambroisie d'Amma, sans prêter attention au temps qui passait. Elle finit par leur dire : « Il est très tard, les enfants, allez-vous coucher. Ne faut-il pas que vous vous leviez pour l'archana demain matin ? »

À contrecœur, ils se levèrent et partirent. Un peu plus loin, ils se retournèrent et virent la forme enchanteresse d'Amma, illuminée par le clair de lune. N'était-ce pas la lumière de son visage qui se reflétait dans la lune, le soleil et les étoiles ?

Tameva bhantam anubhati sarvam
Tasya bhasa sarvamidam vibhati.

Quand Il brille, tout brille dans Son sillage
C'est Sa lumière qui illumine tout.

—Kathopanishad

Glossaire

Achyuta : L'impérissable ; l'Éternel. Un des noms de Vishnu.

Adharma : Ce qui est contraire au dharma, à la Loi divine, ce qui est péché, en opposition à l'harmonie divine.

Advaita : Non-dualité. La philosophie qui enseigne que la réalité suprême est « une et indivisible ».

Ahimsa : La non-violence. S'abstenir de blesser aucune créature vivante en pensée, en parole ou en action.

Ambika : « Mère ». La Mère divine.

Ammachi : Mère.

Anna prasana : La première nourriture solide donnée à un bébé.

Annapurna : La déesse de l'abondance. Une des formes de Durga.

Arati : Le rituel dans lequel on offre de la lumière sous la forme du camphre qui brûle, en sonnant une cloche devant la divinité du temple ou devant une personne sainte, en conclusion d'une puja (adoration). Le camphre ne laisse pas de résidu quand il brûle, ce qui symbolise l'anéantissement total de l'ego.

Archana : « Offrande en adoration ». Une forme d'adoration dans laquelle on récite les noms d'une déité, généralement 108, 300 ou 1000 noms en une session.

Asana : Un petit tapis sur lequel le chercheur s'assied en méditation. Posture de yoga.

Ashram : « Lieu où l'on s'efforce » (de réaliser Dieu). Un endroit où les chercheurs spirituels vivent ou séjournent pour y mener une vie spirituelle et faire une sadhana. C'est généralement la résidence d'un maître spirituel, d'un saint ou d'un ascète, qui guide les chercheurs.

Atman : Le vrai Soi. La nature essentielle de notre existence réelle. Un des principes fondamentaux du Sanatana dharma, c'est que nous ne sommes ni le corps physique, ni les émotions, ni le mental, ni l'intellect ou la personnalité. Nous sommes le Soi éternel, pur et que rien ne peut souiller.

AUM : Syllabe sacrée. Le son ou la vibration primordiale, qui représente Brahman et la création entière. AUM est le mantra primordial et on le trouve généralement au début d'autres mantras.

Avadhut : Une âme ayant réalisé le Soi qui, ne voyant que l'unité de toutes choses, a transcendé toutes les conventions sociales.

Avatar : « Descente. » Une incarnation du Divin. Dieu s'incarne dans le but de protéger le bien, de détruire le mal, de rétablir l'harmonie et la justice dans le monde et de guider l'humanité vers le But spirituel. Il est très rare qu'une incarnation soit une incarnation totale (Purnavatar).

Ayitham : Le mot malayalam ayitham (du sanscrit asuddham) se réfère à une croyance selon laquelle une personne de caste élevée est souillée par la proximité ou le contact de personnes de castes très basses.

Ayurvéda : « La science de la vie ». C'est le système de santé de l'Inde ancienne, une médecine holistique. Les remèdes ayurvédiques sont généralement préparés à partir de plantes et d'herbes médicinales.

Bhagavad Gita : « Le chant du Seigneur ». Bhagavad = du Seigneur ; Gita = chant. L'enseignement donné par Krishna à Arjuna sur le champ de bataille de Kurukshetra au début du Mahabharata. C'est un guide pratique pour la vie quotidienne ; il contient l'essence de la sagesse védique.

Bhagavan : « Le Seigneur béni ; Dieu ». Selon le Vedanga, une branche de la littérature védique, Bhagavan est Celui qui détruit le cycle de la transmigration et accorde l'union avec le Divin.

Bhagavata : Voir Srimad Bhagavatam.

Bhajan : Chant dévotionnel.

Bhakti : La dévotion.

Bhakti Yoga : « L'union grâce à la bhakti ». La voie de la dévotion. La manière de réaliser le Soi grâce à la dévotion et à l'abandon total à Dieu.

Bhasma : Cendre sacrée.

Bhava : Bhava signifie devenir. Identification intérieure à une divinité. « Humeur divine ».

Bhava darshan : Le darshan qu'Amma donne aux dévots dans l'état d'identification à la Mère divine. Au début, Amma apparaissait aussi en Krishna bhava.

Bhiksha : Aumônes.

Bijakshara : Une lettre-racine dans un mantra.

Brahmachari(ni) : Un disciple célibataire qui fait des pratiques spirituelles sous la direction d'un guru. (brahmacharini est l'équivalent féminin).

Brahmacharya : « Demeurer en Brahman ». Observer le célibat et discipliner le mental et les sens.

Brahman : La Réalité absolue ; le Tout ; l'Être suprême, Un et indivisible, en qui tout existe et qui est présent en toute chose.

Brahma Sutras : Aphorismes écrits par le sage Badarayana (Véda Vyasa) et qui exposent la philosophie du Védanta.

Chandala : Intouchable.

Chechi : (malayalam) Sœur aînée. Il est plus affectueux d'appeler quelqu'un Chechi que simplement par son nom.

Dakshayani : Un des noms de la Mère divine Parvati.

Darshan : Entrevue avec une personne sainte ou vision du Divin.

Dévi : « Celle qui brille ». La Déesse.

Devi Bhava : « L'humeur divine de Dévi ». Un état dans lequel Amma révèle son unité avec la Mère divine.

Dharma : « Ce qui soutient l'univers ». Dharma a de nombreux sens, entre autres : la Loi divine, la loi de l'existence, ce qui est conforme à l'harmonie divine, ce qui est juste, la religion, le devoir, la responsabilité, la conduite juste, la justice, la bonté et la vérité. Le dharma représente les principes essentiels de la religion.

Dhyana : Méditation, contemplation.

Diksha : Initiation.

Dosha : Crêpe faite avec de la farine de riz.

Durga : Un des noms de Shakti, la Mère divine. Elle est souvent dépeinte tenant de nombreuses armes et chevauchant un lion. Elle détruit le mal et protège le bien. Elle détruit les désirs et les tendances négatives (vasanas) de ses enfants et révèle le Soi suprême.

Dwaraka : Une ville située sur une île. C'est là que Krishna vécut et remplit ses responsabilités de roi. Une fois que Krishna eut quitté son corps, Dwaraka fut submergée par l'océan. Les archéologues ont récemment découvert les restes d'une ville dans l'océan proche du Gujarat et ils pensent qu'il s'agit des restes de Dwaraka.

Ekagrata : Concentration parfaite.

Gayatri : Le mantra le plus important des Védas, associé à la déesse Savita. Lorsqu'un garçon reçoit upanayana (le cordon initiatique), il est censé réciter ce mantra. Désigne aussi la déesse Gayatri.

Gita : Chant. Voir Bhagavad Gita.

Gopala : « Petit vacher ». Un des noms de Krishna.

Gopi : Les gopis étaient des laitières qui vivaient à Vrindavan. Elles étaient les dévotes les plus proches de Krishna et leur dévotion suprême pour le Seigneur est célèbre. Elles sont l'exemple de l'amour le plus ardent pour le Seigneur.

Grihasthashrami : Un grihasthasrami est quelqu'un qui se consacre à la vie spirituelle, tout en menant la vie d'un chef de famille.

Guna : La nature primordiale (Prakriti) est composée de trois gunas, trois qualités ou tendances fondamentales, sous-jacentes à toute la manifestation : sattva (la bonté, la pureté, la sérénité), rajas (l'activité, la passion) et tamas (les ténèbres, l'inertie, l'ignorance). Ces trois gunas ne cessent d'interagir et de réagir entre elles. Le monde phénoménal est composé de différentes combinaisons des trois gunas.

Guru : « Celui qui balaye les ténèbres de l'ignorance ». Maître, guide spirituel.

Gurukula : Un ashram dirigé par un guru vivant, où les disciples vivent et étudient avec un guru.

Guruvayur : Lieu de pèlerinage au Kérala, proche de Trissur, où se trouve un célèbre temple dédié à Krishna.

Haimavati : Un des noms de la Mère divine Parvati.

Hatha Yoga : Une voie systématique développée dans des temps très anciens et qui a pour but de nous aider à réaliser le Soi. Cette voie inclut des exercices physiques et psychiques qui visent à faire du corps et de ses fonctions vitales de parfaits instruments pour la réalisation.

Homa : Feu sacrificiel.

Hridayasunya : Sans cœur.

Hridayesha : Seigneur de mon cœur.

Japa : Répétition d'un mantra, d'une prière ou d'un des noms de Dieu.

Jarasandha : Le puissant roi de Magadha. Il livra 18 batailles contre le Seigneur Krishna et fut tué par Bhima.

Jivatman : L'âme individuelle.

Jnana : Sagesse spirituelle ou divine. La vraie connaissance est une expérience directe, qui transcende tout ce qui peut être perçu par le mental, l'intellect et les sens, tous limités. On y accède grâce à des pratiques spirituelles et à la grâce de Dieu ou du guru.

Kali : « Celle qui est sombre ». Un aspect de la Mère divine. Du point de vue de l'ego, elle peut paraître effrayante car elle détruit l'ego. Mais si elle détruit l'ego et nous transforme, ce n'est que par sa compassion infinie. Kali a de nombreuses formes. Sa forme bienveillante est appelée Bhadra Kali. Un dévot sait que derrière son apparence féroce se cache la Mère aimante qui protège ses enfants et accorde la grâce de la libération.

Kamandalu : Un pot avec une anse et un bec recourbé que les moines utilisent pour recueillir de l'eau et de la nourriture.

Kamsa : L'oncle démoniaque du Seigneur Krishna. Il fut tué par Krishna.

Kanji : Gruau de riz.

Kanna : « Celui qui a de beaux yeux ». Surnom de Krishna quand Il était bébé. De nombreux récits rapportent les jeux et les aventures de Krishna enfant. Krishna est aussi vénéré sous la forme d'un enfant divin.

Kapha : Voir « Vata, pitta, kapha. »

Karma : Action.

Karma Yoga : « L'union grâce à l'action ». La voie spirituelle du service désintéressé et détaché, dans laquelle on offre à Dieu le fruit de toutes ses actions.

Karma yogi : Un karma yogi suit la voie du service désintéressé.

Kartyayani : Un des noms de la Mère divine Parvati.

Kauravas : Les cent enfants de Dhritharasthra et de Gandhari. Les Kauravas étaient les ennemis des Pandavas, qu'ils combattirent lors de la guerre du Mahabharata.

Kindi : Un récipient traditionnel en bronze ou en laiton avec un bec que l'on utilise pour les rituels d'adoration.

Kirtan : Hymne.

Krishna : « Celui qui attire à Lui » (comme un aimant), « Celui qui est sombre ». La principale incarnation de Vishnu. Né dans une famille royale mais élevé par des parents adoptifs, il mena la vie d'un petit vacher à Vrindavan, où il était aimé et adoré par ses compagnons pleins de dévotion, les gopis (laitières) et les gopas (vachers). Krishna devint ensuite le souverain de Dwaraka. Il était l'ami et le conseiller de ses cousins, les Pandavas, surtout d'Arjuna, dont il fut le conducteur de char pendant la guerre du Mahabharata, et auquel il révéla son enseignement dans la Bhagavad Gita.

Krishna bhava : L'état dans lequel Amma révèle son unité avec Krishna.

Kumkum : Le safran.

Kshatriya : La caste des guerriers.

Kshetra : Temple ; champ ; corps.

Kundalini : « Le Pouvoir du Serpent. » L'énergie spirituelle qui repose comme un serpent lové à la base de la colonne vertébrale. Grâce aux pratiques spirituelles elle s'élève par la canal de la sushumna (un nerf subtil à l'intérieur de la colonne), et monte en traversant les chakras (centres d'énergie). À mesure que la kundalini s'élève de chakra en chakra, le chercheur spirituel fait l'expérience de niveaux de conscience plus subtils. La kundalini atteint finalement le chakra situé au sommet du crâne (le sahasrara), ce qui mène à la Libération

Lakshya bodha : Concentration ininterrompue sur le But suprême, dont on reste en permanence conscient.

Lalita Sahasranama : Les Mille noms de Lalitambika, une des formes de la Mère divine.

Lila : « Jeu ». Les mouvements et les activités du Divin, qui par nature sont libres et ne sont pas nécessairement soumis aux lois de la nature.

Mahatma : « Grande âme ». Amma emploie ce terme pour désigner un être réalisé.

Mahasamadhi : Quand un être réalisé quitte son corps, on appelle cela maha-

samadhi, « Le grand samadhi ».

Mala : Un rosaire, généralement fait de graines de rudraksha, de perles en bois de tulasi ou de santal.

Mantra : Formule sacrée ou prière que l'on répète constamment. Cette répétition éveille les pouvoirs spirituels latents en nous et nous aide à atteindre le But. Le mantra est plus efficace si on le reçoit d'un maître spirituel lors d'une initiation.

Mantra diksha : Initiation à un mantra.

Mataji : « Mère. » Le suffixe ji dénote le respect.

Maya : « Illusion ». La Puissance divine, le voile avec lequel Dieu, lors du jeu divin de la création, se cache et donne l'impression de la multiplicité, créant ainsi l'illusion de la séparation. Maya voile la Réalité et nous trompe, nous faisant croire que la perfection se trouve à l'extérieur de nous.

Mukambika : La Mère divine, telle qu'elle est adorée dans un célèbre temple dédié à Dévi. Ce temple est situé à Kallur, en Inde du Sud.

Mukti : La libération.

Muladhara : Parmi les six chakras, le muladhara est le plus bas ; il est situé à la base de la colonne vertébrale.

Mudra : Geste sacré de la main qui représente des vérités spirituelles.

Nanda : Le père adoptif de Krishna.

Narayana : Nara = Connaissance, eau. « Celui qui est établi dans la connaissance suprême ». « Celui qui demeure dans les eaux originelles. » Nom de Vishnu.

Nasyam : Un traitement ayurvédique de purification du corps qui consiste à mettre dans le nez de l'huile médicinale.

Ojas : Énergie sexuelle transmuée en énergie vitale subtile grâce aux pratiques spirituelles.

Om Namah Shivaya : Le panchakshara mantra (mantra composé de cinq lettres-syllabes) qui signifie « salutations au Seigneur Shiva, Celui qui est propice ».

Pada puja : L'adoration des pieds du Seigneur, du guru ou d'un saint. Comme les pieds sont le support du corps, le Principe du guru est le support de la Vérité suprême.

Pandavas : Les cinq fils du roi Pandu, les héros de l'épopée du Mahabharata.

Paramatman : L'Être suprême ; Brahman.

Parvati : « La fille de la montagne. » L'épouse divine de Shiva. Un des noms de la Mère divine.

Payasam : Pudding de riz sucré.

Pitham : Siège sacré.

Pitta : Voir « Vata, pitta, kapha. »

Pradakshina : Une forme d'adoration dans laquelle on fait le tour d'un lieu saint, d'un temple ou d'une personne sainte, en tournant dans le sens des aiguilles d'une montre.

Prarabdha : « Responsabilités, fardeaux. » Fruit des actions passées faites dans cette vie ou dans des vies antérieures, qui se manifeste dans cette vie.

Prasad : Les offrandes consacrées distribuées après une puja. Tout ce que donne un mahatma, en signe de sa bénédiction, est considéré comme un prasad.

Prema : Amour suprême.

Prema bhakti : Amour suprême et dévotion.

Puja : Rituel d'adoration.

Purnam : Parfait, complet.

Radha : Une des gopis de Krishna. Elle était la gopi la plus proche de Krishna et personnifie l'amour le plus pur, l'amour suprême pour Dieu. Radha est la divine épouse de Krishna à Goloka, la demeure céleste de Krishna.

Rajas : L'activité, la passion. Une des trois gunas ou qualités fondamentales de la Nature.

Rama : « Celui qui donne la Joie ». Le divin héros de l'épopée du Ramayana. Il était l'incarnation de Vishnu, et il est considéré comme l'idéal de la vertu.

Ramayana : « La vie de Rama ». Une des plus grandes épopées de l'Inde, écrite en vers par Valmiki. Le Ramayana raconte la vie de Rama, qui était une incarnation de Vishnu. Une grande partie de l'épopée raconte comment Sita, l'épouse de Rama, fut enlevée et emmenée à Sri Lanka par Ravana, le roi-démon, et comment elle fut délivrée par Rama et ses dévots.

Rasam : Un bouillon composé de tamarin, de sel, de piments, d'oignons et d'épices.

Ravana : Le roi-démon de Sri Lanka, qui est le méchant dans le Ramayana.

Rudraksha : Les graines de l'arbre rudraksha, qui possèdent à la fois des propriétés médicinales et un pouvoir spirituel. Elles sont associées au Seigneur Shiva.

Sadhak : Un chercheur spirituel qui pratique une sadhana dans le but d'arriver à réaliser le Soi.

Sadhana : Disciplines et pratiques spirituelles telles que la méditation, la prière, le japa, la lecture d'Écritures saintes et le jeûne.

Sahasrara : (Le lotus) « aux mille pétales ». Le chakra supérieur, situé au sommet de la tête, où la kundalini (Shakti) s'unit à Shiva. Il ressemble à une fleur de lotus ayant mille pétales.

Samadhi : Sam = avec ; adhi = le Seigneur. Unité avec Dieu. Un état de concentration profonde et absolue, dans lequel toutes les pensées cessent, le mental entre dans un état de calme absolu dans lequel il ne reste que la pure Conscience, puisque l'on demeure dans l'atman (le Soi).

Sambar : Un bouillon épicé contenant des légumes.

Samsara : Le monde de la pluralité ; le cycle des naissances, des morts et des renaissances.

Samskaras : Samskara a deux sens : la culture ; la totalité des impressions gravées dans le mental par les expériences (qu'elles datent de cette vie ou de vies antérieures) qui influencent la vie d'un être humain, sa nature, ses actions, son état intérieur, etc.

Sanatana Dharma : « La Loi divine éternelle ». Le nom traditionnel de l'Hindouisme.

Sandhya : Le lever du Soleil, le moment de midi ou bien le coucher du Soleil. Désigne généralement le coucher du Soleil.

Sankalpa : Une résolution pleine et entière, manifestée. Le sankalpa d'une personne ordinaire ne porte pas toujours ses fruits mais le sankalpa d'un être réalisé donne à coup sûr le résultat voulu.

Sannyasi : Un moine ou une moniale qui a fait un vœu formel de renoncement. Un sannyasi porte traditionnellement un vêtement de couleur ocre qui symbolise le fait que tous ses attachements ont été brûlés.

Satguru : Un maître spirituel réalisé.

Satsang : Sat = la vérité, l'existence ; sanga = association avec. Être en compagnie d'êtres sages et vertueux. Désigne aussi un discours spirituel donné par un sage ou un érudit.

Shakti : Puissance. Shakti est aussi un des noms de la Mère divine, l'aspect dynamique de Brahman.

Shastri : Érudit dans le domaine des Écritures.

Shiva : « Celui qui est propice ; Celui qui est gracieux ; Celui qui est bon. » Une des formes de l'Être suprême. Le Principe masculin ; l'aspect statique de Brahman. L'aspect de la Trinité associé à la destruction de l'univers, à la destruction de ce qui n'est pas réel.

Shraddha : En sanskrit, shraddha désigne la foi enracinée dans la sagesse et l'expérience, tandis que le même mot, en malayalam, signifie l'application avec laquelle on se consacre à son travail et aussi la conscience, la vigilance que l'on porte à chaque action. Amma utilise souvent le terme dans ce dernier sens.

Sri ou Shree : « Lumineux, saint ». Un préfixe qui est une marque d'honneur.

Shridara : « Celui qui porte Lakshmi. » Un des noms de Vishnu.

Srimad Bhagavata : Un des 18 textes sacrés regroupés sous le nom de Puranas. Les Puranas font partie des Écritures. Le Srimad Bhagavata raconte l'histoire des incarnations de Vishnu et surtout narre avec force détails la vie de Krishna. Ce texte met l'accent sur la voie de la dévotion.

Tamas : Les ténèbres, l'inertie, l'apathie, l'ignorance. Tamas est l'une des trois gunas, qualités fondamentales de la Nature.

Tandava : La danse de béatitude de Shiva, surtout au crépuscule.

Tapas : « Chaleur ». Discipline, austérités, pénitence et sacrifice de soi. Pratiques spirituelles qui consument les impuretés du mental.

Tapasvi : Un chercheur spirituel qui se livre à des austérités (tapas).

Tenga : Noix de coco en malayalam.

Tirtham : Eau sacrée.

Tyaga : Renoncement.

Upanayana : La cérémonie traditionnelle au cours de laquelle un enfant né de parents appartenant aux trois castes supérieures reçoit le cordon sacré et est initié à l'étude des textes sacrés.

Upanishads : « Être assis aux pieds du Maître ». « Ce qui détruit l'ignorance ». L'ultime et quatrième partie des Védas, qui expose la philosophie du Védanta.

Vada : Un beignet salé, frit, fait de lentilles.

Vairagya : Le détachement.

Vanaprastha : La troisième étape de la vie. Dans la tradition de l'Inde ancienne, il y a quatre étapes de la vie. On envoie d'abord l'enfant à une gurukula où il mène la vie d'un brahmachari. Puis il se marie et mène la vie d'un chef de famille, tout en se vouant à une quête spirituelle (grihasthashrami). Quand les enfants du couple sont assez grands pour être indépendants, les parents se retirent dans un ermitage où ils se consacrent totalement à la spiritualité et aux pratiques spirituelles. Pendant la quatrième étape de la vie, ils renoncent totalement au monde et mènent la vie de sannyasis.

Varna : Caste principale. Les quatre castes principales sont les brahmanes, les kshatriyas, les vaishyas et les shudras.

Vasana : Dérivé de vas = vivant, qui reste. Les vasanas sont les tendances latentes ou désirs subtils qui existent dans le mental et qui tendent à se manifester par des actions et des habitudes. Les vasanas sont le résultat d'impressions laissées par des expériences (samskaras) qui existent dans le subconscient.

Vata, pitta, kapha : Selon la science ancienne de l'Ayurvéda, il existe trois forces vitales ou humeurs biologiques primordiales, appelées vata, pitta et kapha ; elles correspondent aux éléments de l'air, du feu et de l'eau. Ces trois éléments déterminent les processus vitaux de croissance et de décomposition ; elles sont les forces qui déclenchent le processus de la maladie. La prédominance de l'un ou de l'autre de ces éléments chez un individu détermine sa nature physique et psychique.

Véda : « Connaissance, sagesse ». Les Écritures anciennes et sacrées de l'Hindouisme. Un ensemble de textes sacrés en sanskrit, divisé en quatre parties : Rig, Yajur, Sama et Atharva. Les Védas font partie des plus anciens textes connus au monde et sont considérés comme la révélation directe de la Vérité suprême, accordée par Dieu aux rishis.

Védanta : « La fin des Védas ». La philosophie des Upanishads, la partie conclusive des Védas, qui contient la Vérité ultime que « tout est l'Un sans second ».

Vina : Un instrument à cordes indien, associé à la Mère divine.

Vrindavan : Le lieu où vécut le Krishna historique, menant la vie d'un petit vacher.

Vyasa : Le sage qui divisa le Véda unique en quatre parties. Il rédigea aussi 18 Puranas (récits mythologiques), le Mahabharata et les Brahma Sutras.

Yaga : Rite sacrificiel védique élaboré.

Yajna : Offrande.

Yama et niyama : Les règles et les observances sur la voie du yoga.

Yashoda : La mère adoptive de Krishna.

Yoga : Vient de la racine sanskrite yuj qui signifie « joindre, unir ». Une série de méthodes grâce auxquelles on peut atteindre l'union avec le Divin. Une voie qui mène à la réalisation du Soi.

Yogi : Quelqu'un qui excelle dans la pratique du yoga ou qui est établi dans l'union avec l'Être suprême.

www.ingramcontent.com/pod-product-compliance
Lightning Source LLC
LaVergne TN
LVHW051543080426
835510LV00020B/2827